本书系国家社会科学基金"十三五"规划2018年度教育学青年项目"研究型大学跨学科研究组织样态的创新路径及运行机制研究"（课题批准号：CIA180277）成果

焦磊 著

大学跨学科研究组织样态创新路径研究

Daxue Kuaxueke Yanjiu Zuzhi Yangtai Chuangxin Lujing Yanjiu

中国社会科学出版社

图书在版编目（CIP）数据

大学跨学科研究组织样态创新路径研究／焦磊著．—北京：中国社会科学出版社，2023.5

ISBN 978 - 7 - 5227 - 1657 - 2

Ⅰ．①大…　Ⅱ．①焦…　Ⅲ．①高等教育—研究—中国　Ⅳ．①G649.2

中国国家版本馆 CIP 数据核字（2023）第 051179 号

出　版　人	赵剑英
责任编辑	田　文
责任校对	杨沙沙
责任印制	王　超

出　　　版	中国社会科学出版社
社　　　址	北京鼓楼西大街甲 158 号
邮　　　编	100720
网　　　址	http://www.csspw.cn
发 行 部	010 - 84083685
门 市 部	010 - 84029450
经　　　销	新华书店及其他书店

印　　　刷	北京君升印刷有限公司
装　　　订	廊坊市广阳区广增装订厂
版　　　次	2023 年 5 月第 1 版
印　　　次	2023 年 5 月第 1 次印刷

开　　　本	710 × 1000　1/16
印　　　张	16.5
字　　　数	255 千字
定　　　价	89.00 元

凡购买中国社会科学出版社图书，如有质量问题请与本社营销中心联系调换
电话：010 - 84083683

目　　录

第一章　绪论

一　研究缘起

（一）研究背景

1. 跨学科研究是创造性解决复杂社会议题及探索前沿领域的重要路径。面对科技、社会问题的日益复杂化，如环境问题，单一学科的研究对解决复杂性社会问题愈发显得无力。同时，纳米科学、新能源、仿生计算等前沿领域则得益于跨学科研究的开展。跨学科研究的重要性日益得到学者的共识，跨学科研究俨然成为一种新的研究范式，这契合了迈克尔·吉本斯意义上的"新的知识生产模式"。

2. 大学传统学科组织壁垒是阻碍跨学科研究开展的首要障碍，创新跨学科研究组织的形态是突破传统学科组织藩篱的关键。学科作为一种知识分类体系，同时亦是大学院系结构的建制基础，即大学的院系架构通常与学科有着"天然"的关联。传统上，各学科致力于构建并极力维护其"学术部落及领地"（Academic Tribes and Territories），学科分支专业化的过程加剧了学科间的割裂。学科的分化通过学院内部系、所等组织的分化及专业的增设实现，学科的整合则因学科之间森严的组织"壁垒"而难以实现。因而，跨学科研究组织样态的创新是有效保障跨学科研究开展的关键。

3. 通过跨学科建制创新跨学科研究组织的样态已成为欧美国家研究型大学的共性趋势。正如克莱恩所言，20 世纪的大部分时间里，学术机构的"显结构"一直被学科所主宰，跨学科则处于一种"隐结构"；而 20 世纪后半期，"显结构"与"隐结构"之间开始发生微妙的变化，学科交互成为知识的显著特征。步入 21 世纪，跨学科已成为创造变化的准则，成为学术机构的"显结构"。通过前期的研究发现，美国、英国知名大学开展跨学科研究的历史由来已久，且已累积了丰富的实践经验。以美国为例，为突破传统学科组织壁垒，美国研究型大学在推进跨学科研究的实践中创设了多种组织形态。近年来，我国研究型大学的跨学科研究活动不断增多，但因仍受到传统学科组织架构的框限，大学多通过设置独立建制的跨学科组织机构的形式开展跨学科研究，形式过于单一，且成效并不理想，因此，对于我国研究型大学而言，探索如何创设新形态的跨学科研究组织及制定相应的组织制度显得尤为必要和关键。

（二）研究目的和意义

1. 研究目的

基于单一学科的传统院系建制阻碍了跨学科研究活动的开展，本研究意在就这一核心问题，以跨学科研究组织样态的创新为切入点，探究研究型大学创新跨学科研究组织样态的多种路径及运行机制，通过案例研究探究国外研究型大学如何创新跨学科研究组织形态，剖析我国研究型大学跨学科学术组织发展的困境，进而提出我国研究型大学跨学科学术组织发展的理路。

2. 研究意义

（1）理论价值

研究型大学跨学科研究组织形态创新的探究有助于从历史角度系统理清跨学科研究的发展脉络，以及解析推动研究型大学开展跨学科研究的内外部驱动力（生成环境）；拓展对多种形态的跨学科研究组织运行机制及其组织行为的理论认识；形成对跨学科研究的系统理论解读，丰富跨学科学术组织及大学学科组织变革的相关理论。

（2）现实观照

理论的真正效用在于指导实践。对研究型大学跨学科研究组织形态创新的探究根本目的在于为我国研究型大学突破传统学科组织壁垒，创设多种形态的跨学科研究组织提供策略指引。与此同时，推进大学开展跨学科前沿研究，针对社会现实需求开展跨学科重大、复杂议题研究，彰显研究型大学跨学科研究的创新优势。此外，在我国大学创建"双一流"的语境下，为大学的学科建制改革及"双一流"建设提供新思路或言"蹊径"。

二　国内跨学科学术组织研究可视化分析

（一）数据来源及研究方法

1. 数据来源

本研究所选取的样本文献均来自于中国知网（CNKI）平台，在中国知网的"高级检索"搜索框中分别以"跨学科研究组织""跨学科研究平台""交叉学科研究组织"为主题进行文献检索，不限定期刊来源，搜索时间截至 2021 年 4 月底。经过人工筛选，删除访谈、报道及其他与本研究主题无关的文献，得到包括期刊文献和硕博论文在内的 181 篇有效文献，构成了本研究的样本文献。

2. 研究方法

本研究采用文献计量法，综合运用中国知网的可视化分析和 CitaSpace 可视化分析软件对样本文献进行分析。首先，运用中国知网的可视化分析导出本研究所选的 181 篇有效文献的年发文量统计图和期刊来源分布图。其次，在中国知网中将样本文献以 Refworks 格式导出后，导入 CiteSpace 可视化软件进行数据转换，并运用 CiteSpace 绘制科学知识图谱，包括作者合作网络图、机构合作网络图和关键词共现图。CiteSpace 是由陈超美博士的团队基于 Java 语言开发的一款信息可视化软件，通过对知识图谱的解读可以更直观地了解某一领域的研究现状。本书将综合以上的统计结果综合分析我国跨学科研究组织的研究现状和研究热点。

（二）研究特征分析

1. 年发文量分析

发文量是衡量一个研究领域的发展演变过程的重要参照，间接反映了该研究领域发展演变的阶段性特征。样本文献的年发文量统计图如图 1－1 所示，本书以年发文量的变化为参照，将我国跨学科研究组织的相关研究划分成两个阶段。

（篇）

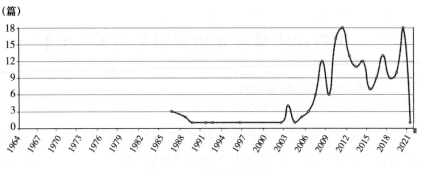

图 1－1　年发文量统计

第一个阶段是 1986—2006 年，这一阶段的年发文量较少，年均发文量还不到 2 篇。新中国成立初期，我国的大学体制建设主要效仿苏联，建立以单科大学（学院）为主的大学体制。直至 20 世纪 80 年代后期，我国开始鼓励高校"开拓有前景的边缘交叉学科及承担综合研究课题"，因此跨学科研究开始兴起，跨学科研究中心也相继开始成立。[①] 1983 年，我国成立了跨学科学会，1986 年《交叉科学》杂志诞生，[②] 促使相关研究的逐步兴起。跨学科研究的发展相应地带动了学者们对跨学科研究组织的关注。在样本文献中，最先关注到跨学科研究组织的是王兴成的《跨学科研究及其组织管理》，作者将交叉学科研究的组织类型分为五种：大学小型的研究组、大学大型的研究组、工业部门或政府部门的小型研究组、工业部门或政府部门的大型研究组和跨部门的研究组。[③] 其中，设立跨部门的研究组正是为了解决交叉学科的课题。

---

① 肖彬：《中国研究型大学跨学科组织的发展研究》，硕士学位论文，国防科学技术大学，2006 年。

② 刘洋：《我国研究型大学跨学科组织的建设研究》，硕士学位论文，南京理工大学，2008 年。

③ 王兴成：《跨学科研究及其组织管理》，《国外社会科学》1986 年第 6 期。

第二个阶段是 2007—2021 年，这一阶段的年发文量增加，年均发文量增至 10 篇。一方面，2006 年，国务院出台了《国家中长期科学和技术发展规划纲要》，在学科发展方面提出要发展交叉学科和新兴学科，政策的引导为跨学科发展注入了动力；另一方面，从现实的需要来看，重大专项和前沿技术的突破往往不能仅靠单学科研究实现，跨学科研究成为突破重大前沿技术的重要方法。随着跨学科研究的发展，跨学科研究组织越来越引起学者们的重视。

2. 研究的核心力量分析

（1）核心作者群

本研究运用 CiteSpace 可视化软件，将时间段设置为"1986—2021 年"，每个时间切片为"10 年"，其他参数设置使用默认参数，绘制出一张包含 32 个节点、13 条连线、网络密度为 0.0262 的作者合作网络图谱（如图 1 - 2 所示）。在作者合作网络图谱中，节点的大小代表该作者出现的频次，频次越高则节点越大。从图 1 - 9 可以看出，出现频次最高的是杨连生，关于这一主题杨连生共发文 11 篇。张炜的节点颜色较深，表明张炜在这一领域具有较高的影响力。此外，邹晓东和张炜之间的学术团体，杨连生和文少保之间的学术团体，赵坤、王方芳和王振维之间的学术团体都是较为稳定的合作团体。在本研究包含的期刊文献中，约有 38% 的文献由单一学者所著，表明当前在这一领域中，多学者合著已经成为主流。

在某一研究领域中发文较多且具有一定影响力的学者即为该领域的核心作者。本研究根据普赖斯定律的计算公式 $N = 0.749 \times$（Nmax）1/2 计算跨学科研究组织研究这一领域的核心作者的载文基线值，其中 Nmax 为统计时间段内最高产作者的发文量，在样本文献中最高产作者是杨连生，共发表了 11 篇文章。通过计算得出该领域核心作者的载文基线值约为 4，即发文数量达 4 篇及以上的作者为该领域的核心作者。如表 1 - 1 所示，共有 11 位学者发文量达 4 篇以上，所以这 11 位学者为跨学科研究组织领域的核心作者。由此也可以看出，该领域核心作者的数量偏少，未来还需要更多学者将研究的目光聚焦到该领域当中，为促进跨学科研究组织发展作出更多的贡献。

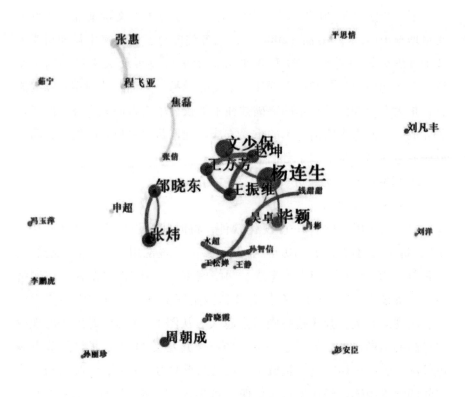

图1-2 作者合作网络图

表1-1 发文量4篇及以上的作者统计

序号	作者	发文量（篇）
1	杨连生	11
2	毕颖	8
3	文少保	8
4	邹晓东	7
5	张炜	7
6	王振维	6
7	王方芳	6

续表

序号	作者	发文量（篇）
8	赵坤	6
9	周朝成	5
10	张惠	4
11	吴卓平	4

（2）核心研究机构

本研究运用 Citespace 软件绘制出如图 1－10 所示的包含 27 个节点、8 条连线、网络密度为 0.0228 的机构合作网络图谱。该图谱的时间段设置为"1986—2021 年"，每个时间切片为"10 年"，其他参数设置使用默认参数。

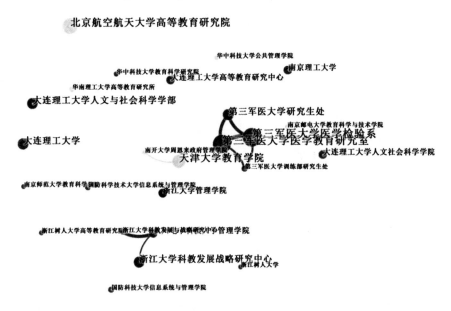

图 1－3　机构合作网络图

在某一研究领域中发文较多且具有一定影响力的研究机构即为该领域的核心研究机构，核心研究机构对该领域的研究发展具有重要的导向作用。同样地，根据普赖斯定律的计算公式，可以计算出核心研究机构的载文基线值。在样本文献中，发文量最多的研究机构是第三军医大学医学检验系和第三军医大学医学教育研究室，二者均发文 6 篇。根据计算得出该领域核心研究机构的载文基线值约为 2，即发文数量达 2 篇及以上的研究机构为该领域的核心研究机构。经过统计可知，共有 27 个研究机构发文量达 2 篇及以上，所以这 27 个研究机构为该领域的核心研究机构。从图 1－3 中还可以看出，参与该主题研究的核心研究机构以大学的教育学院为主，其次管理学院也占有一定的比重。此外，参与该主题研究的核心机构大多分布在东部沿海地区，这些地区拥有更丰厚的资源，有利于学者开展与跨学科相关的研究。

3. 期刊分析

由于当前缺乏跨学科研究领域的专门期刊，所以关于跨学科研究组织的相关研究成果大多发布在教育类期刊上，从图 1－4 可以看出，关于跨学科研究组织发文量排名前五位的期刊包括：《江苏高教》《高等教育研究》《高教探索》《高等工程教育研究》《中国高教研究》。

图 1－4　文献来源分布情况

4. 高被引文献分析

高被引文献是该研究领域的经典文献，往往能反映这一研究领域的重要研究成果，通过对高被引文献的分析可以更好地加强对该研究领域基本知识的理解。本研究运用中国知网的文献互引网络功能，将高被引文献统计如表 1－2 所示。从总体上看，早期关于跨学科研究组织的研究成果大多关注跨学科研究组织的构建，并通过分析国外大学的跨学科研究组织为我国的跨学科研究组织发展提供参考。

表 1 - 2　　　　　　　　　　高被引文献统计表

序号	被引频次	文献名	作者
1	78	基于跨学科的新型大学学术组织模式构造	张炜、邹晓东、陈劲
2	64	"学部制"改革初探——基于构建跨学科研究组织体系的思考	邹晓东、吕旭峰
3	57	德国柏林工业大学的跨学科学术组织	张炜
4	53	我国大学跨学科研究现状及其运行机制探析	张炜、翟艳辉
5	50	大学虚拟跨学科组织的原则、特征和优势——以麻省理工学院 CSBi 运行机制为例	熊华军

　　具体来看，张炜较早关注这一领域且作出了重要贡献。样本文献中被引频次最高的文献是《基于跨学科的新型大学学术组织模式构造》，在该篇文章中，张炜等人在分析跨学科大学学术组织基本要素的基础上，将职业科层结构、矩阵结构和有机结构三者相结合，构建出跨学科大学混合系统结构。[①] 邹晓东、吕旭峰从学部制入手，从促进学科整合、实现信息和资源的共享、构筑院系间的整合平台、培养复合型人才四个角度探讨实施学部制对跨学科发展的意义，以期为跨学科研究组织构建有效的平台。[②] 张炜借鉴了德国柏林工业大学的学术组织结构和跨学科学术组织的特征，研究结果表明柏林工业大学的跨学科组织是建立在传统的大学—学系—研究所模式之上的，其学科设置强调实用性、交叉性和综合性，且注重工科课程与人文和社会学科课程的融合，作者在此基础上总结出对我国的跨学科学术组织发展的启示。[③] 张炜、翟艳辉认为我国跨学科学术组织大多采取"校—院—系—专业教研室"模式，并进一步分析了我国大学跨学科学术组织的优势和弊端。[④] 熊华军以麻省理工学院的虚拟跨学科组织 CSBi 为例，从团队建设、目标实施、技

　　① 张炜、邹晓东、陈劲：《基于跨学科的新型大学学术组织模式构造》，《科学学研究》2002 年第 4 期。

　　② 邹晓东、吕旭峰：《"学部制"改革初探——基于构建跨学科研究组织体系的思考》，《高等教育研究》2010 年第 2 期。

　　③ 张炜：《德国柏林工业大学的跨学科学术组织》，《比较教育研究》2003 年第 9 期。

　　④ 张炜、翟艳辉：《我国大学跨学科研究现状及其运行机制探析》，《软科学》2003 年第 5 期。

术平台建设和资金筹措四个方面介绍了 CSBi 的运行机制，并分析其发展原则、特征和优势，为我国的跨学科组织发展提供借鉴。①

（三）研究热点

1. 关键词共现分析

运用 CiteSpace 可视化软件对样本文献进行关键词共现分析，绘制出如图 1－5 所示的包含 31 个节点、38 条连线的关键词共现图谱，并

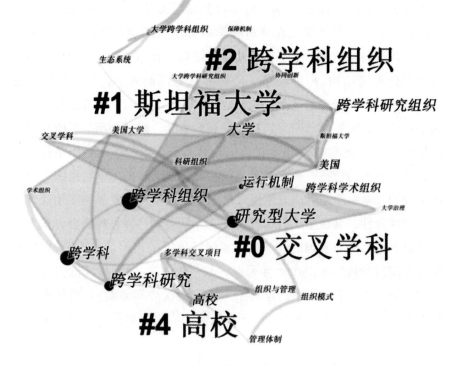

图 1－5　关键词共现图谱

---

① 熊华军:《大学虚拟跨学科组织的原则、特征和优势——以麻省理工学院 CSBi 运行机制为例》,《高等教育研究》2005 年第 8 期。

10

对排名前 20 位的关键词整理如表 1-3 所示。在关键词共现图中，节点越大表明出现的频次越高，说明该关键词受关注程度越高。中心性则表明关键词的影响程度，关键词的中心性大于 0.1 表明该关键词的影响程度较高，围绕该关键词展开的研究较多。因此，结合关键词出现的频次和关键词的中心性，发现二者均排名前 20 位的有：跨学科组织、跨学科、跨学科研究、研究型大学、跨学科研究组织、跨学科学术组织、运行机制、大学、高校、大学跨学科组织。从这些关键词可以看出，进行跨学科研究组织相关研究的主体多为高校，特别是研究型大学在跨学科研究组织研究方面承担了重要的角色，因为研究型大学拥有更丰厚的资源条件，所以在开展跨学科研究及组织建设相关方面相比其他类型的大学更具优势。

表 1-3　　　　　　　　跨学科研究组织排名前 20 位关键词统计

频次	中心性	关键词	频次	中心性	关键词
26	0.3	跨学科组织	6	0	大学跨学科研究组织
24	0.13	跨学科	4	0.1	大学跨学科组织
22	0.28	跨学科研究	4	0	学术组织
20	0.34	研究型大学	2	0	科研组织
13	0.19	跨学科研究组织	2	0	学科交叉
9	0	协同创新	2	0	大学治理
9	0.14	跨学科学术组织	2	0.01	管理体制
9	0.15	运行机制	2	0	学科制度
8	0.35	大学	2	0	组织创新
7	0.19	高校	2	0.02	美国

2. 研究热点分析

在绘制出的关键词共现图谱的基础上，对关键词进行聚类，可以得出 5 个聚类标签，分别是：交叉学科、斯坦福大学、跨学科组织、高校、大学跨学科组织。

在进行关键词聚类分析的基础上，通过阅读跨学科研究组织的相关文献，可以归纳出跨学科研究组织这一领域的主要研究热点包括如下几个方面：

（1）跨学科研究组织的模式。关于跨学科研究组织模式的研究成果可以分为两类，一类是对跨学科研究组织模式的分类，另一类是关于如何构建跨学科研究组织的模式。首先，关于跨学科研究组织的模式，程新奎在总结其他学者的划分结果的基础上，提出跨学科研究组织的三种模式：跨学科课题组、跨学科研究中心、大学研究院。[①] 冯林、张治湘根据不同的创立主体，将我国高校跨学科研究组织的基本模式划分为国家政府批准创立的跨学科研究组织、高校自主创立的跨学科研究组织、高校和校外独立法人单位联合创立的跨学科研究组织。[②] 金薇吟把高校交叉学科组织模式划分为七种类型，包括：跨学科学院（院系）、跨学科研究院（所）与研究中心、学科群、跨学科计划（研究组）、跨学科重点实验室（实验中心）、跨学科工程研究中心、学科交叉研究学会（协会）。[③] 其次，在跨学科研究组织模式的构建方面，罗英姿、伍红军通过分析矩阵结构组织和虚拟结构组织的局限性和互补性，提出构建虚实结合的跨学科研究组织模式。[④] 吴树山等人在总结了传统单学科科研组织模式和跨学科科研组织普通模式的局限性后，提出构建跨学科科研组织高端模式，通过运筹知识产权战略进行顶层布局，并根据战略发展的需要配置物理层面的资源条件。[⑤] 陈凯泉等人指出在当前大科学时代，应建立联盟式的学术组织，这种组织模式不仅可以打破学科之间

---

① 程新奎：《大学跨学科组织的主要运行模式及其特征比较》，《现代教育科学》2007 年第 9 期。

② 冯林、张治湘：《我国高校跨学科研究组织的基本模式及运行机制探析》，《黑龙江教育》（高教研究与评估）2014 年第 1 期。

③ 金薇吟：《高校交叉学科组织模式及其特征》，《徐州师范大学学报》2006 年第 4 期。

④ 罗英姿、伍红军：《跨学科研究新型组织模式探析》，《学位与研究生教育》2008 年第 7 期。

⑤ 吴树山、张海霞、李焕焕：《创新跨学科科研组织模式的思考》，《中国高校科技》2011 年第 12 期。

的边界，还可以打破地域和时带的限制，提高跨学科科研活动的合作效率。① 许日华提出依靠先进的网络信息技术，建立高校虚拟跨学科组织，将不同学科、不同地域的学者串联在一起，围绕跨学科的目标实现组织成员之间的知识共享。②

（2）跨学科研究组织的运行机制。杨连生等人立足于推动跨学科研究组织协同创新，从决策机制、人才选拔机制、组织文化机制、激励机制、资源协同机制和信息沟通机制六个方面入手，形成企业、高校和政府之间的动态互补结构。③ 茹宁、闫广芬将当前大学跨学科组织的运行策略分为以下三种类型：第一种是"自下而上"的学科聚合式策略，这种通常是由学校的强势学科或新兴学科通过自发合作，逐步聚合其他学科而形成；第二种是"自上而下"的学科整合式策略，即在学校层面设立专门的跨学科规划中心或办公室，对各级跨学科组织进行管理；第三种是"由内至外"的外延式策略，在传统院系之外建立完全独立的跨学科研究机构。④

（3）跨学科研究组织面临的困境分析。我国在较长的时间内一直实施以单科大学（学院）为主的体制，在科学发展综合化及社会问题复杂化的趋势下，跨学科研究逐步兴起，跨学科研究组织与以往单科大学（学院）的不同意味着其构建和发展势必面临各种障碍。郭中华等人认为，跨学科研究组织面临的障碍主要包括传统的学术评价制度障碍、传统的学术组织障碍、僵化的认知障碍、传统行政管理模式的障碍和跨学科组织中科研和教育职能的分离。⑤ 赵劲松等认为学科建设的责任由学院承担，与学科相对应的各种资源和评价也进而固化到院系中，

---

① 陈凯泉、张士洋、张凯、刘鹏：《矩阵化、虚拟化和联盟式：信息时代研究型大学的学术组织创新》，《高教探索》2012 年第 5 期。

② 许日华：《高校虚拟跨学科组织：研究缘起、内涵及建构》，《高校教育管理》2015 年第 5 期。

③ 杨连生、钱甜甜、吴卓平：《跨学科研究组织协同创新的影响因素及运行机制的探析》，《北京教育》（高教）2014 年第 3 期。

④ 茹宁、闫广芬：《大学跨学科组织变革与运行策略探究》，《高校教育管理》2018 年第 4 期。

⑤ 郭中华、黄召、邹晓东：《高校跨学科组织实施中存在的问题及对策》，《科技进步与对策》2008 年第 1 期。

因此在这一体制障碍下，跨学科研究要面临谁对其负责的问题。① 艾志强等人着眼于跨学科研究组织模式存在的问题，针对单人多学科研究和多人多学科研究两种形式，认为前者需要研究者接受两门以上学科的学习，现实中这种通才很少；后者若组建临时课题组则组织对其成员的制约较小，不利于开展科研，若成立固定的实验室或科研中心，则使组织缺乏生机与活力。② 杨连生等人认为跨学科研究组织发展面临的现实困境包括人员流动困境、资源共享困境、考核评价困境和学科文化的封闭性。③ 张炜、童欣欣认为制约跨学科研究组织发展的因素有传统金字塔型学术组织结构的束缚、科研依附于教学的学术组织模式、缺乏规范的跨学科研究学术管理制度、缺乏基于跨学科体系的资源与利益分配机制、缺乏利益相关者的支持参与以及缺乏大学学术组织创新的内外部动力。④

（4）国外跨学科研究组织的研究。国外跨学科研究开始的时间比我国早，相应地开展关于跨学科研究组织的研究也早于我国，因此我国不少学者通过对某一国外大学跨学科研究组织的案例分析，为我国跨学科研究组织的发展提供启示，尤其是美国的斯坦福大学，在跨学科研究组织建设方面已有一定的成果，成为不少学者研究借鉴的对象。陈勇等人对斯坦福大学的 Bio-x 跨学科研究计划进行了详细的分析，Bio-x 计划是一所独立科研机构，由副教务长分管领导，内部管理则由主任负责，Bio-x 计划通过资助各种项目来驱动跨学科研究的进行。⑤ 显然，Bio-x计划是促进跨学科研究的有效组织，我国可借鉴 Bio-x 计划的成功经验为跨学科研究的发展提供有效的组织平台。赵炜等人根据哈佛大学"零点项目"的系列研究报告，分析了美国的几个跨学科研究机构，通

---

① 赵劲松、叶建平：《大学跨学科科研组织的体制困境与突破》，《科研管理》2008 年第S1 期。

② 艾志强、王雅芬：《高校跨学科研究的主要困境及其对策》，《辽宁工业大学学报》（社会科学版）2010 年第 5 期。

③ 杨连生、文少保、方运纪：《跨学科研究组织发展的现实困境与突破路径》，《中国高等教育》2011 年第 7 期。

④ 张炜、童欣欣：《我国大学跨学科学术组织发展的现实困境与对策建议》，《中国高教研究》2011 年第 9 期。

⑤ 陈勇、邹晓东、陈艾华、陈婵、王锋雷、柳宏志：《促进跨学科研究的有效组织模式研究——基于斯坦福大学 Bio-x 跨学科研究计划的分析及启示》，《科学学研究》2010 年第 3 期。

过对实体研究机构和虚拟研究机构的比较，作者发现实体研究机构具有沟通交流更便利、团队协作效率更高和更适宜承接大型科研项目这三个优势，而虚拟研究机构则能容纳更多研究人员以及更具有灵活性。① 文少保、杨连生梳理了美国大学跨学科研究组织变迁的轨迹，将组织变迁过程分为萌芽期、兴起期、发展期，并通过对其组织变迁过程中的路径依赖进行分析，发现这个变迁的过程是强制性制度变迁和诱致性制度变迁并行的，由此给我国带来的启示是政府应该根据不同阶段的不同情况适时出台相应的政策法规和配套政策。② 除了美国之外，学者们还总结了其他国家跨学科研究组织的先进经验。例如，张学文比较了美国和日本的一流大学跨学科组织形式，研究结果表明日本典型的跨学科组织形式包括跨学科的研究生院组织和科学与工程集成的跨学科组织。③ 杨连生等人对英国、德国、日本高校跨学科研究组织的发展历程和运行机制进行了梳理，并从管理支撑机制、组织文化支持机制、人才支撑机制和投入保障机制四个方面为我国提供了相应的借鉴。④

（5）促进跨学科研究组织发展的策略。张炜、邹晓东认为，为了促进跨学科研究组织的创新发展，必须加深高等教育管理机构、政府、资助组织等对跨学科研究的认识，在国家立法层面则要实现对各级大学充分有效授权。⑤ 范明等人认为在院校两级管理体制下，不同形式的跨学科研究组织有不同的特点，因此要完善院校相关管理政策和制度，及时解决发展过程中与院校管理发生的冲突。⑥ 在协同创新的背景之下，

---

① 赵炜、殷清清、高博：《跨学科研究组织及个人特点探析——以美国几个跨学科研究中心为例》，《学位与研究生教育》2008 年第 4 期。

② 文少保、杨连生：《美国大学跨学科研究组织变迁的路径依赖》，《科学学研究》2010年第 4 期。

③ 张学文：《跨学科发展与创新的组织形式——美日一流大学的成功经验与启示》，《中国软科学》2009 年第 2 期。

④ 杨连生、吴卓平、钱甜甜：《英德日高校跨学科研究组织的运行机制及其启示》，《学术论坛》2013 年第 9 期。

⑤ 张炜、邹晓东：《我国大学跨学科学术组织发展的演进特征与创新策略》，《浙江大学学报》（人文社会科学版）2011 年第 6 期。

⑥ 范明、李文杰：《校院两级管理体制下跨学科学术组织的发展对策》，《黑龙江高教研究》2013 年第 3 期。

跨学科研究组织具有一定的组织结构优势，但在协同创新的过程中仍然存在一些不足，因此毕颖提出研究项目对接需求导向、利益分配对接风险承担、绩效评价对接协同目标，从而更好地使各个协同主体共同完成目标。① 当前高校内存在的学术组织、二级学院和学科分化过细的情况，阻碍了跨学科研究组织的发展，对此陈良提出通过探索学部制改革整合各类学科资源，促进学科交叉融合。②

（四）研究结论与展望

本研究在中国知网上选取了 181 篇与跨学科研究组织相关的文献作为样本文献，运用 CiteSpace 可视化软件对样本文献进行了文献计量分析，得出如下研究结论：

1. 我国跨学科研究组织的热度不断上升

通过年发文量统计图可以看出，近年来，在国家政策的引导和我国发展重大科学技术的现实需求下，我国跨学科研究蓬勃发展，关于跨学科研究组织的研究成果也相应地呈现出不断上升的趋势。从近几年的发文量趋势可以预见，在今后一段时期内关于跨学科研究组织的发文量依然会平稳上升，这是我国跨学科研究蓬勃发展的必然结果。

2. 研究成果呈偏态分布

通过分别对核心作者和核心研究机构载文基线值的计算及相关统计，结果表明杨连生、张炜对这一研究领域作出了较大的贡献。因为研究者和研究机构具有一定的对应性，所以相应地大连理工大学和浙江大学在跨学科研究组织这一领域的发文量较高。换言之，目前跨学科研究组织的研究成果主要集中在一部分核心作者和核心研究机构中，而这部分核心作者和核心研究机构数量偏少。对此，我们应以理性的眼光看待这种现象，一方面，研究成果集中在核心作者和核心研究机构中，有利于发挥核心作者和核心研究机构的引领作用；另一方面，研究成果过于

---

① 毕颖：《协同创新中的大学跨学科研究组织：问题及对策》，《国家教育行政学院学报》2015 年第 7 期。

② 陈良：《大科研背景下跨学科学术组织发展建议》，《中国高校科技》2018 年第 12 期。

集中容易导致话语权的相对集中，长此以往不利于该领域的学术发展。因此，应当吸引更多的学者参与相关研究中，形成核心研究力量和多元研究力量之间的适度平衡。

3. 学者间的合作有待进一步加强

在合作方面，样本文献中由单一学者独著的期刊文献仅占38%，表明多学者合著是目前的主流形式，但是从学者所属的研究机构来看，学者之间的合作仍然以同机构内开展合作为主，较少学者能够进行跨机构合作。然而，开展跨学科相关研究正需要不同学科的学者，乃至来自不同研究机构的学者进行合作，因此，需要进一步加强学者之间的合作，尤其是要努力破除不同机构之间的壁垒，促进跨机构的合作。

4. 跨学科研究组织的研究主体以研究型大学为主

首先，研究型大学在构建跨学科研究组织方面具备优势条件；其次，总体而言，当前我国大学跨学科研究组织发展依然存在不足之处，因此开展跨学科研究组织相关研究能够推动大学跨学科研究组织建设，为研究型大学的跨学科研究构建有效的平台，从而提高研究型大学的核心竞争力。

5. 跨学科研究组织相关研究内容较丰富，但仍存在研究空白之处

通过总结跨学科研究组织的研究热点可以发现，当前跨学科研究组织涉及的研究内容比较丰富，包括跨学科研究组织的模式、跨学科研究组织的运行机制、跨学科研究组织面临的困境、对国外跨学科研究组织的研究以及促进跨学科研究组织发展的策略。但是与国外相比，我国跨学科研究开始得较晚，研究进程与国外相比仍有一定的距离，因此在跨学科研究组织方面的研究成果仍然存在一些空白之处，例如缺乏对于我国跨学科研究组织发展历程的梳理；当前对跨学科研究组织多采用定性研究，未来可以采用定性和定量相结合的方法，例如运用问卷调查法对跨学科研究组织的运行效果进行统计分析，使研究结论更加科学；促进跨学科研究组织发展的策略还需要深入探讨。

三 国外跨学科研究组织研究可视化分析

（一）数据来源与研究方法

CiteSpace 是由美国德雷塞尔大学教授陈超美所研发的一款用于文献可视化分析的软件，具有多元、分时、动态等特点。CiteSpace 凭借其操作简单、适用源于多种数据库格式的数据、可以绘制多种图谱、可视化效果好、提供信息量大和自动标识易于图谱解读等强大功能优势，吸引了各个专业学科的研究人员。[①]

本书以 Web of Science 核心合集为数据来源，检索时间为 2021 年 5 月。对跨学科研究组织主题进行高级检索，检索词设置为 TS = （Interdisciplinary research organization OR cross-disciplinary research organization OR Interdisciplinary study organization OR cross-disciplinary study organization），文献类型选择"Article"与"Review"，语种选择"English"，时间跨度设定为 1985—2020 年，共检索出 2187 条文献。将检索出的 2187 条文献以其他文件格式导出，记录内容选择"全记录与引用的参考文献"，文件格式选择"纯文本"。再将导出结果导入 CiteSpace，并进一步就发文状况进行统计分析，绘制高发文国家/地区、高发文机构、学科领域分布的可视化图谱，结合文献计量法，对关键词进行聚类分析研究领域内的热点，通过领域的高被引文献进行知识基础分析，再通过关键词突现进行研究前沿分析。

（二）全球跨学科研究组织研究领域总体态势分析

1. 发文状况分析

本书对检索出的 2187 条文献进行整理，统计成发文量柱状图（图

---

① 陈悦、陈超美、刘则渊等：《CiteSpace 知识图谱的方法论功能》，《科学学研究》2015 年第 2 期。

1－6）。从总体发文趋势来看，关于跨学科研究组织的文献总体呈现稳步增长的趋势，极少数年份出现发文量减少的现象。根据发文状况，可以将跨学科研究组织的进程主要分为以下几个阶段：（1）初步探索期（1996—2004 年），在这个阶段无论是发文量还是变化幅度都较小，处于对跨学科研究组织领域研究的初始阶段，并未引起大范围的关注；（2）稳定增长期（2005—2010 年），该阶段相较于前一个阶段，无论是年均发文量还是增长幅度都有了较大幅度的增加，说明越来越多的学者投入到跨学科研究组织的相关研究中，研究热度不断递增；（3）迅速发展期（2011—2020 年），发文量在 2011 年首次突破了 100 篇，除了 2013 年有微弱减少之外，其他年份都保持增长态势，相较于前两个阶段，该阶段年均发文量最高，研究热度不断攀升，在 2020 年达到顶峰，可以看出近些年国际上对于跨学科研究组织领域的研究热度只增不减，引起了学者们的广泛关注。

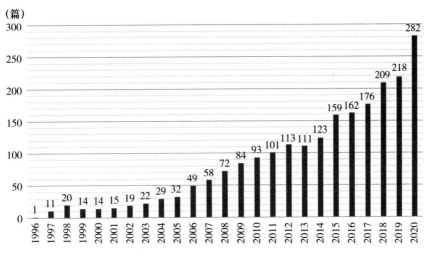

图 1－6　跨学科学术组织研究年度发文量变化趋势

2. 高发文国家分析

为了更好地了解高发文国家/地区的发文状况，本书将 2187 条文献数据导入 CiteSpace，节点选择 Country 绘制知识图谱，节点越大则表明该国家/地区发表的与跨学科研究组织主题相关的文献就越多（见图 1 – 7）。根据数据显示，2187 篇文献分别来自 112 个不同的国家与地区，其中美国发文 852 篇，排名第 1 位，占总发文量的 38.96%。排名第 2 位与第 3 位的是英国与德国，发文量分别为 303 篇与 224 篇，占总发文量的 13.85% 与 10.24%。其中，中国发文量为 87 篇，排名第 9 位，占总发文量的 3.96%。这表明，我国虽在跨学科研究组织领域取得一定成就，但与西方发达国家尤其是美国仍存在着较大差距。

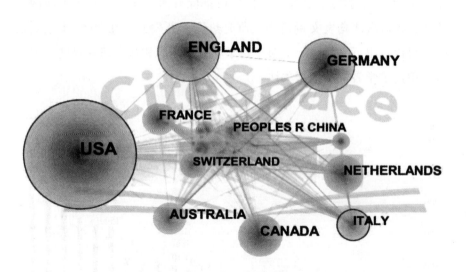

图 1 – 7　高发文国家/地区可视化图谱

图 1 – 8 显示的是发文量排名前 3 位的国家与中国在 2010—2020 年的年度发文量变化状况。可以看出在发文量方面，美国远远领先于英国、德国与中国，发文变化幅度也较大，英国与德国的实力相近。而中国发文量与前三个国家存在较大差距，发文量变化幅度较小，总体上保持较为稳定的增长态势，中国在跨学科研究组织领域的研究实力仍有待提高。

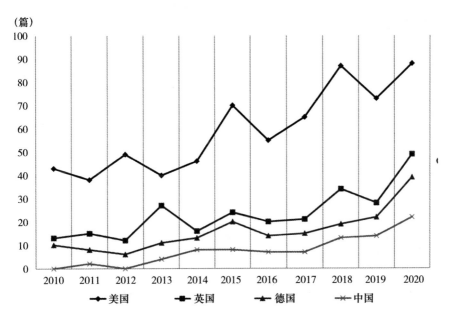

（篇）

图 1 - 8 发文量前 3 位的国家与中国 2010—2020 年年度发文量统计

3. 发文机构分析

由表 1 - 4 可知，发文量前 3 位的机构分别是多伦多大学（29 篇）、明尼苏达大学（27 篇）、亚利桑那州立大学（23 篇），数量相差不大。且从总体来看，前 10 名的机构发文量差距也并不大。从图 1 - 9 的高发文机构可视化图谱中可以看出，在跨学科研究组织领域研究机构之间的合作十分密切，形成了纵横交错的合作网络。这与跨学科研究本身的特性相关，往往对某一复杂问题的解决需要集结不同学科领域、研究组织的力量。值得注意的是，发文量排名前 10 位的机构中，美国的大学共有 7 所，分别是明尼苏达大学、亚利桑那州立大学、华盛顿大学、伊利诺伊大学、哈佛大学、密歇根大学与科罗拉多州立大学，美国高校的表现十分突出，成为跨学科研究组织领域中研究的主力军。与之相较，中国高校在跨学科研究组织领域的研究中还未有十分突出的表现，其间也未形成稳定的合作关系。

表 1-4   高发文机构前 10 位统计

序号	发文机构（英文）	发文机构（中文）	所在国家	发文量（篇）	占比（%）
1	University Toronto	多伦多大学	加拿大	29	1.33
2	University Minnesota	明尼苏达大学	美国	27	1.23
3	Arizona State University	亚利桑那州立大学	美国	23	1.05
4	University Oxford	牛津大学	英国	21	0.96
5	University Washington	华盛顿大学	美国	21	0.96
6	University Illinois	伊利诺伊大学	美国	18	0.82
7	Harvard University	哈佛大学	美国	16	0.73
8	University Michigan	密歇根大学	美国	15	0.69
9	University British Columbia	哥伦比亚大学	加拿大	15	0.69
10	University Colorado	科罗拉多州立大学	美国	14	0.64
总计				199	9.10

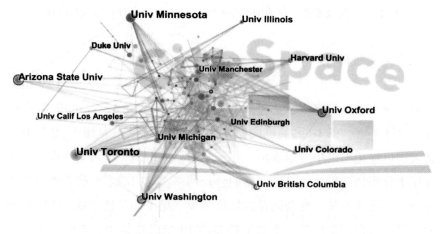

图 1-9 发文机构可视化图谱

4. 学科领域分布

从图 1-10 的学科领域知识图谱来看，跨学科研究组织研究主题所分布的领域按发展时间的长短可以划分为传统学科与新兴学科。传统学科主要包括管理学、医疗保健科学与服务、工程学、医学等。新兴学科主要包括商务经济学、环境科学与生态学、教育与教育研究、计算机科学、心理学等。将发文量占前 10 位的学科领域进行统计（见表 1 - 5）可以得知，管理学、医疗保健科学与服务、工程学等传统学科在跨学科研究组织领域占据十分重要的地位，但是商务经济学、环境科学与生态学发展势头十分迅猛，教育与教育研究、计算机科学等也开始崭露头角。

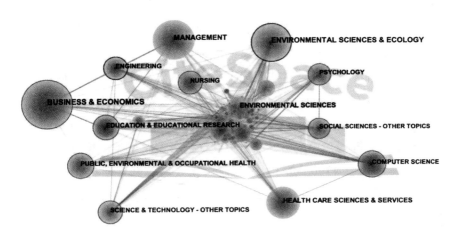

图 1 - 10　学科领域分布可视化图谱

表 1 - 5　　　　　　　　　高发文领域前 10 位统计

序号	学科领域（英文）	学科领域（中文）	发文量（篇）
1	BUSINESS&ECONOMICS	商务经济学	343
2	ENVIROMENTAL SCIENCES&ECOLOGY	环境科学与生态学	250
3	MANAGEMENT	管理学	242
4	HEALTH CARE SCIENCES&SERVICES	医疗保健科学与服务	170
5	ENVIROMENTAL SCIENCES	环境科学	164
6	ENGINEERING	工程学	129
7	EDUCATIONAL&EDUCATIONAL RESEARCH	教育与教育研究	126
8	SCIENCE&TECHNOLOGY	科学与技术	124
9	PUBLIC，ENVIROMENTAL & OCCUPATION-ALHEALTH	公共、环境和职业健康	120
10	COMPUTER SCIENCE	计算机科学	117
总计			1785

（三）全球跨学科研究组织研究热点分析

一个学术研究领域较长时期内的大量学术研究成果的关键词集合，可以揭示研究成果的总体内容特征、研究内容之间的内在联系、学术研究的发展脉络与发展方向等。[1] 基于 CiteSpace 软件生成的研究热点视图能够将高频关键词、关键词之间的共现关系、关键词的聚类关系以知识图谱的形式栩栩如生地展现出来，清晰的可视化视图效果使我们能够迅速地辨识出少数具有较强解释意义的关键点。[2]

词频分析法是文献计量法中用来确定某一研究领域中研究热点的重要方法之一。在 CiteSpace 中导入 2187 条数据，节点选择 Keyword，在选择寻径网络分析（athfinder）以及每个网络（Pruning sliced network）后，绘制出关键词共现图谱，并对关键词进行主题聚类。聚类后模块值 Modularity Q 为 0.4796 > 0.3，表明模块化效果较好，划分的社团结构显著；平均轮廓值 S = 0.7793 > 0.5，表明聚类成员的相似程度较高，聚类效果合理。图 1-11 的 5 个聚类代表了国际上跨学科研究组织领域的研究热点。

表 1-6   跨学科研究组织主题聚类

聚类 ID	大小	轮廓值	平均引用年限	Top Terms（LSI）
0	70	0.928	2007	跨学科研究、驱动程序、障碍、跨学科的新大学、科学
1	40	0.997	2012	环境会计、可持续发展目标、组织复原力、自然环境、能源效率的复杂性
2	38	0.932	2014	协议、研究项目、算法、实践、未来街道、知识交流、成功的跨学科海洋研究
3	34	0.953	2009	应用卫生研究、跨学科团队成果、肿瘤团队、跨学科性、治理

---

[1] 安秀芬、黄晓鹏、张霞等：《期刊工作文献计量学学术论文的关键词分析》，《中国科技期刊研究》2002 年第 6 期。

[2] 李红满：《国际翻译学研究热点与前沿的可视化分析》，《中国翻译》2014 年第 2 期。

续表

聚类 ID	大小	轮廓值	平均引用年限	Top Terms（LSI）
4	29	0.914	2007	利益相关者、合作项目、跨学科的生产、案例研究、社会科学、国家生态系统评估

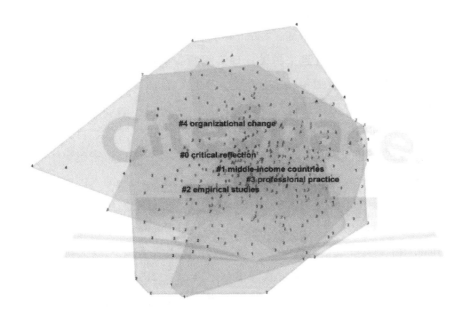

图 1-11 跨学科研究组织关键词主题聚类图谱

1. 聚类 0：突破学科边界，应对与跨学科研究相关的多重挑战

从聚类 0（critical reflection）的关键词以及相关文献来看，应对跨学科研究中的多重挑战成为跨学科研究组织的主要研究热点。随着社会问题复杂性的增加，依靠单一学科的知识已经不足以解决纷繁复杂的社会问题。因而，学科之间的界限被跨越，大量的跨学科研究成果得以运用到实际问题的解决中，但在这一过程中也出现了许多困难与挑战。首先是来自于外部利益相关者的挑战。由于跨学科研究会涉及诸多利益相关者，包括政府、企业、高校与其他社会机构，例如高校作为开展跨学科研究的主要主体，常常要应对来自于政府与社会的挑战与质疑。其次是与其他组织机构合作的挑战，在开展跨学科研究的过程中，研究组织

常常要与不同的组织机构进行合作，甚至创建一个新的组织，在合作的过程中，各方由于不同的期望与需求容易产生冲突。最后就是来自于价值立场方面的挑战，由于跨学科研究涉及了多个学科，不同学科自身的学科基础与方法论存在差异，导致学科之间的价值判断有所不同。

2. 聚类 1：立足于实际问题，以跨学科研究推进可持续发展

从聚类 1（Middle-income countries）的关键词以及相关文献来看，跨学科研究组织的研究越来越关注现实问题。从跨学科研究组织层面来看，跨学科研究涉及的领域十分广泛，医疗、自然环境、教育、可持续发展都是学者们广泛关注的对象，不同的跨学科组织通过开展跨学科合作解决现实问题。从国家层面来看，近年来，人口老龄化、自然环境恶化、能源稀缺等问题愈发突出，跨学科研究者的关注点越来越集中到环境保护与可持续发展当中，越来越多国家将可持续发展纳入国家发展战略层面，逐步意识到了跨学科研究的重要性。例如美国国家工程院相继出台了《21 世纪大挑战》（21 Century's Grand Engineering Challenges Unveiled）和《大挑战学者计划》（GCSP），提倡学者要"以大挑战问题为中心"，进行跨学科合作。欧盟出台了《欧洲 2020 战略：实现智能、可持续性和包容性增长》，旨在通过国家层面引导高等教育进行可持续发展的改革。[①] 可以看出，跨学科研究对现实问题的解决具有很强的适用性，并且随着可持续发展理念的不断发展，跨学科研究组织已经成为解决复杂环境问题的重要主体。

3. 聚类 2：进行绩效衡量，支撑公共服务成为跨学科研究的重要应用

从聚类 2（empirical studies）的关键词以及相关文献来看，跨学科的研究方法在当代公共行政中发挥了重要的作用。近些年来的公共部门不断进行改革，如何提升公共服务的质量，进行绩效评估成为了政府部门的重要议题。许多公共会计部门与行政部门进行改革，成立了开展跨学科研究的新型机构，通过构建跨学科的研究框架，应用跨学科的概

---

① 张炜、魏丽娜、曲辰：《全球跨学科教育研究的特征与趋势——基于 Citespace 的数据分析》，《高等工程教育研究》2020 年第 1 期。

念、方法与工具，对政府的绩效进行衡量，以此来评估公共部门提供服务的优劣。国际上，政府部门通过建立跨学科研究组织、与高校合作建立跨学科研究机构与中心来达到改善绩效与服务的目的，是实现推进人类福祉的重要方式之一。

4. 聚类 3：聚焦新兴交叉学科，探索跨学科新型合作领域

从聚类 3（professional practice）的关键词以及相关文献来看，护理学作为新兴学科，包含了许多学科的内容，例如生理学、医学、生物学等，正在不断成为跨学科研究发挥作用的重要领域。布里吉德·吉列斯皮（Brigid Gillespie）等学者采用扎根理论方法生成理论模型，以解释影响外科跨学科沟通的组织和个人因素之间的关系，揭示了团队的跨学科多样性导致了复杂的人际关系，组织对团队凝聚力造成了普遍影响，以及教育对改善团队沟通具有重要作用。[①] 施富金等学者采用焦点小组讨论法从护理人员的角度探讨台湾地区最重要的专业护理价值观，这些价值观反映了对社会、护士自身以及对跨学科团队的益处。[②] 这主要缘于跨学科沟通是影响团队绩效的关键因素，尤其是在高风险职业中，例如外科医生、麻醉师、护士等，理想工作的完成需要各个环节、组成部分的完美配合，以及能够对问题作出迅速的判断与解决。因而跨学科合作由于其特殊的优势，在许多新兴领域都发挥了极大的作用。

5. 聚类 4：打破组织边界，推进知识生产创新

从聚类 4（organizational changes）的关键词以及相关文献来看，跨学科研究组织在不断发展，形式也在持续丰富。早期的跨学科研究组织是以团队合作、学习科学中心、实验室、科学技术中心等形式出现，并且以案例分析为主。随着知识生产模式的转变与社会问题复杂性的增加，越来越多的利益相关者参与到了跨学科研究组织中来，政府、高校、企业都是跨学科研究中十分重要的主体。传统的组织边界被打破，

---

① Gillespie B. M., Chaboyer W., Longbottom P., et al., "The Impact of Organisational and Individual Factors on Team Communication in Surgery: A Qualitative Study", *International Journal of Nursing Studies*, 2010, 47（6）, pp. 732 – 41.

② Shih F. J., Lin Y. S., Smith M. C., et al., "Perspectives on Professional Values Among Nurses in Taiwan", *Journal of Clinical Nursing*, 2009, 18（10）, pp. 1480 – 1489.

大量高校开始建立跨学科研究委员会、成立跨学科队伍，开展校企合作，促进学科知识的不断交融，探索知识创新的最佳模式。单一学科的过度专业化引起了人们对高等教育领域培养跨学科人才的关注，因而国际上越来越关注大学是如何打破传统学科固化的界限，对资源进行重组，通过跨学科研究促进知识的生产创新。

（四）全球跨学科研究组织前沿领域分析

所谓突变术语（burst terms），是指使用频次突然明显增多、或在较短时间内突然出现的术语。根据词频的时间分布和变化趋势，从大量的文献主题词中提炼出突变术语，有助于较清晰地分析和了解某一学科的研究前沿领域和发展趋势。[①] 将检索的 2187 条数据导入 CiteSpace 中，将突现词的最小持续时间单位设置为 3，共得到 17 个突现关键词（见图 1 - 12）。将突现关键词按突现强度最高、持续时间最长以及最新出

关键词	年份	实现强度	起始年份	终止年份	1996—2020
behavior	1996	5.08	**1997**	2008	
interdisciplinary	1996	5.06	**2004**	2006	
history	1996	4.01	**2005**	2013	
service	1996	5.27	**2006**	2012	
teamwork	1996	3.8	**2007**	2012	
information system	1996	3.74	**2007**	2014	
quality	1996	4.6	**2008**	2010	
globalization	1996	4.15	**2008**	2011	
classification	1996	3.54	**2008**	2012	
firm	1996	4.4	**2009**	2011	
journal	1996	3.93	**2010**	2012	
error	1996	3.37	**2010**	2012	
disease	1996	3.73	**2011**	2014	
gene expression	1996	3.28	**2011**	2013	
indicator	1996	3.34	**2013**	2017	
nutrition	1996	3.86	**2017**	2020	
governance	1996	3.79	**2017**	2020	

图 1 - 12　突现关键词可视化图谱

---

① 李红满：《国际翻译学研究热点与前沿的可视化分析》，《中国翻译》2014 年第 2 期。

现三个方面进行筛选，并进行分析。

1. 突现强度最高与持续时间最长的关键词：behavior

热点词"behavior"的突现性为 5.08，最先突现于 1997 年，并于 2008 年热度出现下降，这里的"behavior"主要是指跨学科研究行为。由于社会问题的复杂性不断增加，例如生态、能源、人口等问题，仅凭单一学科的知识无法解决，存在很大的局限性。因而在科学知识探索的过程中出现了不同学科的交叉与融合，用以解决复杂的难题。随着跨学科的不断探索与发展，大量的跨学科研究组织开始涌现，跨学科研究组织内部会产生许多跨学科研究行为。

高忠科（Zhong K. Gao）等学者研究时间序列的复杂网络分析，为解决气候动力学、多相流、大脑功能、心电图动力学、经济学和交通系统等领域的跨学科挑战开辟了新的领域。[1] 保罗·C. 斯特恩（Paul C. Stern）等学者探究了影响能源选择的各种影响因素，在此基础上提出了政府和其他组织干预的设计，并确定未来社会科学和跨学科研究的重点领域。[2] 坦贾·拉布尔（Tanja Rabl）和托斯坦·M. 库尔曼（Torsten M. Kuhlmann）通过开展跨学科研究，提出一个行动模型探究动机、意志、情感和认知因素与企业决策者的腐败行为之间的关系，并讨论了组织内和组织间腐败的预防措施和方法。[3] 霍法克（Hofacker）与普赛克（Papousek）研究慕尼黑跨学科研究和干预计划（MIRIP 1991）——一项跨学科的诊断和干预服务，为有调节性紊乱婴儿的家庭调查病因和提供可能的治疗。[4]

20 世纪 90 年代后期，大量跨学科研究组织的成立促进了跨学科研

---

① Gao Z. K., Small M., Kurths, Jürgen, "Complex Network Analysis of Time Series", *Epl*, 2016, 116 (5).

② Stern P. C., Janda K. B., Brown M. A., et al., "Opportunities and Insights for Reducing Fossil Fuel Consumption by Households and Organizations", *Nature Energy*, 2016, 1 (5), pp. 1 – 6.

③ Rabl T., Kühlmann T. M., "Understanding Corruption in Organizations-Development and Empirical Assessment of an Action Model", *Journal of Business Ethics*, 2008, 82 (2), pp. 477 – 495.

④ N. Hofacker, M. Papoušek, "Disorders of Excessive Crying, Feeding, and Sleeping: The Munich Interdisciplinary Research and Intervention Program", *Tradition*, 1998, (19), pp. 180 – 201.

究行为的不断增多，跨学科研究组织内的研究行为往往分布在各个不同的领域，例如能源、医疗、商业等等，愈来愈多的学者开始寻求跨学科的方法来解决复杂的社会问题。但是随着金融危机的出现，各个领域都受到了巨大的冲击，至此，跨学科研究的热度开始减退。

2. 最新出现的关键词：nutrition 与 governance

热点词"nutrition"（营养）的突现性为 3.86，热点词"governance"的突现性为 3.79，都是于 2017 年突现，因而与这些词相关的研究领域将会是未来关于跨学科研究组织的最新研究前沿。"nutrition"表明了对营养方面开展跨学科工作的关注。儒尔德·鲁本（Ruerd Ruben）等学者用粮食和营养安全的线性方法对粮食系统动力学进行相互关联和嵌套分析，概述了在不同规模的食物系统分析中的跨学科和互动过程的经验;[①] 芭芭拉·哈斯勒（Barbara Hasler）等学者的研究通过提出一种概念性的方法，结合多个学科的知识将牲畜和鱼类价值链中的食品安全和营养评估结合起来;[②] 埃吉迪奥·德·法布罗（Egidio Del Fabbro）等人的研究表明跨学科的多模式方法有助于在临床实践中解决食欲不振和体重减轻的问题。[③]

"governance"（治理）经常与其他词一起搭配使用，例如社区治理（community governance）、社会治理（social governance）等。简·贝宾顿（Jan Bebbington）与杰弗里·乌尔曼（Jeffrey Unerman）等进行了可持续发展的跨学科视角整合，并将其与可持续发展文献的计量相结合;[④] 恩里科（Enrico）等学者的研究指出应通过跨学科的方式来进行

---

① Ruben R., Verhagen J., Plaisier C., "The Challenge of Food Systems Research: What Difference Does It Make?", *Sustainability*, 2019, 11 (1), p. 171.

② Hsler B., Dominguez-Salas P., Fornace K., et al., "Where Food Safety Meets Nutrition Outcomes in Livestock and Fish Value Chains: A Conceptual Approach", *Food Security*, 2017, 9 (5), pp. 1001 – 1017.

③ Fabbro E. D., Orr T. A., Stella S. M., "Practical Approaches to Managing Cancer Patients with Weight Loss", *Curr Opin Support Palliat Care*, 2017, 11 (4), pp. 272 – 277.

④ Bebbington J., Unerman J., Parker L., "Achieving the United Nations Sustainable Development Goals: An Enabling Role for Accounting Research Role for Accounting Research", *Accounting, Auditing & Accountability Journal*, 2018, 31 (1), pp. 2 – 24.

公共财政会计研究与解释紧缩政策；[①] 费斯·斯特恩列波（Faith Sternl-ieb）等学者进行跨学科研究以解决社会—生态系统治理的复杂性问题。[②]

通过以上学者的研究可以看出，尽管医学与管理学属于传统学科，但仍然在跨学科研究组织领域中占据十分重要的地位，用跨学科研究解决研究领域内不断出现的新问题。并且从研究趋势来看，相比于单纯的理论研究，学者们十分注重使用跨学科的方法解决实际问题。

（五）知识基础分析

对知识基础的探究有利于进一步明晰研究前沿的本质。如果把研究前沿定义为某个研究领域的发展状况，那么研究前沿的引文就构成了相应的知识基础。[③] 通过对高被引文献的分析可以知悉，一个研究领域的重要研究成果，通过对这些文献的回顾可以厘清跨学科研究组织领域的理论基础与研究逻辑。在 CiteSpace 中导入本书的 2187 条数据，可以获得跨学科研究组织领域的关键文献，表 1 - 7 显示了被引频次排名前 10 的文献。

表 1 - 7　　　　跨学科研究组织领域高被引文献（前 10 位）

序号	被引频次	作者	平均被引年份	文献名称
1	14	Lang D. J.	2012	Transdisciplinary Research in Sustainability Science: Practice, Principles, and Challenges 《可持续发展科学的跨学科研究：实践、原则和挑战》

[①] Enrico, Bracci, Christopher, et al., "Public Sector Accounting, Accountability and Austerity: More Than Balancing the Books?", *Accounting, Auditing & Accountability Journal*, 2015, 28 (6), pp. 878 - 908.

[②] Sternlieb F., Bixler R. P., Huber-Stearns H., et al., "A Question of Fit: Reflections on Boundaries, Organizations and Social-Ecological Systems", *Journal of Environmental Management*, 2013, (130), pp. 117 - 125.

[③] 陈超美、陈悦、侯剑华等：《CiteSpace II：科学文献中新趋势与新动态的识别与可视化》，《情报学报》2009 年第 3 期。

序号	被引频次	作者	平均被引年份	文献名称
2	13	Klein J. T.	2008	Evaluation of Interdisciplinary and Transdisciplinary Research：A Literature Review 《跨学科和超学科研究评价：文献综述》
3	10	Van Rijnsoever F. J.	2011	Factors Associated with Disciplinary and Interdisciplinary Research Collaboration 《学科和跨学科研究合作的相关因素》
4	8	Rafols I.	2012	How Journal Rankings Can Suppress Interdisciplinary Research：A Comparison Between Innovation Studies and Business & Management 《期刊排名如何抑制跨学科研究：创新研究与商业管理的比较》
5	7	Ostrom E.	2009	A General Framework for Analyzing Sustainability of Social-Ecological Systems 《社会—生态系统可持续性分析的一般框架》
6	6	Aboelcla S. W.	2007	Defining Interdisciplinary Research：Conclusions from a Critical Review of the Literature 《定义跨学科研究：来自文献批判性回顾的结论》
7	6	Huutoniemi K.	2010	Analyzing Interdisciplinarity：Typology and Indicators 《跨学科分析：类型学与指标》
8	6	Gray R.	2010	Is Accounting for Sustainability Actually Accounting for Sustainability… and How Would We Know? An Exploration of Narratives of Organisations and the Planet 《可持续性会计实际上是可持续发展的会计吗？我们怎么知道？对组织与地球叙事的探索》
9	6	Fortunato S.	2010	Community Detection in Graphs 《图中的社区检测》
10	6	Leahey E.	2017	Prominent but Less Productive：The Impact of Interdisciplinarity on Scientists' Research 《突出但低效：跨学科对科学家研究的影响》

被引频次最高的文章是学者丹尼尔（Daniel J. Lang）等发表的《可持续发展科学的跨学科研究：实践、原则和挑战》，在领域内有着十分

重要的影响力。他从跨学科研究方法的角度出发，综合和构建了一套新的原则与方法，进而考察不同地区跨学科可持续发展项目所经历的挑战和一些应对策略，以加强跨学科可持续研究的实践。[1] 朱丽（Julie T. Klein）对跨学科和超学科的研究评价进行了综述，以厘清研究绩效与评估的区别，为思考评估提出了七个通用原则。[2] 弗兰克（Frank J. van Rijnsoever）和劳伦斯（Laurens K. Hessels）的研究揭示了研究人员的性别、研究经验、工作经验等方面的特征与学科和跨学科的研究合作之间的关系，以及在不同类别的学科中什么合作最有回报。[3] 伊斯梅尔·拉福尔斯（Ismael Rafols）等学者的研究显示了期刊排名如何在研究评价中不利于跨学科研究的定量证据，通过使用出版和引用数据，比较了跨学科程度和一些创新研究单位与英国领先的商业和管理学院（BMS）的研究绩效。[4] 埃莉诺·奥斯特罗姆（Elinor Ostrom）通过构建一个多学科的框架来描述和解释复杂的社会—生态系统。[5] 莎莉（Sally W. Aboelela）等通过文献回顾、访谈法、实地测试等方法讨论跨学科研究的主题和组成部分，并对跨学科研究进行理论定义。[6] 卡特里·胡托涅米（Katri Huutoniemi）等通过界定一种新的类型学和定性指标来分析研究文献中的跨学科性。[7]

　　从文献的平均被引年份以及被引频次来看，高被引文献的被引平均

[1] Lang D. J., Wiek A., Bergmann M., et al., "Transdisciplinary Research in Sustainability Science: Practice, Principles, and Challenges", *Sustainability Science*, 2012 (7), pp. 25 – 43.

[2] Klein J. T., "Evaluation of Interdisciplinary and Transdisciplinary Research: A Literature Review", *American Journal of Preventive Medicine*, 2008, 35 (2), pp. 116 – 123.

[3] Frank J. R., Laurens K. H., "Factors Associated with Disciplinary and Interdisciplinary Research Collaboration", *Research Policy*, 2011, 40 (3), pp. 463 – 472.

[4] Rafols I., Leydesdorff L., O'Hare A., et al., "How Journal Rankings Can Suppress Interdisciplinary Research: A Comparison Between Innovation Studies and Business & Management", *Research Policy*, 2012, 41 (7), pp. 1262 – 1282.

[5] Ostrom E., "A General Framework for Analyzing Sustainability of Social-Ecological Systems", *Science*, 2009, 325 (5939), pp. 419 – 422.

[6] Aboelela S. W., Larson E., Bakken S., et al., "Defining Interdisciplinary Research: Conclusions from a Critical Review of the Literature", *Health Services Research*, 2007, 42 (1), pp. 329 – 346.

[7] Huutoniemi K., Klein J. T., Bruun H., et al., "Analyzing Interdisciplinarity: Typology and Indicators", *Research Policy*, 2010, 39 (1), pp. 79 – 88.

年份主要集中在 2007—2017 年，文献的最高被引频次是 14，数量相对较低，说明在跨学科研究组织研究领域内权威文献较少且并未形成稳定的知识结构。而在被引频次较高的文献中，有将跨学科研究方法运用到项目、评估、系统、绩效的应用型研究；也有对跨学科研究进行理论定义、分析跨学科性的理论型研究。这些研究构成了跨学科研究组织研究领域的理论基础以及方法论基础，但鲜有关于跨学科研究组织的理论文献。因而，在跨学科研究组织研究领域内，大多都是关于跨学科研究的理论与方法，具体到跨学科研究组织层面的研究则少之又少。

（六）研究结论与展望

1. 研究结论

本研究运用 CiteSpace 文献计量软件，对 1996 年至 2020 年中 WOS 数据库核心合集收录的与跨学科研究组织有关的 2187 篇文献进行了分析。先是对发文状况进行统计，发现关于跨学科研究组织的文献数量总体上呈现持续增长趋势，国际上对于跨学科研究组织领域的研究热度持续增长，引起了学者们的广泛关注。通过绘制高发文国家/地区可视化图谱、发文机构可视化图谱、学科领域分布可视化图谱并进行分析，结果表明在跨学科研究组织研究领域中，美国的发文量遥遥领先，而中国与西方发达国家仍存在一定差距；跨学科研究组织领域的研究机构之间合作十分密切，形成了纵横交错的合作网络；教育与教育科学的跨学科研究开始崭露头角。通过关键词主题聚类，跨学科研究组织领域的研究热点有：突破学科边界，应对与跨学科研究相关的多重挑战；立足于实际问题，以跨学科研究推进可持续发展；进行绩效衡量，支撑公共服务成为跨学科研究的重要应用；聚焦新兴交叉学科，探索跨学科新型合作领域；打破组织边界，推进知识生产创新。在该领域的高被引文献前三名分别是：《可持续发展科学的跨学科研究：实践、原则和挑战》《跨学科和超学科研究评价：文献综述》《学科和跨学科研究合作的相关因素》。

2. 研究展望

（1）加强对跨学科研究组织层面的理论研究

相比于跨学科研究组织，跨学科研究出现的时间更早，国际上鲜有文章对跨学科研究组织进行专门的研究。大多数有关跨学科研究组织的研究都是作为跨学科研究以及跨学科合作、跨学科人才培养的"附属品"而出现的。从高被引文献分析来看，文献的最高被引频次是14，数量相对较低，说明在跨学科研究组织研究领域内权威文献偏少。而且，由于跨学科对现实问题的解决具有很强的适用性，可以用以研究解决各种不同研究领域内不断出现的新问题，因而从研究趋势来看，相比于理论研究，学者们更偏好使用跨学科的方法解决实际问题。这就导致了国际上较少有学者对跨学科研究组织的内涵、定义等方面进行理论研究。基础研究往往决定着一个研究领域是否能持续发展与创新，因而要注重加强对跨学科研究组织层面的理论研究。

（2）我国应大力开展跨学科研究组织的相关研究

在高发文国家的分析中，美国发文852篇，排第1名，占总发文量的38.96%，而中国发文量为87篇，排第9名，占总发文量的3.96%，虽然中国的发文量位居前10名，但是与第1名的美国仍存在着巨大差距。未来综合国力与国际地位的较量将主要集中在高端科技与人才的竞争。跨学科研究组织作为进行跨学科研究、培养跨学科人才、进行知识创新的重要主体，在未来学科知识不断分化、研究问题越来越复杂的情况下将会发挥重要的作用，因此我国必须重视建立跨学科研究组织，在国家层面进行统筹，引导高等教育领域中的跨学科研究，推动跨学科研究组织的发展。

（3）打破组织边界，引导多主体参与跨学科研究组织的合作与创新

根据关键词主体聚类分析可知，国际上跨学科研究涉及的领域十分广泛，包括通过跨学科研究促进可持续发展、提升政府绩效与公共服务的质量等。无论是新兴交叉学科领域还是传统学科领域，跨学科研究组织的建立都可以发挥重要的作用。政府、高校、企业是跨学科重大社会议题及前沿研究的重要利益相关者，尤其高校是知识生产与科技创新的

重要场域。因而如何打破"象牙塔"内外的界限、传统学科固化的界限，对现有资源进行重组，建立跨学科研究组织，是未来促进知识生产创新的重要途径。

（4）跨越学科边界，发挥跨学科研究组织在实践层面的应用

在中国知网数据库以"跨学科研究组织"为检索词进行主题检索，共得到247条相关文献，通过计量可视化分析，从学科分布来看，社会科学Ⅱ辑中发文量占总发文量的80%以上，其中大部分文章都集中在教育领域。对比国际上跨学科研究组织的发文现状，医学、管理学、计算机科学与心理学等学科领域发文数量占据相当大的比重，并且大多都是偏向应用型研究，采用跨学科研究方法解决学科领域中的现实问题。相比于国际上各学科领域"百家争鸣"，我国跨学科研究组织相关的研究还是更多局限于教育领域。跨学科研究组织的建立离不开现实的需求，应基于现实问题的解决，链接不同学科的知识、研究方法，跨越学科的边界，才能真正发挥跨学科研究组织的真正作用。

四　研究框架与方法

（一）研究思路

如图1－13所示，本研究遵循从"理论→实践"，由"历史→现实"的逻辑思路展开，大学跨学科性理论识读是从理论层面辨析多学科性、交叉学科性、跨学科性、超学科性，建立跨学科性的进阶理论模型；跨学科研究组织发展历史的回溯是深入挖掘跨学科研究组织演进的历程，并分析其影响因素；结合历史回顾，对研究型大学跨学科转向进行组织行为学分析，阐释其变革机理；继而重点研析国外研究型大学跨学科研究组织创新的路径，从组织动力与目标、组织架构、组织管理和组织文化四个维度分析其运行机制，基于此，对我国研究型大学的跨学科研究组织建制进行诊断分析，提出对策建议。

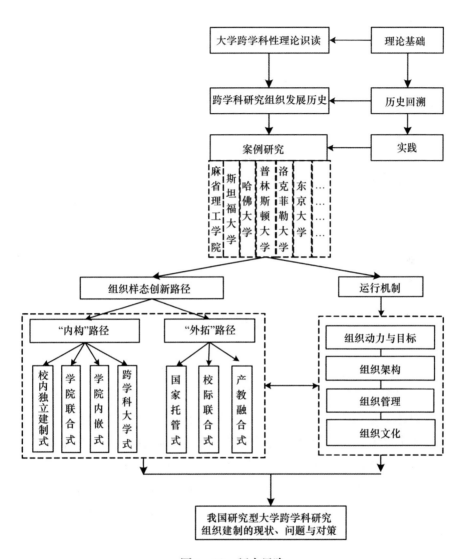

图 1 - 13 研究思路

（二）研究方法

本研究采用文献法、历史研究、案例研究、比较研究等研究方法。

1. 文献研究法

文献研究是本研究开展的重要基础，主要用于对国内外已有文献及案例大学网站资源的收集、整理与分析。

2. 历史研究法

历史研究是对大学跨学科研究的发展历程进行回顾，研究通过对跨学科研究组织发展历史资料的梳理分析，在历史的回溯过程中找寻其跨学科研究的生发过程及外部推动因素。

3. 案例研究法

案例研究是本研究的重要研究方法，是深度剖析国内外研究型大学跨学科研究组织样态的创新路径及其运行机制的关键。

4. 比较研究法

比较研究是本研究的研究方法之一，因涉及国外大学的案例研究，其中既暗含中外跨学科研究组织建制之间的比较，亦包含国外大学之间的比较。

本章小结

本章介绍了跨学科的研究背景、研究目的及研究意义，并对国内外跨学科研究组织研究进行可视化分析。发现关于跨学科研究组织的文献数量总体上呈现持续增长趋势，国际上对于跨学科研究组织领域的研究热度不断攀升，跨学科研究组织领域的研究机构之间合作十分密切，形成了纵横交错的合作网络，教育与教育科学的跨学科研究也开始崭露头角。研究热点涉及突破学科边界、立足于实际问题、聚焦新兴交叉学科、打破组织边界等方面。然而当前我国与西方发达国家仍存在一定差距，虽然跨学科研究组织的热度不断上升，但研究成果呈偏态分布，学者间的合作有待进一步加强；跨学科研究组织的研究主体单一，以研究型大学为主；跨学科研究组织相关研究内容虽然较丰富，但仍存在研究空白之处。

第二章　大学跨学科性的理论识读

一　跨学科性：学界流行词

跨学科变革已成为世界高水平研究型大学的显著特征及发展策略。乔·莫兰（Joe Moran）指出，"跨学科性"（Interdisciplinarity）是学界极为重要的流行词之一，这一时尚几乎已经持续了一个多世纪。[1] 跨学科性是 21 世纪高等教育转变的准则，成为大学战略规划的关键词，修饰跨学科性的华丽辞藻包括"创新""合作""竞争力""前沿"等。[2] 重视跨学科研究和跨学科教育已演化为世界高水平大学发展的潮流与重大趋势。近年来，"跨学科""学科交叉""学科融合"愈发受到我国学界和大学实践层面的关注。《统筹推进世界一流大学和一流学科建设实施办法》《关于高等学校加快"双一流"建设的指导意见》皆强调大学要突出学科交叉融合、探索跨学科交叉培养创新创业人才机制、创新学科组织模式。2020 年底，国务院学位委员会、教育部正式设置"交叉学科"门类及"集成电路科学与工程""国家安全学"一级学科，表明国家在政策层面推进大学学科交叉融合迈出实质性一步。但整体而言，我国大学的跨学科实践发展迟缓，究其原因，与我国学者针对大学跨学科发展的研究起步较晚密切相关，尤其是理论层面的研究匮乏。跨学科性是决定大学跨学科发展的"基因"，是对大学在传统单一学科人

---

[1]　Joe Moran, *Interdisciplinarity*, London：Routledge，2002，p. 73.

[2]　Julie Thompson Klein, *Creating Interdisciplinary Campus Cultures：A Model for Strength and Sustainability*，San Francisco：Jossey-Bass，2010，pp. 1 – 7.

才培养模式、科研模式和组织建制方式之外寻求突破与创新，从而变革人才培养模式、知识生产模式及其组织形式创新的理论指引。因此，回溯跨学科性的制度化进程及识读大学跨学科性的理论意涵对促进大学学科协同融合、优化学科生态具有重要的理论及现实意义，可为我国大学推进跨学科发展提供行动导引。

二 大学跨学科性的制度化历程

跨学科性是大学学科制度发展到成熟阶段后的衍生物，其生成以学科为基石。在以学科为主导的大学学术生态中，跨学科性的制度化并非易事，其演进经历了早期于学科林立的夹缝中生存或言生长于学科的边缘地带，到与学科共生的过程。

（一）大学跨学科性发展的缘起

作为一个理念和概念，跨学科性与学科性有着历史上的关联。[1] 学科先于跨学科存在，跨学科建基于学科，学科的历史可以追溯至大学诞生。大学产生于中世纪的欧洲，受基督教观念的影响，中世纪大学强调知识的统一。中世纪大学的教学内容包括文学三科（文法、逻辑和修辞）和科学四科（算术、几何、音乐和天文），即广博的"七艺"。18世纪随着欧洲启蒙运动的开展，现代科学和研究机构的兴起开始挑战知识统一的观念。伴随教育与宗教的分离，大学不再是宗教性机构，知识统一性的观念逐步由知识发展的观念所取代。自18世纪起知识变得更加有序，逐一被分门归类。

现代意义上的学科（Discipline）产生于19世纪，其发展与自然科学领域发生的进化密切相关。生物学、生理学、心理学、社会学等学科均是19世纪的产物。[2] 19世纪初，以柏林大学为肇始的研究型大学开创

---

① Augsburg Tanya, *Becoming Interdisciplinary: An Introduction to Interdisciplinary Studies*, 3rd *Edition*, Kendall Hunt Publishing, 2015, p. 14.

② Joseph J. Kockelmans, "Interdisciplinarity and the University: The Dream and the Reality", *Issues in Integrative Studies*, 1986 (4), pp. 1 – 16.

了高等教育的知识创造职能，研究促成了知识的增长，尤其是自然科学知识。20 世纪初叶，学科持续快速扩张，学科孕生的知识体系不断分化，新的知识分类形成，现代学科谱系基本成型。学科通过大学内部相关专业的设置，以及专业团体（学会/协会）和学科期刊的创办得以制度化。大学基于学科设立相应的院系组织，作为知识传播、生产及其运行管理的载体，学科成为大学的主导组织模式。

　　克莱恩（Klein）和冈恩（Gunn）均认为"跨学科性"的源头可以追溯至古希腊时期，但其理由不同。克莱恩指出跨学科性这一概念部分源自古希腊哲学家的主要思想，在现代话语中产生了共鸣，如统一科学、普通知识（general knowledge）、知识整合。冈恩则认为跨学科性的根源与边界跨越和借用相关，如来自于希腊的人文历史学家和剧作家以医学及哲学知识为线索，再建构其所获取的资料。[①]诚然，学者们借鉴其他领域知识的历史久远，但是采用其他领域视角的跨学科行为并不普遍。在各具特色的分化学科出现之前，寻求学科的综合并非迫切之事。因此，跨学科行为主要是对 19 世纪末学科快速发展及过度专业化所作出的回应。[②]知识爆炸式增长带来了知识碎片化的危机。科学知识的累积所带来的意识形态、认识论、方法论和理论分化产生了科学的专业化，由于没有理论或概念框架能够继续统摄整个知识领域（如早期的哲学），学科成为未知和不可知，这是碎片化产生的机理。众科学竞相争取学校的资源，大学则按照学科来组织这些科学分支。大学内部所采取的院系分化管理模式滋生了专业化、职业化、区隔化，这使得知识愈加碎片化。[③]随着在学科中心领域工作的学者密度愈来愈大，一些学者选择迁移至碎片地带。当一个学科的碎片地带与另一个学科的碎片地带相遇时，便形成了"杂交地带"，而这些杂交地带往往是创新最容易产

---

① Gunn, G., "Interdisciplinary Studies", In Gibaldi J., *Introduction to Scholarship in Modern Languages and Literatures*, New York：Modern Languate Association, 1992, pp. 239 - 261.

② Newell H. William, "Professionalizing Interdisciplinarity：Literature Review and Research Agenda", In：Newell W. H., *Interdisciplinarity：Essays from the Literature*, New York：College Entrance Examination Board, 1998, pp. 529 - 563.

③ Joseph J. Kockelmans, "Why Interdisciplinarity?", In：Joseph J. Kockelmans, *Interdisciplinarity and Higher Education*, Penn State University Press, 1978, p. 79.

生的地方。① 知识的碎片化致使人才培养的专业不断窄化，知识碎片化及过度专业化与知识创造及复杂性问题层出之间的张力催生了大学跨学科活动的产生。

（二）大学跨学科行为的制度化进程

应对大学知识碎片化及过度专业化的问题是大学早期跨学科发展的动力，基于此，跨学科项目渐次出现。艾伦（Allen F. Repko）等学者认为美国跨学科性的"故事"始于第一次世界大战后的通识教育改革运动，霍利（Karri A. Holly）则认为跨学科性与通识教育并未发生直接的联系②，但两者的理念具有共同之处，即通识教育亦是对学科专业化侵蚀大学教育内聚力愈演愈烈之势的回应。不同于美国，欧洲支持跨学科性源于对智力和科学发展的强调。③ 美国是发起大学跨学科活动的先行者，20 世纪 20 至 30 年代在资助机构的推动下，社会科学领域强调跨越学科界限进行合作；30 年代出现了第一个"美国研究"项目，其后区域研究在大学如雨后春笋般涌现。

与早期指向知识碎片化和过度专业化不同，第二次世界大战后科技发展成为推动大学跨学科发展的重要动力。④ 大学跨学科行为受内生跨学科与外生跨学科共同作用，在大学跨学科发展早期，源于内部知识增长需求的内生跨学科居先；第二次世界大战后，源自现实需求的外生跨学科居先，成为首要驱动力。跨学科会议、大型研究项目（任务驱动型项目）、跨学科教育项目等各式各样的跨学科活动兴起。⑤ 跨学科研

---

① Dogan, M. and Pahre, R., *Creative Marginality*: *Innovation at the Intersections of Social Sciences*, Oxford: Westview Press, 1990, p. 58.

② ［美］凯瑞·A. 霍利：《理解高等教育中的跨学科挑战与机遇》，郭强译，同济大学出版社 2012 年版，第 22 页。

③ Angelique Chettiparamb, *Interdisciplinarity*: *ALiterature Review*, （2007 - 11），https://oakland. edu/Assets/upload/docs/AIS/interdisciplinarity_ literature_ review. pdf.

④ Organization for Economic Cooperation and Development, *Interdisciplinarity*: *Problems of Teaching and Research in Universities*, Paris: OECD, 1972, pp. 27 - 35.

⑤ Sherif, M., Sherif, C. W., "Interdisciplinary Coordination as a Validity Check: Retrospect and Prospects", in M. Sherif, C. W. Sherif, *Interdisciplinary Relationships in the Social Sciences*, Chicago: Aldine Pubulishing, 1969, pp. 3 - 20.

究生项目于 20 世纪中期出现，艾莫利大学的人文研究生院在 50 年代设立了美国最早的跨学科人文与比较项目之一。新合成科学（new hybrid sciences）亦开始在大学出现，如生物物理学、生物化学、生物医学工程、射电天文学等。60 年代，一些整体上致力于跨学科发展的大学诞生，如创建于 1961 年的英国苏塞克斯大学，是较早对学术领域关系进行综合性定义的高校；创建于 1965 年的美国威斯康星大学格林湾校区创新性地强调主题和领域学习而非传统的学科和专业学习，其课程聚焦于九个问题域，分布在四个基于环境主题形成的学院。60 年代末至 70 年代初，诸多大学设置了跨学科本科学位项目。60—70 年代的口号是"学科交互的时代到来了"，这一时期学科交互思想同世界范围内知识重构、社会重建的呼声是彼此呼应的。经济合作与发展组织就跨学科问题专门召开了一次国际会议，并视之为这个时代的一大创举，是大学自我更新的需要。①1970 年，经济合作与发展组织召开了第一次跨学科国际学术研讨会，1972 年该研讨会的成果《跨学科性：大学教学与研究的问题》出版，成为跨学科领域至今仍具有重要影响的学术成果。跨学科理念在 60 至 70 年代得到凸显。克莱恩认为这一时期是跨学科概念发展的分水岭，标志着将不同学科的观点渗透进整合性教学与科研项目。教育改革运动致力于消除学习的社会障碍，如性别、等级和种族，消除学科知识组织产生的认知障碍亦成为这一运动的组成部分，跨学科性和知识整合被援引为改革的工具。②

　　1979 年，整合研究协会（Association for Integrative Studies，以下简称为 AIS）与 INTERSTUDY 两个专业性跨学科研究协会成立，AIS 致力于提升跨学科学习、方法论、课程和管理的研究，其成员主要是参与跨学科教育的教师和学者，并创办了《整合研究期刊》（*Issues in Integra-*

---

① Schutze Hans G., "Interdisciplinarity Revisited: Introduction to a New Debate on an Old Issue", In: Levin, L., Lind I., *Interdisciplinary Revisited: Re-assessing the Concept in the Light of Institutional Experience*, Stockholm: OECD/CERI, Lisiskoping University, 1985, pp. 9 – 14.

② Daniel Franks, Patricia Dale, Richard Hindmarsh, et al., "Interdisciplinary Foundations: Reflectingon Interdisciplinarity and Three Decadesof Teaching and Research at Griffith University, Australia", *Studies in Higher Education*, 2007, 32 (2), pp. 167 – 185.

tive Studies，后更名为《跨学科研究期刊》*Issues in Interdisciplinary Studies*）；INTERSTUDY 主要关注跨学科研究的管理，其成员来自于政府、产业以及大学的商科和社会科学院系。

在美国，跨学科性的概念是在一战后探索整合教育体验的背景下提出的，于 80 年代随着女性研究、环境研究项目的发起作为自由主流（liberal mainstream）的一部分而获得合法性，90 年代跨学科性成为大学教育的常态部分但比重较小。[①] 1975 年至 2000 年，跨学科学位项目增长最显著的是技术创新与传统上未被充分代表的人群。其中国际/全球关系、种族与族群、女性研究、脑科学和生物医学增长了三倍多，环境科学增长接近三倍，非西方文化研究增长了两倍多，西方研究增长接近两倍；公民与政府研究、美国研究增长相对缓慢。[②]

大学跨学科性的发展并非一帆风顺，在以学科为主导的组织环境下，跨学科性与学科性早期主要被描述为一种对立关系，但这种相互补充、相互批判的动态过程成为两者发展的促动性张力。[③] 自 20 世纪 20 年代始，通识教育、区域研究等松散跨学科活动出现，二战后大学跨学科活动在政策驱动、政府资助机构及专业协会的大力支持之下步入快速发展期，如美国联邦资助机构、欧盟咨询委员会（European Union Research Advisory Board）、英国高等教育学会（The Higher Education Academy）等。其后，大学逐渐开设跨学科专业并授予跨学科学位，及至 20 世纪 70 年代末随着跨学科专业协会和跨学科期刊的创办，跨学科性在大学初步实现了制度化，90 年代伴随着越来越多的教师将跨学科性视为课程与教学法改革的重要程式，跨学科性获得了进一步的合法性。正如查尔斯·赖默特所言，在 20 世纪上半期，学术机构的"显结构"（surface structure）由学科所主宰，跨学科性则处于"隐结构"（shadow

---

① Allen F. Repko，Rick Szostak，Michelle Phillips Buchberger，*Introduction to Interdisciplinary Studies*，Thousand Oaks：Sage Publications，2016，pp. 33 – 34.

② Brint S. G. ，Turk-Bicakci L. ，Proctor K. and Murphy S. P. ，"Expanding the Social Frame of Knowledge：Interdisciplinary，Degree-Granting Fields in American Colleges and Universities，1975 – 2000"，*Review of Higher Education*，2009，32（2），pp. 155 – 183.

③ ［美］朱丽·汤普森·克莱恩：《跨越边界——知识·学科·学科互涉》，蒋智芹译，南京大学出版社 2005 年版，第 3 页。

structure)，20 世纪后半期"显结构"与"隐结构"的状态开始发生微
妙的变化。21 世纪以降，跨学科发展演变成为大学的流行"时尚"，跨
学科性的重要性更加彰显，正转变为大学的"显结构"。跨学科性渗透
入大学的人才培养、科学研究与社会服务职能，成为大学、国家、国际
层面解决复杂社会问题、突破重大前沿科技问题的策略选择。

三 跨学科性的界定及其层级模型

（一）跨学科性的意涵及特征

"跨学科性"（Interdisciplinarity）一词出现于 20 世纪，对这一词的
最早引用出自 1937 年的《教育社会学杂志》第十二期及美国社会科学
委员会的博士后研究员岗位招聘通知。[①] "跨学科性"由"inter"和
"disciplinarity"两个部分组成，欲准确定义"跨学科性"离不开对两个
组成部分的阐释。"inter"本义指"在……之间，在……中间；相互"。
在学科之间，"inter"喻指交叉地带、借鉴见解的行动和整合的成果。[②]
在学科交叉地带采取学科概念、工具、方法等的迁移行动，实现认知提
升，从而形成全面的而非单向度的理解。同时，要全面理解"跨学科
性"的意涵与特征亦无法脱离对"学科性"的识读。[③] 学科（disci-
pline）一词的拉丁词源为"disciplina"，意为对门徒的教导，包含对门
徒的训练，强调纪律和惩戒。[④] 学科是知识或研究的分支，通常被视为
科目或专业，能够塑造从业者看待世界的方式与视角。学科蕴涵着知识
的获取与边界形成，表现为学术共同体的专业化、精英主义和排外性。
比彻（Becher）认为学科的属性涉及疆域、话语、身份认同、归属、地

---

① Julie Thompson Klein, "Interdisciplinary Needs: The Current Context", *Library Trends*, 1996, 45 (2), pp. 134 – 136.

② Allen F. Repko, *Interdisciplinary Research: Process and Theory*, Los Angeles: SAGE Publications, 2012, pp. 7 – 8.

③ Bridges, D., "The Disciplines and the Discipline of Educational Research", *Journal of Philosophy of Education*, 2006, 40 (2), pp. 259 – 272.

④ Jane Dalrymple, Wendy Miller, "Interdisciplinarity: A Key for Real-world Learning", *Planet*, 2006 (17), pp. 29 – 31.

位等。① 学科的自我防护及对外界不关心的特征使其在演进过程中不断划分着学术和知识疆域，衍生出彼此分离的部落。随着学科的分化发展，知识的不断积累导致学科内部分支激增，学科产生了突变。知识的专业化、碎片化和重组催生了跨学科的建议，学科间的鸿沟引发了改革，杂交地带被视为产生创新之地。② 跨学科性与学科性成为一对相互关联的概念，一方面两者是并行存在的，另一方面跨学科性依赖于学科性。

跨学科性指涉的是联合或整合不同学科透镜的一般现象，目前，学界未形成对跨学科性的一致性定义，各种见解既有共通性亦存差异性。牛津英语词典将跨学科性界定为"附属于两个以上学科或学习分支，贡献于或受益于两个以上学科"。经济合作与发展组织（1972）认为是两种或多种不同学科的相互作用；美国南区教育委员会（1976）将跨学科性定义为不同学科间或学术院系间的合作；克莱恩（1990）将其定义为促进不同知识领域一体化整合的过程。布鲁尔（Brewer，1999）提出跨学科性通常指对来自多个不同专业的知识进行适当结合，特别是作为一种阐明实际问题的方式。③ 由上述界定可知，跨学科性是学科间的联结及其交互已获普遍共识。20 世纪学者们尝试从不同的角度对跨学科性进行了阐释，概而言之，主要将跨学科定义为一种方法论、理念、过程、思维方式、哲学和自反的意识形态。④ 显然，这一概括较之前的界定更具综合性。丹尼尔·弗兰克斯（Daniel Franks，2007）在梳理跨学科性的定义时，除列出克莱恩对跨学科性的定义外，还呈现了"跨学科的"（interdisciplinary）、"跨学科研究"（interdisciplinary re-

---

① Becher, T., *Academic Tribes and Territories: Intellectual Enquiry and Cultures of Disciplines*, Milton Keynes: SRHE / Open University, 1989, pp. 41 – 56.

② Angelique Chettiparamb, *Interdisciplinarity: A Literature Review*, (2007 – 11), https://oakland. edu/Assets/upload/docs/AIS/interdisciplinarity_ literature_ review. pdf.

③ John Bradbeer, "Barriers to Interdisciplinarity: Disciplinary Discourses and Student Learning", *Journal of Geography in Higher Education*, 1999, 23 (3), pp. 381 – 396.

④ Julie Thompson Klein, *Interdisciplinarity: History, Theory, and Practice*, Detroit: Wayne State University Press, 1990, p. 196.

search、*interdisciplinary studies*），① 其混淆了跨学科性与其他概念之间的差异。本研究认为跨学科性是应对学科分裂滋生的碎片化所产生的自反性意识形态或理念，是指引两个以上学科之间交互进行人才培养及开展科学研究过程的方法论和哲学。

跨学科性表现出不同于学科性的特征。其一，边界跨越的隐喻。跨学科性意味着对学科性下森严壁垒的逾越。边界跨越已成为知识生产过程的一部分，不是一个外围事件，教与学、研究与学术以及服务工作，不再简单地是学科内部与学科外部的问题，学科互涉问题既在学科之内，也在学科之外。② 因此，边界的跨越一方面是学科之间边界的消弭，另一方面是学科组织（大学）与非学科组织（科研机构、企业等）边界的突破。其二，知识的整合。跨学科性涉及多学科知识的整合，整合过程中包含基于理论、实践成果或问题导向的目的进行学科间的交互、叠合、见解分享。其三，对学科性的解构与重构。跨学科性虽是在批判学科性的基础上产生，但其并非要替代学科性，而是在两者的张力作用下互补发展。学科性主导下的大学组织藩篱林立，跨学科性需要在一定程度上解构这种传统的大学组织结构、制度体系等，进而实施组织结构、制度、文化等的重构。跨学科性在某种意义上是对学科性垄断下的学习与知识生产模式的补充与纠偏。

（二）跨学科性的层级模型

在大学跨学科发展进程中，曾出现多个易与"跨学科性"相混淆的概念，诸如交叉学科性（crossdisciplinarity）、多学科性（multidisciplinarity、pluridisciplinarity）、超学科性（transdisciplinarity）、非学科性（nondisciplinarity）等。过多的术语引致学者们对一些概念进行辨析。如克莱恩从类型学的角度分析了多学科性（multidisciplinarity）、跨学科

---

① Franks, D. et al., "Interdisciplinary Foundations: Reflecting on Interdisciplinarity and Three Decades of Teaching and Research at Griffith University, Australia", *Studies in Higher Education*, 2007（32），*pp.* 167 – 185.

② Julie Thompson Klein, *Crossing Boundaries: Knowledge, Disciplinarities, and Interdisciplinarities*, Charlottesville: University Press of Virginia, 1996, p.56.

性、超学科性的特征。① 但已有研究未能系统比照相关术语并揭示其内在关联。跨学科性具有不同的形式,对跨学科性的界定通常意味着不同学科知识领域的整合程度。② 因此,跨学科性不仅内含多种类型,更为重要的是,这些类型分布在知识整合的连续统上。依据学科间整合程度的差异,从低到高构成了一个跨学科性的层级模型。

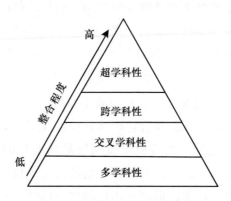

图 2 - 1　学科互涉性层级模型

第一,多学科性(Multidisciplinarity)。多学科性是两个及以上学科并置在同等位置上,相互间不产生联系,其对某一问题的贡献彼此分离,缺少跨学科工作所具有的高度整合性特征。多学科性由来自不同学科的个体通过合作得以实现,将各自学科领域的概念与工具等应用于解决同一问题或主题,但这种合作是以简单相加的方式,③ 而非交互的方式进行。多学科性下的学科元素依然保持其学科身份,因此,多学科性是学科交互程度最弱的一种形式。

第二,交叉学科性(Crossdisciplinarity)。学者们在解决单一学科无

---

① Julie Thompson Klein, "A Taxonomy of Interdisciplinarity", In: R. Frodeman, J. T. Klein, C. Mitcham, *The Oxford Handbook of Interdisciplinarity*, Oxford: Oxford University Press, 2010, pp. 15 - 30.

② [美]凯瑞·A. 霍利:《理解高等教育中的跨学科挑战与机遇》,郭强译,同济大学出版社 2012 年版,第 3 页。

③ Lewis E. Gilbert, "Disciplinary Breadth and Interdisciplinary Knowledge Production", *Knowledge*, *Technology & Policy*, 1993 (11), p. 6.

法应对的问题时，会转向其他相关学科寻求新见解、新方法或新工具。交叉学科性是为拓展对某一既定领域问题或主题的理解而进行的学科间工具、方法、概念抑或理论借用，常存在于边界重合或具有共享关注点的学科之间。被借用学科通常处于被动地位，并非积极参与建构。学者们局限于自己所从事的研究范围之内，其边界跨越是有限的，往往使用单一学科的话语来描述其研究发现。克莱恩（1993）认为创新型学者表现出跨界从事研究的趋势，因此，从某种意义上讲，交叉学科行为成为某一学科共同体的成员追求创新的共性特征。交叉学科研究无意于发展新的学科或跨学科，交叉学科学者只关注重要且急迫的问题。[1] 学科交叉性仍然没有实现现有学科与借用学科的认识论整合，即交叉学科未能创造出新的范式以用于解决相似的问题或情景。

第三，跨学科性（Interdisciplinarity）。相较而言，跨学科性与多学科性及交叉学科性的区别在于不仅仅停留在不同学科概念、方法等的借用，而是在此基础上迈进重要一步，实现整合的质变，形成新的研究范式。与交叉学科学者不同，跨学科学者致力于发展新的研究领域，创建专属于新领域的理论、概念和方法身份。[2] 通过学科间方法、理论、过程、数据等的整合，形成新的独立实体——跨学科（interdiscipline）。"桥梁搭建"与"重新建构"是对比交叉学科性和跨学科性的两个常用隐喻。[3] 交叉学科性如同在学科间搭建桥梁，从而便于不同学科建立关联；而跨学科性则是对产生交互的多个学科之间的关系进行改组重构，以实现交互学科的认识论整合，并创造出新的范式用于解决相似情景下的问题，寻求建立共享的跨学科语言及跨学科文化。

第四，超学科性（Transdisciplinarity）。超学科性的内涵随着时间的推移有所扩展，其整合程度最高。早期超学科性主要是指向知识层面，

---

[1]　Joseph J. Kockelmans, "Why Interdisciplinarity?", In: Joseph J. Kockelmans, *Interdisciplinarity and Higher Education*, Penn State University Press, 1978, p. 79.

[2]　Peter Van den Besselaar, Gaston Heimeriks, *Disciplinary*, *Multidisciplinary*, *Interdisciplinary*: *Concepts and Indicators*, (2001 – 01 – 01), http: //hcs. science. uva. nl/usr/peter/publications/2002issi. pdf.

[3]　Jerry A. Jacobs, *In Defense of Disciplines*: *Interdisciplinarity and Specialization in the Research University*, Chicago: University of Chicago Press, 2013, p. 77.

即跨学科性重在通过整体合成来发展包罗万象的理论框架，建立公理系统（common system of axioms），产生元知识（Meta-knowledge），以有助于解决选定问题和其他类似问题。理论、概念和方法不是借用自某一学科，而是逾越了学科，跨越学科进行应用，以构建整体性综合。超学科性逐渐与一系列包罗万象的框架联系起来，如一般系统论、协同学、文化批判等。20 世纪后期，超学科性具有了与社会利益相关者共同生产知识的新内涵。① 这与知识生产模式由传统模式（模式1）转向新模式（模式2）是相契合的，模式1 的知识生产基于学科，由共同体的学术兴趣所主导，模式2 的知识生产是基于超学科的，由应用情景主导。② 超学科性的第二层涵义指向大学与社会关系，其首要任务是重建大学与社会之间的联系，在学科之间深度融合的基础上更进一步，吸纳大学（学科）之外的利益相关者协同参与知识生产。

上述四种类型的学科互涉形态依次分布在学科整合的阶梯上，从多学科性、交叉学科性、跨学科性到超学科性整合程度不断提升。如图 2 - 2 所示，为了便于理解，这里呈现了从纯学科性到超学科性的进阶图。纽厄尔（Newell）使用完全跨学科性（full interdisciplinarity）与部分跨学科性（partial interdisciplinarity）来描述这一连续统上的差异，③ 亦即乔纳森（Jonathan）等所言称的强跨学科性和弱跨学科性。④ 部分（弱）跨学科性仅包含了完全（强）跨学科性的个别因素。正确识读跨学科性的内涵是我们审视当下我国大学跨学科发展境况及探寻未来路向的理论基石。

---

① Karri A. Holley, *Interdisciplinary Curriculum and Learning in Higher Education*，（2017 - 04 - 26），https：//doi. org/10. 1093/acrefore/9780190264093. 013. 138.

② ［英］迈克尔·吉本斯等：《知识生产的新模式：当代社会科学与研究的动力学》，陈洪捷等译，北京大学出版社 2011 年版，第1—27 页。

③ Newell H. William, "Professionalizing Interdisciplinarity：Literature Review and Research A-genda", In：Newell W. H., *Interdisciplinarity：Essays from the Literature*, New York：College Entrance Examination Board, 1998, pp. 529 - 563.

④ Hey Jonathan, Joyce Caneel K., Jennings Kyle E., Kalil Thomas, Grossman Jeffrey, "Putting the Discipline in Interdisciplinary：Using Speedstorming to Teach and Initiate Creative Collaboration in Nanoscience", *Journal of Nanoscience Education*, 2009, 1（1）, pp. 75 - 85.

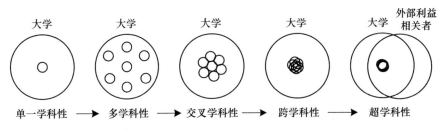

图 2-2 学科互涉性进阶图

四 复杂性问题导向：跨学科学术组织建制的逻辑起点

一般而言，大学的院系组织架构是基于学科建制而成的，学科成为大学内部学术组织的建制基础，院系是忠于学科的学者有组织的"归宿"。正是基于这一原因，各学科形成了相对孤立的学术共同体，学者们则忠诚于其"学术部落"，学科之间的界限愈加明显。有鉴于此，学科难以成为跨学科研究组织的建制基础，甚至会阻碍跨学科研究组织的形成，毕竟跨学科研究组织的建构旨在逾越学科壁垒。跨学科研究在某种意义上是学科间张力的结果。学科之间的藩篱使超越单一学科范畴的问题无法得到有效认知，长期的学科分化致使知识的碎片化，尤其是复杂性思维的缺失。[1] 而这显然与复杂性社会问题不断凸显的趋势是格格不入的。学科发展的旨趣是学科知识的增进及学科体系的建构，跨学科研究的首要目的是解决突破学科边界的复杂性问题，跨学科知识的增长则是其衍生物。因此，复杂性问题成为跨学科研究组织建制的逻辑起点。美国研究型大学跨学科研究发展的历史对此给予了印证。美国跨学科研究的历史与政府及工业界对问题导向研究（problem-based research）、任务性研究（mission-oriented research）的支持紧密相关。1930 年联邦政府的第一笔研究补助金便用于支持弗兰克林学院的化学

---

① ［法］埃德加·莫兰：《复杂性思想导论》，陈一壮译，华东师范大学出版社 2008 年版，第 7—10 页。

家、工程师、物理学家、气象学家和其他领域的人员调查蒸汽锅炉爆炸的原因。二战时期的跨学科研究直接源于战时需要，如制造原子弹的任务、解决英国皇家空军在试验雷达系统时所碰到的问题、满足美国军方对新涡轮发动机的需求等，这些跨学科研究问题推动了跨学科研究组织（国家实验室）的设立。

克莱恩将跨学科研究称之为"聚焦于问题的研究"（problem-focused research），因为跨学科研究是对社会需求的回应，甚至某种程度上依赖于社会需求。[①] 然而"聚焦于问题的研究"并不能恰切地彰显跨学科研究的特性，学科研究同样是基于问题的，跨学科研究的主题是超越单一学科的问题，且具有明确的现实指向性，复杂性问题恰好契合了上述特征。因而，复杂性问题导向才是跨学科研究的显著特征。莱尔（Lyall）认为问题导向的跨学科研究主要是解决社会、技术及政策的相关问题。[②] 解决源于社会需求的复杂性议题为跨学科研究的开展提供了合理性基础，而跨学科研究的开展则需要跨学科研究组织作为组织载体（犹如院系作为学科研究的组织"归宿"），也成为跨学科研究组织建构的逻辑起点。跨学科研究组织机构内部致力于学科的整合，消解了学科间的壁垒，研究人员具有高度的灵活性和流动性，围绕问题而非学科开展研究。[③] 正是现实中仅凭单一学科难以解决的复杂性问题将不同学科的研究者汇聚到一起，围绕复杂性议题开展跨学科研究，从而构建起跨学科研究组织。复杂性问题导向的跨学科研究通常以项目制的形式展开。相较于其他研究机构而言，研究型大学更具开展跨学科研究的优势。

本章小结

当今时代，关于跨学科性的主题成为政策、实践、教学与科研的流

---

① Julie Thompson Klein, *Interdisciplinarity*: *History*, *Theory and Practice*, Wayne State University Press, 1990, p. 122.

② Catherine Lyall, *A Short Guide to Designing Interdisciplinary Research for Policy and Practice*, (2008 - 01 - 01), http: //www. issti. ed. ac. uk/.

③ Creso M. Sá, "Interdisciplinary Strategies' in U. S. Research Universities", *Higher Education*, 2008 (5), p. 540.

行话语。对跨学科性理论层面研究的匮乏从根本上制约着我国大学的跨学科发展。在以学科为主导的学术系统内跨学科性的确立并非易事。大学跨学科性的制度化进程中，始终伴随着来自学科性的张力，从对立到互补互促，跨学科性在大学中逐步由"隐结构"进入"显结构"。本章分析了大学跨学科性的制度化历程。跨学科性是应对学科分裂滋生的碎片化所产生的自反性意识形态或理念，是指引两个以上学科之间交互进行人才培养及开展科学研究过程的方法论和哲学。跨学科性涵盖多学科性、交叉学科性、跨学科性和超学科性四个层级，层级间具有进阶性。解决社会需求的复杂性议题是跨学科研究开展的合理性基础，而跨学科研究的开展需要跨学科研究组织作为组织载体，也成为跨学科研究组织建构的逻辑起点。

第三章　跨学科研究组织发展的
　　　　　缘由与历程

一　研究型大学开展跨学科研究的
　　　动因及困境

伴随着各国大学对创新型成果的探求，跨学科研究愈发引起学者、大学高层管理人员的广泛关注。跨学科研究是团队或者个体通过整合两个及两个以上学科的视角、概念、理论、工具、技术、资料数据而开展的研究活动。[①] 美国大学跨学科研究的发端较早，尤其是二战后跨学科研究在研究型大学中获得了稳固性发展，跨学科研究俨然成为一种新的研究范式。路德威戈（Huber Ludwig）等人甚至认为美国高等教育是进行跨学科研究的"乐土"。[②] 学科作为一种知识分类体系，同时亦是大学院系结构的建制基础，即大学的院系架构通常与学科有着"天然"的关联。学科的分化通过学院内部系、所等组织的分化及专业的增设实现，学科的整合则因学科之间森严的"壁垒"而难以实现。对于我国研究型大学而言，推行跨学科研究的主要障碍在于既有学科—院系架构及其制度的限制。有鉴于此，对美国研究型大学如何突破组织及制度障碍的探究自然不乏借鉴意义，尤其是其跨学科研究的组织、制度、文化三个维度的实践经验。

---

① Alan L. Porter, J. David Roessner, Alex S. Cohen and Marty Perreault, "Interdisciplinary Research: Meaning, Metrics and Nurture", *Research Evaluation*, 2006（03）, pp. 187 – 195.

② Ludwig Huber, "Gisela Shaw. Editorial", *European Journal of Education*, 1992（3）, pp. 193 – 199.

（一）研究型大学开展跨学科研究的动因

美国研究型大学跨学科研究的开展是多种因素交织作用的结果。相较而言，大学外部的跨学科研究推力发挥了至关重要的效用。

1. 内生动力：复杂社会环境下知识生产模式的转变

学科是历史的产物，被视为知识生产的重要载体，然而偏狭的学科分类框限着知识朝向专业化和日益分割的方向发展，[①] 亦即知识的碎片化。面对各种社会问题的日益复杂化，通过单一学科知识尝试解决这些复杂性问题越发显得无力。伴随着人们对学科知识生产模式局限的认识，学科发展逐步进入超学科的阶段。知识的生产模式由基于学科转向基于跨学科，实现了迈克尔·吉本斯意义上的新知识生产模式。[②] 跨学科研究成为跨学科知识生成的重要源泉，以诺贝尔自然科学奖获奖成果为例，跨学科研究成果在获奖总体中的比重增长显著（见图3-1）。学科知识体系内部的张力是大学学者开展跨学科研究的内生动力，知识生产模式的转变促使一部分学者转向跨学科研究，探寻跨学科知识。

2. 外发推力：美国联邦政府及资助机构的跨学科研究引导

跨学科研究在美国大学的切实推行得益于联邦政府及资助机构的一系列跨学科研究资助计划。组织化、规模化的跨学科研究活动始于美国联邦政府在二战期间资助的军事研究项目，如美国联邦政府出资在麻省理工学院建立的辐射实验室、芝加哥大学的阿贡实验室等。美国国家科学基金会、国家卫生研究院是政府支持基础理论研究的主要渠道。20世纪50年代苏联成功发射人造地球卫星后，美国国防部、原子能委员会、国家航空航天局为大学提供了主要的研发支持。[③] 2003年美国国家科学院、工程院、医学院联合威廉·迈伦·凯克基金会发起了一项

---

① ［美］华勒斯坦：《学科·知识·权力》，刘健芝等译，生活·读书·新知三联书店1999年版，第2页。

② ［英］迈克尔·吉本斯等：《知识生产的新模式：当代社会科学与研究的动力学》，陈洪捷等译，北京大学出版社2011年版，第3页。

③ Julie Thompson Klein, *Crossing Boundaries: Knowledge, Disciplinarities, and Interdisciplinarities*, University of Virginia Press, 1996, pp. 177 - 178.

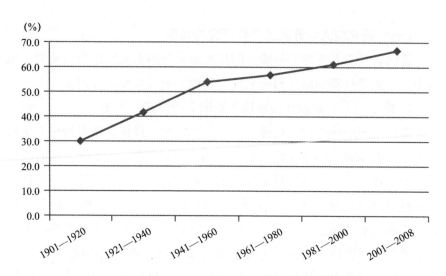

图 3 - 1 诺贝尔自然科学奖跨学科获奖成果发展趋势

数据来源：陈其荣：《诺贝尔自然科学奖与跨学科研究》，《上海大学学报》（社会科学版）2009 年第 5 期。

"未来行动"（Futures Initiative）计划，该计划资助期限为 15 年，资助金额达 4000 万美元，旨在消除跨学科研究的组织和系统障碍以推动跨学科研究。[①] 巨额的跨学科研究资助对大学开展跨学科研究活动的推动作用是毋庸置疑的，且是大学重构其内部组织架构，改革相应制度，推行跨学科研究的关键驱力。

3. 大学助力：研究型大学高层管理人员对内外推力的回应与整合

跨学科研究的学术原动力与外部驱力持续地刺激着研究型大学的领导层。研究型大学高层管理人员需要对外部极具吸引力的研究资助及学者开展跨学科研究的需求作出回应。研究型大学高层管理人员对跨学科研究的重视首先与争取联盟政府、州政府及其他资助机构的竞争性跨学科研究经费紧密相关。其次，对于公立研究型大学而言，通过跨学科研究提升其声誉似乎成为其与实力雄厚的私立研究型大学相竞争的策略。

① The National Academies of Sciences, Engineering, and Medicine. Keck Futures Initiative, http：//www. keckfutures. org/index. html.

基于此，研究型大学高层管理人员倾向于将有志于跨学科研究的人员整合在一起开展跨学科研究。正如汤普森·克莱恩所言："在 20 世纪的大部分时间里，学术机构的显结构一直被学科所主宰，跨学科则处于一种隐结构；20 世纪后半期开始，随着异质性、杂糅性、复合性、学科互涉等成为知识的显著特征，显结构与隐结构之间的平衡关系正在发生变化。"跨学科研究在研究型大学中逐步占有一席之地。

（二）美国大学跨学科研究发展历史

面对日益错综复杂的各种议题，单一学科的研究愈发显得无力，跨学科研究便应运而生。跨学科研究是一种旨在整合多个学科的视角、概念、理论、工具和信息等创造性地解决复杂性问题的研究模式。[①] 跨学科研究俨然成为一种新的研究范式，也契合了迈克尔·吉本斯所提出的"新的知识生产模式"。然而跨学科研究在大学中的发展并非易事，因为跨学科研究活动的开展需要依附于组织载体，而大学的组织架构传统上被学科所主宰。大学的组织结构是基于学科建制而成，各学科构建并极力维护其"学术部落及领地"（Academic Tribes and Territories），学科分支专业化的过程加剧了学科间的割裂。[②] 学科之间形成森严的组织壁垒印证了"学术部落"的隐喻，"学术部落"之间彼此排外，这无疑限制了跨学科研究的发展。美国研究型大学是跨学科研究的"先行者"。

有学者认为跨学科活动可以追溯至古希腊时期，但现代意义的学科产生于 19 世纪，因此论及之前的跨学科活动并无意义。19 世纪是美国高等教育发展的重要阶段：1862 年莫雷尔法案颁布后，功利主义高等教育思想逐渐深入人心；19 世纪末科学实用价值信念不断增长，促使许多古典学院转变为研究型大学。因此，这一阶段的美国高等教育仍处于学科专业化、组织化时期，高等教育管理者和教师多积极投身于学科构建和新专业领域的发展，跨学科研究尚未进入其视野。但在这一时

---

① Alan L. Porter, J. David Roessner, Alex S. Cohen et al., "Interdisciplinary Research: Meaning, Metrics and Nurture", *Research Evaluation*, 2006 (3), p. 189.

② ［英］托尼·比彻、保罗·特罗勒尔：《学术部落及其领地：知识探索与学科文化》，唐跃勤、蒲茂华、陈洪捷译，北京大学出版社 2015 年版，第 53—56 页。

期，古典学院向研究型大学的转变及跨学科课程的增设为 20 世纪的跨学科研究的发展奠定了基础。

20 世纪初，伴随美国经济社会的发展，诸多复杂性议题彰显出需要跨学科知识的支持。一些促进学科交融的专门组织也相继出现。1920 年美国社会科学委员会（Social Science Research Council）成立，旨在提升社会科学学科的整合性。20 世纪 30—40 年代，战争、社会福利、犯罪、劳工、住房、人口流动等问题在美国显现出需要从跨学科角度进行审视。30 年代区域研究的发展表征着跨学科研究在地理区域研究中的运用。区域研究和美国研究被视为跨学科研究出现的标志。① 由于福特基金会的大力资助和《国防教育法》（National Defense Education Act）带来的教育经费增加，50—70 年代区域研究项目在美国大学中激增。第二次世界大战促使跨学科研究服务于军事及政治目的。如雷达系统的研发需要来自多个学科的科学家组建研究团队攻关。联邦政府资助科研实力雄厚的研究型大学设立国家实验室开展跨学科研究，如芝加哥大学的阿贡实验室、麻省理工学院的辐射实验室、加利福尼亚大学的劳伦斯国家实验室等。此类合作项目推动固体物理学、运筹学、射电天文学等新研究领域的发展。国防、航空航天、工业等领域问题的解决促使联邦资助的增长以及国家科学基金会（National Science Foundation）和国家医学研究院（National Institutes of Health）的设立。70 年代，多数跨学科研究项目转向跨学科工程中心，产品安全、环境质量、技术评价、信息系统等成为关注的重点。80 年代，美国跨学科科技中心获得了进一步发展，美国科学院和国家工程院陆续在大学中设立工程研究中心。美国卡耐基基金会、国家人文基金会、高等教育提升基金陆续加入国家科学基金会资助跨学科研究的行列。② 90 年代美国研究型大学普遍设立了跨学科研究中心，跨学科研究获得了持续发展。20 世纪是美国大学跨学科研究的快速发展期，联邦政府等机构的外部推动是其发展的主

---

① Julie Thompson Klein, *Crossing Boundaries*: *Knowledge*, *Disciplinarities and Interdisciplinarities*, University of Virginia Press, 1996, p. 32.

② Lisa R. Lattuca, *Creating Interdisciplinarity*: *Interdisciplinary Research and Teaching among College and University Faculty*, Vanderbilt University Press, 2001, pp. 1 – 10.

动因。

21 世纪是美国研究型大学跨学科研究稳步发展的阶段。2003 年美国国家科学院与凯克基金会发起了一项"未来行动计划"（Futures Initiative），该计划的目的是消除跨学科研究的观念性及制度性障碍，全面发挥跨学科研究的潜力。① 除此之外，跨学科研究生学位项目在研究型大学中的增设为跨学科研究的稳固性发展提供了保障，跨学科研究生教育培养了一批专业化的跨学科研究人才。当前，跨学科研究已成为美国研究型大学的一项重要职能。

（三）研究型大学跨学科研究进路中的制约因素

追溯美国研究型大学跨学科研究的发展历史可知，其发展并非一帆风顺，在其发展进程中遭遇了诸多障碍。对制约因素的挖掘一方面有助于深度解读美国研究型大学跨学科研究的发展，另一方面有助于对我国研究型大学跨学科研究发展瓶颈的反思。制约跨学科研究在美国研究型大学中开展的因素体现在组织、制度、文化三个层面。

1. 组织障碍：学科组织形态"壁垒"对跨学科研究的框限

围绕学科构建院系结构在美国大学发展早期便已成为惯例。制度理论学家的研究表明组织具有路径依赖的特性。美国研究型大学多继承了这种传统，即基于学科组织其院系架构。祖克尔（Lynne G. Zucker）认为组织要素具有抵制变革的惰性，且这种惰性可传播给新的组织成员。② 经过长时段的发展演进，基于学科的学术组织形态形成了自身的学科组织制度与文化，既有的组织要素对跨学科研究具有排斥作用，跨学科研究与学科组织形态必然存在一定的冲突。建基于学科之上的院系组织形态是跨学科研究在研究型大学中发展的主要障碍之一。因为在基于学科建构的院校架构中，仍囿于以单一学科的研究为主导，学科之间的藩篱致使跨学科研究在夹缝中艰难地生长。美国研究型大学传统的

---

① National Academy of Sciences, *Facilitating Interdisciplinary Research*, National Academies Press, 2005, p. ix.

② Lynne G. Zucker, "Institutional Theories of Organization", *Annual Review of Sociology*, 1987 (13), p. 446.

"大学—学院—学系"组织结构中，学院通常专注于本学科内的研究，相互独立，即使是学院内部学系之间同样彼此分割。学术人员之间的跨学科交流与合作无疑将受到限制。因此，基于学科的学术组织形态对跨学科研究的开展具有限制作用，推行跨学科研究需创新研究型大学的学术组织形态。

2. 制度障碍：跨学科研究与既存大学制度的冲突

制度泛指规则，制度规定着组织的运作模式。历史上美国研究型大学既存的组织制度无形中限制了跨学科研究的推进，具体表现在如下几个方面：

（1）传统学术奖励机制对学科研究的青睐

传统的学术奖励系统，包括教师聘任、终身职位授予、晋升等制度、空间的分配（space allocation）以及其他的奖励机制构成了跨学科研究的实质性障碍。在多数研究型大学中，院系掌控着教师的聘任、终身职的授予、职称晋升，教师只有在院系内部从事的教学、科研活动才获得工作量认可，而教师在院系以外的跨学科团队中进行的教学、科研活动一般极少或不能计入其工作量（departmental credit）。[①] 大学已有的教师聘任、晋升制度是针对院系内部从事学科教学与研究工作的教师而制定的，对于从事跨学科教学与研究的教师而言，院系一方面不愿意教师分心从事本学科以外的工作，另一方面缺乏跨学科工作量计算、考核及相应的聘任晋升等配套制度。有鉴于此，传统学术奖励制度仍青睐于学科内部的教学、研究，而不鼓励教师从事跨学科教学与研究活动。

（2）资源依赖特性与资助政策不明确的矛盾

研究型大学的科学研究活动具有显著的资源依赖特性，每年攀升的科研经费支出便是明证。对研究型大学而言，其对科研经费的需求似乎是永远难以得到满足。在联邦政府不断削减经费的境况下，美国研究型大学的科研经费总量是相对有限的，随着跨学科研究活动的开展，大学

---

① Committee on Facilitating Interdisciplinary Research, of Sciences, National Academy of Engineering, Institute of Medicine, *Facilitating Interdisciplinary Research*, The National Academy Press, 2005, p. 115.

势必要分配其有限的资源以支持跨学科研究，学科研究与跨学科研究之间的资源竞争加剧。创建新的跨学科研究项目、设立新的跨学科研究机构意味着要终止或减少学科领域的努力。大学缺少明确的资助跨学科研究的政策，更多的是基于大学发展战略需要的临时性措施，倾向于关注跨学科研究所能带来的收益。一般而言，经费资源的分配与院系结构直接相关，跨学科研究项目需要其他来源的经费支持，① 同样需要特殊的经费资助政策加以保障。

（3）跨学科学术认可机制的缺失

众所周知，学科内部学术共同体的认可机制一般通过同行评议制度实现。学术人员的研究成果被同行所认可，是其获取学术共同体身份认可的关键。显然，为跨学科研究成果找寻"同行"来评价并非易事，因为跨学科研究议题通常整合多个学科的知识与方法，单一学科的专家难以对跨学科科研成果作出评价，多个学科专家共同对跨学科研究成果进行评价亦存在缺乏合作基础及学科标准差异等导致评价成效低的问题。公开发表学术研究成果是学术人获得认可的重要途径。然而，传统上各学科拥有自己的领地，学术期刊在某种意义上充当着学科领地的"守门人"。正如布鲁恩指出的，多数专业期刊不鼓励学术论文跨越边界，鼓励研究议题针对专门"受众"（学科共同体成员）而非多类"受众"。② 跨学科学术认可制度的缺失制约着跨学科学术共同体的形成。

3. 文化障碍：学科文化主导下跨学科研究文化的缺失

长期以来，学术世界被学科所分割，表现为专业化的思维方式（认识论）和研究方法（方法论）。文化差异弥漫于学科之间，学科内部的惯例、共享价值、认识、互动关系各不相同。学科文化主导着大学的学术文化。学科文化的差异无形中抑制着跨学科研究文化的养成。学科是跨学科教学与研究的基础，学科文化仍是研究型大学学术文化的主流。学者们围绕学科组成"学术部落"，并竭力维护着自己的"学科领地"，

---

① Karri A. Holley，"Interdisciplinary Strategies as Transformative Change in Higher Education"，*Innovative Higher Education*，2009（5），pp. 331 – 344.

② John G. Bruhn. Beyond Discipline：Creating a Culturefor Interdisciplinary Research"，*Integrative Physiological and Behavioral Science*，1995（4），*p.* 331.

久而久之便形成对学科的忠诚，即学科文化身份认同。① 跨学科教育与研究在某种程度上冲击着学科部落的学术领地，忠诚于学科的学术共同体无疑会通过对跨学科研究活动的抵制来保护其学科领地。具有讽刺意味的是，教育者与科学家竭力保护他们的学科边界，而各种新出现的问题却需要更加全球化、复杂化、不明确的解决方案，② 即对跨学科研究的诉求。固有的大学研究文化鼓励预期成果丰富的短期项目以获得新资助，亦即不鼓励耗时久且具有不确定性的跨学科研究。

　　概而言之，组织、制度和文化障碍制约着研究型大学跨学科研究活动的开展，制度服务于组织，组织及其制度孕生文化，因此，跨学科研究组织的创建是保障跨学科研究高质量开展的根本。

二　跨学科研究组织的发展历史

　　大学跨学科研究组织并非与生俱来，而是大学为了适应内外部环境发展需要、顺应学科分化与综合的趋势，对传统学术组织进行变革的结果。大学跨学科研究组织是以传统单一学科组织为基础，根据研究需要集聚大学研究资源，并将不同学科汇聚在一起开展跨学科研究的学术组织。本节通过对大学建立的单一学科组织演变到单一学科组织与跨学科研究组织并存的发展历史进行梳理，总结出大学跨学科研究组织变革的特点。

（一）学科组织的演进

　　大学是在内外部环境作用下，为达成人才培养、科学研究以及社会服务的发展目标而建构起的一套区别于其他社会组织的组织体系。作为一种特殊的社会组织，大学在组织结构上具有一定的异质性，既包括了

---

①　Tony Becher, Paul R. Trowler, *Academic Tribes and Territories: Intellectual enquiry and the Culture of Disciplines*, The Society for Research into Higher Education & Open University Press, 2001, pp. 22 – 24.

②　John G. Bruhn, "Beyond Discipline: Creating a Culturefor Interdisciplinary Research", *Integrative Physiological and Behavioral Science*, 1995 (4), pp. 331 – 334.

学术组织结构，也包含了行政管理结构。前者是以学科为核心建立起来的组织，行政组织则负责大学内部权力分工、规范管理等，二者相互影响，形成各具特色的组织管理体系。关于大学学术组织，它是以知识为基础，按照一定的目标、结构将具有相同或者相似背景的专业人员聚集起来开展工作的组织，它是大学区别于其他社会组织的特有结构，是构成大学学术组织的基本单元。① 追溯大学发展历史可知，大学学术组织并非一成不变，而是随着社会需求的变更，在不同时期有着不同的表现形式，整体上呈现出由单一学科组织到单一学科组织与跨学科研究组织并存的发展趋势。

中世纪时期，大学多以单科性大学形式出现，一所大学通常只设有一门学科，学术组织结构比较单一，如博洛尼亚大学专注于法学发展，萨莱诺大学以医科为主，而由原巴黎圣母院大教堂学校发展而来的巴黎大学则以研习神学为主。后来，随着知识不断丰富发展，许多大学由最初只拥有一种学科的单科性大学发展到具备文、法、神、医等多学科的综合性大学。由于中世纪时期宗教至上，大学虽具备学院组织，但学科组织处于萌芽发展阶段，大学尚未具备完整的"学院—学科"组织，跨学科研究与合作尚未形成。

19世纪，在经历了文艺复兴与宗教改革后，神学地位不断下降，人文学科开始崛起，伴随着科学技术的进步与社会生产力的提高，学科知识不断分化且更加专业化、精细化，出现了一批新兴学科，如物理、化学等。这些学科从自然哲学中分化而来，意味着现代意义上的学科开始形成。西方国家也逐渐形成了各具特色的学科模式，德国柏林大学将学科作为追求高深知识、教学与研究的基础，根据学科知识分类对学术组织进行变革，形成了"大学—学部—研究所/讲座"组织模式，在这类组织结构中，研究所与讲座处于组织核心地位；法国在大革命时期建立了一批综合理工类与师范类高校，废除了原有的学术组织结构，实行教学与科研分离制度；美国在独立战争后不断建立私立大学，创立了学系与研究院，形成了"大学—学院—学科"组织模式，这种模式发展

---

① 李斯令：《大学学科组织的逻辑架构与运行机制》，《中国高等教育》2013年第5期。

到后期成为了大学学科的主要模式。同时，在这一时期，柏林大学提出"教学与科研相统一"，指出大学应该注重科研的发展。1862 年莫雷尔法案颁布，推动设立了一批赠地学院，促使大学在校内开展科研、培养研究型人才。在这些政策倡导与规划引导之下，许多大学意识到科研的重要性，建立一些科研组织鼓励大学开展研究。大学师生在研究过程中借鉴和引用其他学科的理论与研究方法来解决研究难题，无形中产生了一些交叉学科成果、促进了跨学科研究的进程。

20 世纪，学科知识不断分化与综合，交叉学科、横断学科与边缘学科开始出现，学科呈现综合发展趋势，学术组织形式多样，主要有"大学—学院—学科""大学—学院—学系""大学—学部—学系""大学—学部—学科""大学—学部—研究所""大学—学部—讲座""大学—学系—研究所—研究室"等。[①] 这些学术组织不断适应社会需求，组织发展也趋于成熟。二战时，美国为了获得战时的军事武器和设备，托管大学建立跨学科研究实验室，大规模地开展跨学科研究为军事服务，如美国能源部建立的洛斯阿拉莫斯国家实验室，集结大量优秀科学家研制原子弹。战后，各国进入到冷战时期，苏联原子弹的发射，以及社会复杂性问题的呈现，使政府意识到跨学科研究的重要性，国家开始在大学内设立一批跨学科研究实验室，根据国家需要开展跨学科研究。与此同时，大学为了获得国家的经费资助、提升高校的科研实力，开始在校内自设一批跨学科研究机构，如斯坦福大学于 1947 年在校内成立了爱德华·L. 金兹顿实验室，将不同学科领域的专家聚集在一起开展科研。在这一阶段，跨学科研究组织形式不断创新，以研究中心、研究所、实验室以及课题组等形式出现。这一时期单一学科组织发展已成熟，跨学科研究组织也不断获得发展。

20 世纪后半期，随着学科不断交叉发展，不同学科研究方法互相借鉴并渗透，学科界限不断被打破且学科之间相互整合形成了跨学科。另外，社会需求的变化也催生了一批任务导向型的跨学科研究组织，如

---

① 宣小红、林清华、谭旭、崔秀玲：《研究型大学学科组织结构探析》，《江苏高教》2010 年第 5 期。

二战时期，美国政府拨款支持大学建立托管型实验室，促使跨学科研究队伍不断壮大，推动大学跨学科研究发展。到 20 世纪 80 年代，跨学科研究进入到飞速发展的阶段，各国政府开始颁布一些条例并制定政策支持大学进行跨学科研究，并出台了一系列研究计划，以基金、项目的形式鼓励大学成立跨学科研究组织，大学跨学科研究组织形式不断丰富，大学与企业合作、大学与大学间合作等促使大学的跨学科研究进入到一个新的高度。目前，许多研究型大学已经建立了形式多样的跨学科研究组织，如斯坦福大学在校内成立了 18 个独立的跨学科研究组织，推动大学跨学科研究的发展。

（二）跨学科研究组织的发展历史回溯

1. 萌芽期（19 世纪中叶—20 世纪初）

美国学者凯瑞·A. 霍利认为，跨学科教育的逻辑依据可以溯源至亚里士多德关于知识统一体的信念。[①] 克莱恩（Julie Thompson Klein）则认为，跨学科历史最早应追溯到柏拉图时期，其开创的学园模式蕴含着跨学科的思想。至 19 世纪初，威廉·冯·洪堡创建了柏林大学，其提出的整合教育理念也包含了跨学科的成分。[②] 但跨学科研究的真正萌芽是在 19 世纪中叶，以《莫里尔法案》的发布为重要节点。

1862 年 7 月 2 日，美国发布《莫里尔法案》，该法案为促进美国工农业的发展，资助每个州至少开办一所农业或机械学院。这些学院亦称"赠地学院"，其内部发生的农业科学研究和农业技术推广的结合，使得多学科和跨学科研究开始萌芽。

赠地学院发展初期，美国国会出台了多个法案推进赠地学院的建设。如，1887 年《哈奇法案》授权联邦政府每年向各州拨款 1.5 万美元，在赠地学院建立农业试验站以开展农业科学技术研究；1914 年《史密斯—利弗法案》促成了农业部与赠地学院合作，并由联邦政府资

---

① ［美］凯瑞·A. 霍利：《理解高等教育中的跨学科挑战与机遇》，郭强译，同济大学出版社 2012 年版，第 7 页。

② ［美］朱丽·汤普森·克莱恩：《跨越边界——知识·学科·学科互涉》，姜智芹译，南京大学出版社 2005 年版，第 40—41 页。

助，建立农业技术推广站以开展基层的农业技术推广工作；1929 年的
《乔治—里德法案》、1934 年的《乔治—埃雷尔法案》、1935 年的《班
克黑德—琼斯法》通过立法，保障了农业领域科学研究工作的充足
经费。①

这些法案或提供政策保障或提供资金扶持，共同推动了赠地学院的
农业科学研究与农业技术推广的结合。而农业在实际情景中的生产和推
广问题是综合而复杂的，单一学科或单一研究领域难以解决。③在美国
大学的农业试验站中，当碰到农业生产实际难题时，其所在的大学往往
会组织各领域的专家进行跨校区、跨学科的研究，以更好地解决某个或
某类实际问题。因此，跨学科研究便在这种解决实际农业生产的复杂问
题的情景中产生了。例如，康涅狄格州立大学的农业实验站发起的玉米
杂交实验研究，促进了农学与许多其他学科间的多学科和跨学科研究。
特别是在 20 世纪 30 年代末到 40 年代初的一段时期内，越来越多自然
资源和经济发展问题被予以重视，学者们必须更多地与大学内的农学
院，甚至是与其他大学的农学院合作开展跨学科研究。②

由此，我们可以发现，虽然有学者认为跨学科思想在亚里士多德甚
至柏拉图时期便已经出现，但长久以来，这种跨学科的思维方式潜藏与
融杂在学者们的其他思想和主张之中，并没有发展成为专门的理论或方
法。直到 19 世纪中叶，在《莫里尔法案》的推动下，为解决实际而复
杂的农学问题，大学的科学研究中出现了涉及跨学科的研究，这才使得
跨学科思想真正落地。因此可以说，19 世纪中叶开始，跨学科研究才
进入它的萌芽期，此前只能视为潜藏期或蛰伏期。这一时期内，跨学
科研究还未被正式提出，只是在科学研究的实践之中自然而然地发生
了，其产生与复杂的现实问题和农学领域研究的多学科属性密不可
分。从 19 世纪中叶到 20 世纪初，基于现实复杂问题的情景，跨学科
研究在农学领域的实践中萌芽，这为下一时期即起步期跨学科研究的

①　董杲、平思情：《美国大学跨学科研究组织的发展——基于"三角协调"理论的视
角》，《中国高校科技》2019 年第 8 期。

②　文少保、杨连生：《美国大学跨学科研究组织变迁的路径依赖》，《科学学研究》2010
年第 4 期。

正式出现奠定了良好基础。经历起步阶段的积累后，跨学科研究借二战的契机，依托于军事研发和其他应用研究而快速发展，并迈入快速发展期。

2. 起步期（20世纪初—20世纪40年代）

克莱恩（Julie Thompson Klein）认为跨学科这一术语产生于20世纪，其出现根源于现代教育改革、应用研究以及突破学科界限的运动。[①] 而20世纪上半叶，跨学科的势头最明显的是通识教育和社会科学研究。在美国，高等教育中最早的跨学科项目与20世纪初的通识教育运动相关。20世纪30—40年代，基础课程运动、社会科学领域的跨学科运动促进了学校里的整合研究，区域研究和美国研究被视为跨学科研究出现的标志。[②]

（1）通识教育运动与跨学科发展

20世纪初到20世纪30年代，通识教育运动在美国高等教育中盛行。虽然跨学科和通识教育并没有直接联系，但这两个概念却有着共通之处，并且当时的通识教育倡导者们提出的"全人"教育理念与后世提倡发展跨学科时的语言表达极为相似。[③]

20世纪初，由于文理学院逐渐被学科结构支配，同时学科专业也在不断扩张，因此，培养"全人"变得越来越困难。对此，许多拥护"自由"和"通识"文化的学者将通识教育作为应对专业化浪潮的解药来推广与宣扬。他们的目标之一是为学生提供广泛的、非专业化的教育，这些课程属于课程体系的非专业化部分，侧重于具有普适性的观点或价值观。他们的课程目标在历史上也是有先例可循的，如希腊和罗马学者曾秉承的"受教育者应对各学科都有所涉猎"的信念，以及"文艺复兴者"和现代对应的"通才"的想法。通识教育改革还纳入了一

---

① Klein J. T. , *Interdisciplinarity*：*History*，*Theory and Practice*, Detroit, US：Wayne State University Press，1990，pp. 122，23.

② ［美］朱丽·汤普森·克莱恩：《跨越边界——知识·学科·学科互涉》，姜智芹译，南京大学出版社2005年版，第40—41页。

③ ［美］凯瑞·A. 霍利：《理解高等教育中的跨学科挑战与机遇》，郭强译，同济大学出版社2012年版，第22—24页。

些直截了当的跨学科目标，如解决专业化带来的困难，设计课程，通过整合学科资源帮助解决现代问题，等等。①

哥伦比亚大学与芝加哥大学是最早表现出整合本科生学习愿望的院校。哥伦比亚大学在 1920 年制定的核心课程直到 21 世纪初仍主导着哥伦比亚大学本科生前两年的课程计划，这些课程"随着学生们继续从事专业学科的学习能起到共同知识参照体的作用"，芝加哥大学的核心课程计划也被认为是通识教育运动的标杆。威斯康星大学的试验学院放弃了传统的学术系结构，设立了核心文理课程计划。圣约翰学院引入基于古典典籍的必修课程。

威廉·梅维尔（William Mayville）将这些改革与布尔斯玛的受教育者的公民模式联系起来。作为今天许多跨学科项目的基础，公民模式与通识文化而非与特定群体相关。跨学科的概念还与其他几个项目有关：1914 年由亚历山大·梅克尔乔恩（Alexander Meiklejohn）在阿默斯特学院引入的关于"社会和经济制度"的调查课程，战后由米克尔约翰（Meiklejohn）在威斯康星大学引入的为大一和大二学生开设的基于比较和对比古代和现代文明的课程，以及哥伦比亚大学的"战争目标"与"和平目标"课程，这些也是全国各地通识教育课程的典范。欧内斯特·博耶（Ernest Boyer）认为这些教育改革是对几个历史问题的回应，包括 20 世纪 20 年代对职业的错误强调，对个人兴趣的过度强调，青年的幻灭，以及对国家统一意识的需要。

（2）社会科学领域的跨学科运动

20 世纪 20 年代，跨学科在社会科学领域有一定的发展。1923 年，社会科学研究委员会（SSRC）成立，它主张促进因专业化而日益孤立的各学科之间的融合，以整合多种社会科学学科的知识为目的。尽管由于管辖权的争议，社会科学中的跨学科接触被抑制着，但在芝加哥大学，一批反对专业化"工艺排他性"的学者们却跨越了学科的界限来共同解决问题，这其中就包括杜威（Dewey）、米德（Mead）、维布伦

---

① Klein J. T. , *Interdisciplinarity*：*History*，*Theory and Practice*，Detroit，US：Wayne State University Press，1990，pp. 23 – 24.

（Veblen）、安格尔（Angell）、博厄斯（Boas）和梅里亚姆（Merriam）等人。这大大推进了芝加哥大学"互动主义"框架的构建，鼓励了其社会科学的交叉融合。到了 20 世纪 30 年代和 40 年代，文化和人格运动被证明是一种重要的整合力量。同时，越来越明显的是，战后的许多问题都超出了任何单一学科的解决范畴，其中就包括战争、劳工、宣传、人口迁移、住房、社会福利和犯罪问题。这些问题鼓励政府和私人机构综合思考教育和学科的改革。尽管应用社会科学的概念最初是在大学之外出现的，但在这个时期，学术界的社会科学家开始意识到其重要性和内在的跨学科属性。①

Ⅰ. 社会科学的第一次跨学科运动

社会科学领域有两次重要的跨学科运动。第一次跨学科运动发生于第一次世界大战结束到 20 世纪 30 年代，其特点是，社会科学领域出于工具性目的，向自然科学借用技术和工具。在政治学和社会学中，自然科学的定量方法有着特别的吸引力，心理学则更是开发了属于自己的研究工具。这种偶尔的学科"溢出"确实导致了混合学科的发展，填补了缺失的空白，如社会心理学、政治社会学、生理心理学和社会人类学等。然而，各领域之间的关系在本质上仍然是经验主义的，并没有对社会科学的现状产生直接挑战，社会科学的现有类别也仍保持不变。

Ⅱ. 社会科学的第二次跨学科运动

社会科学领域的第二次跨学科运动可以追溯至第二次世界大战，它的首要例子即是区域研究。区域研究于 20 世纪 30 年代末开始在美国大学出现，旨在提供关于各个地理区域的全面、综合知识。区域研究作为一项整合运动，在当时备受瞩目。

早期的区域研究重点集中在地理与文化区域方面，其中包括 20 世纪中叶美国研究的产生。学者们基于理解"美国体验"的需要，利用英语、历史及社会学等学科的知识来从事美国研究领域的工作。这种研究并不是轻而易举产生的。社会科学学科在其形成与发展的过程中，仍

---

① Klein J. T., *Interdisciplinarity: History, Theory and Practice*, Detroit, US: Wayne State University Press, 1990, pp. 24 – 25.

致力于寻找自己在学术界的专业地位与立足点。然而，美国研究作为跨学科领域范例的产生，源自学科内学者们对知识发展方向与产出的不满。怀斯（Wise）记录了文学系教师们的挫折感并以此作为美国研究产生的一种影响因素。文学领域的学者们没有将美国文学看作是盎格鲁—撒克逊传统的衍生物，而是从反思他们的研究对美国社会的影响入手。通过与研究劳工生活、城市结构、宗教意义的学者们联手，这些教师们促成了美国跨学科研究的产生。①

第二次运动明显表现为社会科学课程的整合、学术部门的整合以及最重要的行为科学概念的提出。这场运动不只限于基于知识的工具性整合，而是基于一个更雄心勃勃的概念性前提：通过弥合学科之间的差距，学者团队希望能够努力实现知识的统一。然而，尽管有这样的预设，区域研究最终还是没能达成目标。许多学科的专家还是倾向于回到他们原本的学科视角，而非创造新的综合视角。此后，社会科学出现了对新的综合类别的需求。②

20世纪初到20世纪40年代可称为跨学科研究的起步期。不同于萌芽期内农学领域涉及的跨学科研究成分，这个时期盛行的区域研究和美国研究带有清晰的跨学科属性，被视作跨学科研究出现的标志。这几十年中，与跨学科内核关联紧密的通识教育运动引发了美国的现代教育改革，同时社会科学领域也发起了突破学科界限的运动，这二者作为主要的推动力量共同作用，使得跨学科研究正式进入学者们的视野。在此期间，跨学科研究在社会科学领域起步与发展，为快速发展期中自然科学领域的学科界限突破积蓄了力量，亦为跨学科研究依托于二战军事研究需要而快速发展提供了借鉴，也为后续跨学科组织的建立做好了铺垫。

3. 快速发展期（20世纪40年代—20世纪末）

（1）第二次世界大战期间

20世纪40年代初，第二次世界大战使美国将科学研究的重心转移

---

① ［美］凯瑞·A. 霍利：《理解高等教育中的跨学科挑战与机遇》，郭强译，同济大学出版社2012年版，第23页。

② Klein J. T. , *Interdisciplinarity*：*History*，*Theory and Practice*，Detroit，US：Wayne State University Press，1990，p. 25.

到了大学。在二战期间，联邦政府源源不断地为一批重要大学输送巨额的科研经费，并且集中建设了少数大型实验室。① 这使得跨学科研究在大学之中快速发展，并且产生了跨学科研究组织的雏形。

第二次世界大战时期，为了给战争和国家军事力量提供支持，联邦政府与部分大学签订了军事合同，出资在这些大学建立国家实验室，委托大学开展军事研究。战时最大的两个项目便是麻省理工学院的辐射实验室以及"曼哈顿计划"。麻省理工学院的辐射实验室于1940年启用，总耗资达15亿美元，主要用于研制雷达，完善雷达系统和装备，研究涉及电磁学、工程学、数学、气象学等学科。"曼哈顿计划"则是1942年启动的总耗资20亿美元的原子弹研制工程，涉及工程学、物理学、化学等学科领域，包括芝加哥大学阿贡实验室、加州大学伯克利校区的劳伦斯辐射实验室、哥伦比亚大学的物理化学家哈罗德·尤里的实验小组、洛斯·阿拉莫斯特种武器国家实验室。该计划还整合了来自明尼苏达大学、威斯康星大学、哈佛大学和康奈尔大学关于回旋加速器的重要实验数据。②

为了共同的国家利益，诸多大学的科学家协力参与战时的军事研究。而于此期间在大学内建成的国家实验室也在联邦政府的主导下运转着。战时取得的成果成为后来各类专家教授合作开展跨学科研究的典范。从研发人员的学科背景以及他们的协作关系来看，雷达研究的过程包括了多学科研究的阶段以及交叉研究的阶段。除了雷达研发，战时在国家实验室中开展的其他军工项目也推动了跨学科研究的进程。二战时期跨学科研究的成功为战后跨学科研究的快速发展打下了坚实基础。③ 此后，联邦政府的一系列资助计划使跨学科研究在研究型大学中获得持续稳步发展，跨学科研究中心或研究所等组织形式成为研

① 文少保、杨连生：《美国大学跨学科研究组织变迁的路径依赖》，《科学学研究》2010年第4期。

② 董呆、平思情：《美国大学跨学科研究组织的发展——基于"三角协调"理论的视角》，《中国高校科技》2019年第8期。

③ 文少保、杨连生：《美国大学跨学科研究组织变迁的路径依赖》，《科学学研究》2010年第4期。

究型大学内部的一种制度建制。①

（2）第二次世界大战战后

得益于二战期间的军事研究，美国研究型大学的跨学科研究组织有了较快发展，其合作形式、组织形式都变得更为多样。并且这种势态在战后仍然持续着，联邦资助没有随着战争的结束而终止，同时工业界和产业界也寻求与大学的跨学科研究组织合作。

Ⅰ.与联邦政府的合作

1944年，国家卫生研究院（NIH）因公共健康法案的通过而争取到的大量投资，得以迅速崛起。1950年，美国国家科学基金会（NSF）成立。这两个机构大大巩固了实用科学和应用科学的发展，并为跨学科研究的发展及跨学科研究机构的运行与维持提供了大量资金。② 1957年，苏联成功发射人造地球卫星，这使得美国产生危机感，促使美国国防部、原子能委员会、国家航空航天局为大学提供了主要的研发支持。③

一方面，战时与联邦政府达成合作的大学，在战后以托管形式继续与政府维持着合作关系，得到稳定的资金来源。美国联邦政府通过国家卫生研究院（NIH）、国家科学基金会（NSF）、国防部、农业部和能源部等机构与大学签订托管合同，将战时发挥重大作用的国家实验室托管给大学。实验室进行的科研项目、研究经费以及实验室人员的工资和福利都由托管方负责。为了维持实验室的日常运行管理，大学还会向托管方收取一定的管理费。例如，1946年7月成立的原子能委员会就接管了曼哈顿项目，战时落成的实验室则仍以合同形式委托大学管理。另一方面，部分大学虽然战时未与联邦政府合作，但为争取经费资助，在战后也主动与联邦政府签订合同开展军事研究。例如，在联邦政府资助之

① 焦磊：《美国研究型大学培养跨学科研究生的动因、路径及模式研究》，《外国教育研究》2017年第3期。

② ［美］凯瑞·A.霍利：《理解高等教育中的跨学科挑战与机遇》，郭强译，同济大学出版社2012年版，第24页。

③ 焦磊、谢安邦：《美国研究型大学跨学科研究发展的动因、困境及策略探究》，《国家教育行政学院学报》2016年第10期。

下，斯坦福大学先后成立了若干跨学科研究机构，包括材料与能源科学研究所、汉森应用物理实验室、语言和信息研究中心等。①

Ⅱ. 争取工业界与产业界的资金支持

除联邦政府的经费支持外，外界对大学的经费资助规模也逐渐扩大。大学要争取工业界等外部经费，必须在保障基础研究的前提下，发挥优势，开展对应的跨学科研究，针对产业界的实际问题建立跨学科研究机构，加强与产业界的合作。例如，麻省理工学院选择在其辐射实验室的基础上，新增电子实验室等若干跨系、跨学科的实验室和研究中心，而这一明智做法也大大推动了麻省理工学院的跨学科研究发展，进而加强了其学科竞争优势。②

这种跨学科的导向不仅发生在大学的科学研究之中，也体现于大学的课程与教学改革之中。哈佛大学于1945年发布了非常具有影响力的常被称为"红皮书"的《自由社会的通识教育》报告，倡导通识教育与学科课程计划的平衡发展，并认为两种形式的知识对于充满活力的民主体制都是非常必要的。1965年威斯康星大学格林湾分校被特许成立以研究环境问题，并发展跨学科教育作为其研究相关问题的手段。这所新型大学不是按照传统学术学科而是按照环境研究领域进行建制的。其他类似的为了培育整合性跨学科学习而成立的学校还包括1967年的埃弗格林州立学院和1965年的加利福尼亚大学圣塔克鲁兹分校。以学科边界与孤立型学习机会为特征的传统高校逐渐被认为不能更好地支持学生学习、发展并理解现代的社会需求。③

Ⅲ. 大学内的跨学科研究组织迅速发展

战后的二十多年中，在政府和产业界的合力下，美国研究型大学内各种形式的跨学科研究组织迅速发展，并逐渐成为了大学的重要研发力

①　董昊、平思情：《美国大学跨学科研究组织的发展——基于"三角协调"理论的视角》，《中国高校科技》2019年第8期。

②　文少保、杨连生：《美国大学跨学科研究组织变迁的路径依赖》，《科学学研究》2010年第4期。

③　[美] 凯瑞·A. 霍利：《理解高等教育中的跨学科挑战与机遇》，郭强译，同济大学出版社2012年版，第23页。

量。美国大学内各种各样的研究院、研究所和研究中心蓬勃发展，科学研究成为大学的主导，跨学科研究则更是当时的研究热点。这一时期美国大学的跨学科研究，由联邦政府主导进行，同时也开始与产业界形成合作。1940 年，美国大学的研究总经费已达到 2700 万美元左右。1950年，大学的研究总经费更是达到 22.2 亿美元。① 美国学者斯坦利·O.伊肯伯里（Stanley O. Ikenberry）针对美国赠地大学跨学科研究机构建设情况的调查发现，在 1960 年至 1969 年间，受调查的 51 所赠地大学之中，新建跨学科研究组织的数量达到了 370 个。②

然而好景不长，自 1968 年以后的 7 年，由于联邦政府对大学科研资助的减少，大学的科研经历了一段萧条期。这种情况下，大学需要更多地依靠自身来解决研究经费的问题。

（3）20 世纪 70 年代后

20 世纪 60 年代后期，面对自身经济滞涨以及欧洲国家的科技发展成就，一方面促使美国联邦政府推进大学与产业界之间的合作，帮助产业界开发与利用大学的研究成果以促进美国在工业竞争中取得优势地位；另一方面也促进美国研究型大学寻求联邦政府以外的经费来源，进而积极发展跨学科研究以提升声望、争取产业界的支持。这一时期是跨学科发展的分水岭，新知识领域随着新研究项目而出现，综合大学中的专科学院以及新的大学依据跨学科原则而建立。虽然在 20 世纪 70 至80 年代，许多项目由于经济低迷被裁掉，但跨学科的项目和思想已然融入各个专业领域之中。美国也被路德维格·哈伯（Huber Ludwig，1992）称为"跨学科研究的黄金国度"。③

Ⅰ. 产业—大学合作研究中心

1973 年，由美国国家科学基金会（NSF）资助的产业—大学合作

---

① 文少保、杨连生：《美国大学跨学科研究组织变迁的路径依赖》，《科学学研究》2010年第 4 期。

② 董杲、平思情：《美国大学跨学科研究组织的发展——基于"三角协调"理论的视角》，《中国高校科技》2019 年第 8 期。

③ ［美］朱丽·汤普森·克莱恩：《跨越边界——知识·学科·学科互涉》，姜智芹译，南京大学出版社 2005 年版，第 40—43 页。

研究中心正式成立，其目的在于整合跨学科研究与教育。作为新型的跨学科研究组织，产业—大学合作研究中心以大学为核心，以产业界为辅助，独立运作开展产学研合作，解决产业界中的现实难题。与传统的单一学科院系相比，此种综合化的独立中心更能吸纳有意愿开展跨学科研究的教师，有助于发展问题导向的实用型研究，优化资源配置。美国国家科学基金会（NSF）则会为所有的产业—大学合作研究中心提供资助，包括提案阶段的经费资助，以及成立后为期五年的运营资助。

Ⅱ. 科学与技术中心计划

1984 年，美国科学院和美国工程科学院开始在大学内建立工程研究中心（Engineering Research Center，ERC）。1986 年的《白宫科学委员会评议组关于美国学院和大学健康发展的报告》提出，当前的大学不能独立支持跨学科研究，联邦政府应提供经费支持大学的跨学科发展，利用国家优势建立跨学科研究中心以解决国家问题。工程研究中心计划的成功实施树立了良好的样板，科学委员会的报告提供了指导建议，这两者为科学与技术中心（Science and Technology Center，STC）的成立做好了铺垫。紧接着在 1987 年 8 月，国家科学委员会（National Science Board，NSB）批准实施科学与技术中心计划，其主要经费来源仍为 NSF。STC 计划旨在支持不同机构的研究者，能长期稳定地在前沿学科领域专注跨学科研究并合作攻克跨学科研究问题，以保持美国在相应学科的国际领先地位。事实证明，这种问题导向的模式加强了校际间以及国家实验室和业界间在研究和教育方面的合作，有利于解决复杂问题。[①] 1989 年、1991 年、2000 年、2002 年，NSF 陆续资助了第一批 11 个、第二批 12 个、第三批 5 个、第四批 6 个科学与技术中心；2005 年、2006 年、2010 年、2013 年四年共计资助了 14 个科学和技术中心，且目前仍在运营中。

---

① Panel on Science and Technology Centers, National Research Council, *Science and Technology Centers: Principles and Guidelines*, Washington, D. C.: National Academy of Sciences, 1987, p. 2.

Ⅲ. 大学与工业界的合作研究中心

除了上文提到的由美国国家科学基金会（NSF）所资助的产业—大学合作研究中心和科学与技术中心计划以外，大学与工业界也开始共同设立合作研究中心。这种合作研究中心以大学为主，属于跨学科研究的独立运行单位，其主要目标是进行跨学科研究的产学合作，解决产业界不能解决的研究难题。[1] 90 年代美国的研究型大学普遍设立了跨学科研究中心，跨学科研究获得了持续发展，[2] 如美国斯坦福大学的 Bio-X 计划。

1998 年 5 月，斯坦福大学的詹姆斯·思普利奇和朱棣文教授共同倡导提出了名为 Bio-X 计划的生物学跨学科研究概念构想。Bio-X 计划的概念是基于生物学学科，与医学、工程学、计算机科学、物理学、化学等不同学科开展跨学科研究，以解决生命科学中的问题为主旨的跨学科研究计划。在组织管理体制上，斯坦福大学对于独立科研机构实施校领导负责下的管理体制。作为斯坦福大学众多独立科研机构中的一员，Bio-X 计划由负责科学研究和研究生政策的副教务长直接分管。在资源共享机制上，斯坦福大学利用校友捐赠为其打造了克拉克中心并于 2003 年正式启用，为跨学科研究者提供了便利的学术交流场所，催生了许多新的合作关系。[3] 这个计划极大地支持、组织和促进了生物科学和医学之间的跨学科研究。据统计，在美国，还有几百个以大学为基地的合作研发中心建立起来，在这些中心当中，有 60% 是在 20 世纪 80 年代组建的。

Ⅳ. 大学内的跨学科管理办公室

即使在缺少财政或空间资源支持跨学科活动的学校，也可以通过行政规定或设立跨学科管理办公室来为跨学科研究提供支持。如杜克大学于 1998 年设立了负责跨学科研究的副教务长办公室。这使得其校园内

① Cohen, Wesley, Richard Florida, Goe W R., *University Industry Research Centers in the United States*, Pittsburgh: University of Pittsburgh, Heinz School of Public Policy and Management, Center for Economic Development, 1944, p. 121.

② 焦磊、谢安邦:《美国研究型大学跨学科学术组织的建制基础及样态创新》,《中国高教研究》2019 年第 1 期。

③ 毕颖、杨小渝:《面向科技前沿的大学跨学科研究组织协同创新模式研究——以斯坦福大学 Bio-X 计划为例》,《华中师范大学学报》（人文社会科学版）2017 年第 1 期。

跨院系的跨学科计划有了来自如教务长或负责研究的副校长等主要管理者的支持。因为跨学科研究发生在单一学科或院系的研究活动之外，管理层的承诺就成为促进这种活动的必要条件。杜克大学所作出的这种努力反映了他们对跨学科合作的一种承诺，使得跨学科研究的参与者并不孤立，而是有对应的负责人与机构。①

　　资料显示，1973 年至 1986 年，联邦政府提供给大学研发经费资助绝对值从 198500 万美元提升至 671200 万美元，联邦经费虽在占总值的比例上有所下降，但在经费构成上仍然是主要来源，占总经费六成以上；工业界的研发经费投入，则从 8400 万美元增长至 56000 万美元，其绝对值和占比都在逐年升高，显现出平稳上升的态势。② 与此同时，大学对其内部的科研也加大了经费投入，而这与政府在大学设立各种促进跨学科研究的中心以及《拜杜法案》的实施有很大关系。③

　　20 世纪 40 年代到 20 世纪末是跨学科研究组织的快速发展期。在前一阶段的起步期中跨学科研究已经正式出现，而在这一时期内，美国的跨学科研究在强大外力的刺激下快速发展。首先，借助二战的契机美国联邦政府和大学形成了紧密合作关系，国家为支持大学进行军事研发而提供科研经费资助并设立国家实验室，使大学的跨学科研究和跨学科研究组织拥有了丰饶的发展土壤和肥料；战后，联邦政府资助减少以及经济滞涨带来资金困难，推动大学向产业界寻求合作。为提高声望和竞争力以获取更多经费，大学发展跨学科研究组织的内生动力和积极性又大大提升。在这种背景下，美国大学中形式多样的跨学科研究组织如雨后春笋般涌现，并且跨学科研究组织在不同时期的经费来源构成也不相同。在此阶段的后期，大学开始探索跨学科研究组织的组织形式、人事管理等，跨学科研究组织的经费来源构成也趋于稳定，因此本阶段后期

　　① ［美］凯瑞·A. 霍利：《理解高等教育中的跨学科挑战与机遇》，郭强译，同济大学出版社 2012 年版，第 44 页。

　　② 董昀、平思情：《美国大学跨学科研究组织的发展——基于"三角协调"理论的视角》，《中国高校科技》2019 年第 8 期。

　　③ National Science Board（US），*Science & Engineering Indicators 2008*，Arlington：National Science Foundation，2008，pp. 4 - 57.

也是向下一个阶段稳步发展期过渡的时期。

4. 稳步发展期（21 世纪以来）

21 世纪是美国研究型大学跨学科研究的稳步发展阶段。21 世纪初，美国国家科学院、国家工程院、国家医学院联合发布的《促进跨学科研究》报告，对跨学科研究进行了系统分析，就学术机构、资助机构、专业协会如何促进跨学科研究提出了对策建议，对美国跨学科研究的发展起到了重要外部推动作用。[①]

（1）跨学科研究资金增加

受到多种需求的驱动，21 世纪对跨学科研究的支持呼声日益高涨，这种支持体现在联邦资助机构及基金会的行动上。2004 年，美国国家卫生研究院（NIH）发起国家卫生研究院共同基金项目，目的在于鼓励超越组织边界的研究活动。该机构投入其年度预算的百分之一，即约五亿美元，用于资助被认为有高度影响力并能转变研究方式的研究项目。国家卫生研究院强调跨学科知识将作为未来研究的一部分，指出："传统研究的组织非常像一系列的家庭手工业……将研究人员分散在以学术系为基础的各个不同专业。"并认为由这种传统组织导致的知识缺口将能激发跨学科行为。研究人员也通过在各自院校内或不同院校间发展合作网络对此类资助来源作出积极的反馈。通过利用不同学科的优势，研究人员不再局限于单一的学科工具，促成了更广泛视角与途径的问题研究。[②]

21 世纪以来，不仅美国国家科学基金会（NSF）、国家卫生研究院（NIH）、能源部等联邦机构对跨学科研究活动进行经费资助，其他利益相关者对于跨学科研究的兴趣与支持也迅猛发展，如私人基金会对跨学科研究的资助。2003 年，美国国家科学院、工程院、医学院联合凯克基金会发起了一项"未来行动"计划，计划在未来 15 年里拨款 4000万美元，"以激励新的探究模式，并打破阻碍学科研究的概念与制度障

---

① 焦磊：《国外知名大学跨学科建制趋势探析》，《高等工程教育研究》2018 年第 3 期。
② ［美］凯瑞·A. 霍利：《理解高等教育中的跨学科挑战与机遇》，郭强译，同济大学出版社 2012 年版，第 37、45 页。

碍"。这种来自外部的财政支持为跨学科研究提供了合法性，也对其发展提出了更迫切的需求，是大学重构内部组织架构和制度改革的关键动力。[①] 除外部资助外，研究型大学内部也提供了一系列跨学科研究资助，包括启动基金、种子经费，对机构战略规划目标的投入，以及创新研究计划的专项经费等。

（2）跨学科教师聘任转变

21 世纪以来，随着跨学科活动的兴起，许多大学的教师聘用制度进行相应创新，实施跨学科教师聘用制度，规定聘任的研究人员不再隶属于单一的系或专业学术计划，这种方式改变了知识活动内在的学科—系的纽带关系，威斯康星大学麦迪逊分校、杜克大学、南加利福尼亚大学以及宾夕法尼亚州立大学是跨学科教师聘任制度改革的代表性院校。在 21 世初的十年间，他们都先后实施了跨学科聘任计划或者教师集群聘任计划。在威斯康星大学，管理者们通过集群聘任制定了促进合作研究和支持新兴跨学科领域发展的计划。该计划的评估报告指出："学科—系有可能无法专门聘任教师，去探究更具有实验性质的或者尚未发展成熟的新的研究方向……现有的学术文化和结果倾向于复制已有的专门知识领域。"集群聘任计划以能源与政策、基因组学、干细胞与再生药物、农业生态学以及生物光子学为目标领域，制定了学术系之外的聘任政策。其目的是聘用从属于跨学科主题而不是学术计划的教师群体。南加利福尼亚大学强调要招聘不限定学术系从属关系的具备跨学科技能的高级教师，而杜克大学则设立了学术系与大学研究中心之间的联合聘任计划。"这些策略对于改变学术运作中心的制度化规范而言是非常重要的，而改变这种规范始终是一项困难且敏感的任务。"[②]

21 世纪以来可认为是跨学科研究组织的稳步发展期。前一阶段中，跨学科研究组织大量建成并逐渐形成了可供参考的发展模式和路径，到了 21 世纪，国家、产业界和学界都已然清晰认识到跨学科研究及跨学

———————

① 焦磊、谢安邦：《美国研究型大学跨学科研究发展的动因、困境及策略探究》，《国家教育行政学院学报》2016 年第 10 期。

② ［美］凯瑞·A. 霍利：《理解高等教育中的跨学科挑战与机遇》，郭强译，同济大学出版社 2012 年版，第 45 页。

科研究组织的重要性和价值所在，并参照过往经验继续建设跨学科研究组织。在这一阶段，跨学科研究组织持续扩张，各种来源的资金投入增多，跨学科组织配套环境和制度日趋完善，因此将其称为稳步发展期。

本章小结

本章对研究型大学开展跨学科研究的动因及困境进行了探讨，发现研究型大学跨学科研究的动因主要有内生动力、外发推力和大学助力三种，而研究型大学跨学科研究进路中的制约因素则包括三个方面：组织障碍、制度障碍、文化障碍。回顾跨学科研究组织的发展历史可知，大学跨学科研究组织并非与生俱来，而是大学为了适应内外部环境发展需要、顺应学科分化与综合的趋势，对传统学术组织进行变革的结果。大学跨学科研究组织是以传统单一学科组织为基础，根据研究需要集结大学研究资源，并将不同学科汇聚在一起开展跨学科研究的学术组织，其发展经历了萌芽期、起步期、快速发展期、稳步发展期。

第四章　研究型大学跨学科转向的组织行为学分析及变革机理

　　跨学科性近乎已成为世界知名研究型大学的共同属性，研究型大学对跨学科研究与跨学科教育活动愈加重视。这一趋势在美国研究型大学中表现得尤为明显，美国研究型大学的跨学科发展成为各国大学竞相研究与效仿的"标杆"，更有学者将美国高等教育视为跨学科研究的"黄金国度"。[1] 众所周知，学科是大学院系组织的建制基础。长期以来，学科规约着大学的内部组织架构。学科之间犹如彼此独立的"学术部落"，各学科拥有自己的领地，学科之间存在无形的屏障。因而，大学传统的学科组织架构阻碍着跨学科活动的开展，此种境况下，跨学科研究与跨学科教育缺乏生发的环境，受到学科藩篱的掣肘。20 世纪的大部分时间里，学术机构的"显结构"（Surface Structure）一直被学科所主宰，学科交互处于一种"隐结构"（Shadow Structure）；20 世纪后半期，随着异质性、杂糅性、复合性、学科互涉等成为知识的显著特征，"显结构"与"隐结构"之间的平衡关系发生了变化。[2] 步入 21 世纪，如汤普森·克莱恩所言，跨学科已成为学术机构的发展准则，跨学科性成为研究型大学的显性特征。那么，跨学科如何突破重重障碍演变成美国研究型大学的共性组织行为呢？本部分将基于组织行为学的视角对美国研究型大学跨学科转向的组织行为进行研析，从组织行为的组织环

---

　　① Ludwig Huber, "Gisela Shaw. Editorial", *European Journal of Education*, 1992（3）, pp. 193 – 199.

　　② Julie Thompson Klein, *Crossing Boundaries: Knowledge, Disciplinarities, and Interdisciplinarities*, University of Virginia Press, 1996, p. 4.

境、组织决策、组织结构和组织文化四个维度解读研究型大学转向跨学科发展的机理，以期为我国研究型大学跨学科发展提供些许镜鉴。

一 研究型大学跨学科转向的组织环境

毋庸置疑，大学组织行为是一定组织环境的产物。美国研究型大学的跨学科行为亦不例外，是在特定的组织环境下生成的。而组织环境由外部组织环境和内部组织环境组成，内外部环境构成美国研究型大学跨学科行为生发的动力机制。

（一）外部动力机制

大学组织所处的外部制度环境是影响大学组织行为发生的重要动力源。如上所述，学科长期居于学术机构的主导地位，研究型大学对跨学科的"兴趣"（组织行为）源于外部制度环境的促动。制度环境是指一个组织所处的法律制度、文化期待、社会规范、观念制度等为人们"广为接受"的社会事实。[①] 美国研究型大学这类学术组织的跨学科行为深受财政制度、社会期待、资助制度等外部制度环境变动的影响。

第一，政府削减高等教育公共支出，且愈加重视经费使用的社会效用。周期性爆发的经济危机使联邦政府面临财政紧缩的窘境，20世纪40年代后期高等教育规模的急速扩张加剧了高等教育经费短缺的问题。鉴于经费的有限性，联邦政府加强了对公共经费使用社会效益的考察。因此，政府和社会期望投入到研究和教育上的经费能够创造更大的社会效用。[②] 而更大的社会效用逐渐指向层出不穷的复杂社会议题，如全球变暖、人口老龄化、生物多样性保护等。大学拥有大量分化的学科知识，因而，研究型大学具备通过有效整合多学科的知识解决复杂性社会问题的优势条件。与财政制度变化相伴随的是政府对大学经费使用绩效

---

① 周雪光：《组织社会学十讲》，社会科学文献出版社2003年版，第106—107页。

② Danish Business Research Academy, *Thinking Across Disciplines-interdisciplinarity in Research And Education*, https：//cordis. europa. eu/news/rcn/118314_ en. html.

的关注，并最终体现在对研究型大学跨学科整合解决复杂社会问题的新社会期待的出现。

第二，联邦政府资助研究型大学设立跨学科实验室开展实用型跨学科研究，联邦资助机构愈发重视跨学科前沿研究。二战期间，美国联邦政府设立多个国家实验室与研究型大学联合开展军事研究项目，诸如芝加哥大学的阿贡实验室、加州大学洛斯阿拉莫斯国家实验室等。原子弹、雷达等重大研究项目致力于解决战时的实际需求，以问题为中心的跨学科研究的价值得以彰显。二战成为美国跨学科研究发展的关键时间点。"大科学"时代，跨学科研究进入黄金期，跨学科实用型研究由此获得合法性地位。[①] 二战后，联邦政府决定继续委托研究型大学代管国家实验室。联邦政府又先后资助研究型大学设立了一批跨学科实验室（Interdisciplinary Research Laboratories）。在国家实验室的示范引导下，研究型大学纷纷设立校级实验室，开展跨学科实用型研究以赢取外部经费。在此基础上，美国联邦资助机构对跨学科研究项目的重点资助形成推动研究型大学开展跨学科研究的另一推动力。[②] 美国国家科学院、国立卫生研究院、国家航空航天局、国防部、能源部等联邦（资助）机构加强了对跨学科研究活动的支持。如 2003 年美国国家科学院、工程院、医学院与凯克基金会发起的"未来行动"（The National Academies Keck Future Initiative，NAKFI）是一项专门支持跨学科研究的资助计划。[③] 该行动计划 15 年共资助 4000 万美元，旨在催化跨学科研究并消除相关制度障碍。联邦政府及其资助机构对跨学科研究机构及项目的资助范围和力度不断加大，资助制度不断完善，成为驱动研究型大学跨学科研究的重要动力，在研究型大学亟须拓展经费来源的情况下其引导效果尤甚。

第三，就业市场向高等教育传递新的能力需求信号。伴随经济社会

---

① 刘霓：《跨学科研究的发展与实践》，《国外社会科学》2008 年第 1 期。

② Karri A. Holley, "Interdisciplinary Strategies as Transformative Change in Higher Education", *Innovative Higher Education*, 2009, 34 (5), pp. 331 – 344.

③ Alan L. Porter, J. David Roessner, Alex S. Cohen, Marty Perreault, "Interdisciplinary Research: Meaning, Metrics and Nurture", *Research Evaluation*, 2006, 15 (3), pp. 187 – 195.

的快速发展，职业需求瞬息万变，专业教育难以与职业直接匹配的现象将愈加凸显。传统的单一化专业教育所培养的学生不具备灵活的就业能力（Employability）。雇主倾向于聘用具备跨学科知识背景和素养、拥有适应变化和多样化环境的能力①、能够适应宽口径职业需求的毕业生。因此，就业市场的变化赋予高等教育人才培养新的社会期待。以美国STEM 领域（Science，Technology，Engineering and Mathematics）博士教育为例，针对学术就业市场渐趋饱和的现实状况，研究型大学普遍设立跨学科博士学位项目培养具备跨学科素养的博士，以拓展博士生到非学术部门宽口径就业的能力。博士教育本是专业化、精细化程度最高的教育层次，美国博士教育的变革印证了美国研究型大学在积极回应就业市场的新诉求。

（二）内部动力机制

组织行为的内部动力主要有两个：一是组织成员共享的目标和价值观；二是组织的利益需求。与此相应，研究型大学跨学科转向的内部动力主要源于两个方面：

一方面，追求卓越是研究型大学共享的组织目标和价值观。美国研究型大学诞生于 19 世纪 70 年代，二战后得益于美国政府的倾斜性资助而全面崛起，并成为世界高等教育的标杆。卓越成为美国研究型大学的"标签"，追求卓越则成为美国研究型大学的发展理念。在相当长的一段时期内，其对卓越的追求主要体现在高质量的基础研究和研究生教育上，即知识的探索和传播。20 世纪 80 年代以降，政府削减对高等教育的投入，研究型大学不得不转而寻求外部经费支持，使传统的研究型大学从根本上拓展了其职能——知识的生产与应用。② 研究型大学通过技术转移与产业部门加强了关联。美国研究型大学对知识生产、传播与应用创新的探求是其通往卓越之路。追求卓越的组织目标及大学内部利益

---

① W James Jacob，"Interdisciplinary Trends in Higher Education"，*Palgrave Communications*，2015（1），pp. 1 – 5.

② 王志强：《研究型大学与美国国家创新系统的演进》，中国社会科学出版社 2014 年版，第 118—130 页。

相关者对该组织目标的认同构成美国研究型大学跨学科研究组织行为的内部动力之一。

另一方面，形成竞争优势并藉此竞取外部资源是研究型大学跨学科发展的利益需求。美国高等教育大众化与普及化进程中院校数量的激增与公共经费的缩减使大学之间的资源（经费、生源、社会声誉等）竞争日趋激烈。为避免被其他大学所赶超，研究型大学致力于形成自身的竞争优势。跨学科发展为研究型大学在知识生产、传播与应用上继续保持卓越提供了路向，这契合其追求卓越的组织目标。形成竞争优势是研究型大学跨学科转向的重要内部动力，这一内部动力涵盖两个源流：一是转变知识生产方式，引领知识创造与应用。知识创造是研究型大学区别于其他类型高校的重要特质之一，但研究型大学传统的学科知识生产方式（知识生产模式Ⅰ）不利于师生对前沿复杂知识领域的探究。纳米科技、生物医学、人工智能等诸多前沿领域的研究得益于知识的融通，而知识的融通需要整合跨学科事实和以事实为基础的理论。① 研究型大学借助跨学科研究创造新知识（跨学科知识），跨学科研究本质上是研究型大学知识生产方式的转变，跨学科研究成为研究型大学开展重大前沿研究的范式转换。以诺贝尔自然科学奖为例，1901 年至 2008 年间授予的 356 项诺贝尔自然科学奖中跨学科研究成果占 52%，其中 2001 年至 2008 年八年间的跨学科研究成果占该时段诺贝尔自然科学奖的 66.7%，跨学科研究成果呈显著的增长态势。② 由此可见，跨学科知识生产成为取得重大前沿科研创新成果的重要途径。同时，正如吉本斯所言，新的知识生产模式产生缘于原有的问题解决的学科模式的失败和衰竭。③ 应用情景的跨学科知识生产（知识生产模式Ⅱ）彰显了跨学科知识的应用价值，研究型大学形成跨学科优势为其解决社会和产业关切

---

① ［美］爱德华·威尔逊：《知识大融通：21 世纪的科学与人文》，梁锦鋆译，中信出版社 2015 年版，第 13—20 页。

② 陈其荣：《诺贝尔自然科学奖与跨学科研究》，《上海大学学报》（社会科学版）2009年第 5 期。

③ Gibbons M., Trow M., Scott P., et al., *The New Production of Knowledge：The Dynamics of Science and Research in Contemporary Societies*, Sage Publications Ltd, 1994, p. 29.

的复杂问题（如环境污染和新能源开发）提供了保障，从而有助于其竞取外部经费和社会声誉。二是传播跨学科知识，培养拔尖创新人才。随着研究型大学从事跨学科研究的学者的增多，教授们希望通过培训他们的专业接班人以进行再生产①，这推动了研究型大学设置跨学科专业，即通过跨学科知识的传播培养跨学科专业人才。基于跨学科研究多是针对复杂前沿议题，其对学生的兴趣、质素等要求均高，跨学科教育渐而成为研究型大学培养拔尖创新人才的新型模式。培养跨学科拔尖人才有助于研究型大学在生源、就业市场和社会声誉的比拼中赢得优势。

二 研究型大学跨学科转向的组织决策

大学组织的决策受外部环境的建构和制约。外部的经费资助制度及社会期待等环境影响着大学的决策，进而引发大学推进跨学科发展的行动。组织的上层管理行为和决策过程通常是遵循既有规章制度的行为，即循规行为。组织常常为已有的规章制度所制约。② 因此，美国研究型大学切实推进跨学科行为端赖于组织决策所依凭的相应管理制度的变革与创新。其管理制度的创新主要体现在如下三个方面：

（一）大学校级管理支撑

为有效回应外部环境对跨学科活动的需求以及外部日益增长的跨学科科研资助，美国研究型大学首先致力于从组织层面推动大学的跨学科行为，研究型大学多创设了专责的高层管理机构，这些管理机构属校级专门统筹跨学科活动的机构。同时，研究型大学多将跨学科计划纳入大学的整体规划或战略规划，以在学校层面整体部署、推进跨学科行动。研究型大学的校级管理支撑涵盖高层管理者向跨学科倡议提供必要的资

---

① ［美］伯顿·克拉克：《研究生教育的科学研究基础》，王承绪译，浙江教育出版社2001年版，第264页。
② 周雪光：《组织规章制度与组织决策》，《北京大学教育评论》2010年第3期。

源；形塑跨学科行动成为院系的优先发展事项；聚焦于重要的跨学科议题；维系跨学科计划的优先性。[①] 以杜克大学为例，大学设立了跨学科研究副教务长办公室（Office of the Vice Provost for Interdisciplinary Studies），跨学科研究办公室的主要职能是支持杜克大学跨院系、跨学科参与研究与教学。究其实质而言，跨学科研究办公室是校级层面管理跨学科单元的中枢管理机构，以便集合教师、研究生、本科生以跨学科研究团队的形式解决复杂社会问题。[②] 与此同时，跨学科发展历来是杜克大学的战略重点，最早可追溯到 1988 年的战略规划——《跨越边界：九十年代的跨学科规划》（Crossing Boundaries：Interdisciplinary Planning for the Nineties），后又先后纳入 2006 年、2010 年、2011 年、2017 年的战略规划中。在 2017 年的战略规划中，跨学科属性再次被确认为杜克大学整体身份标识的一部分。

（二）人力资源管理制度的创新

人力资源管理是组织行为学关注的重要议题之一。传统的教师聘任制度与学术晋升制度皆是基于学科的，对于从事跨学科活动的教师而言，这种教师聘任制度和学术晋升制度成为阻碍教师从事跨学科教学和研究的因素。因此，研究型大学的跨学科组织行为需要突破原有的人力资源管理政策，从而激发教师开展跨学科活动的热情。一方面，设置灵活的教师跨学科聘任制度。当前，美国研究型大学采用最多的两种跨学科聘任模式为虚拟群集聘任模式（Cluster Hiring）和联合聘任模式（Joint Appointment）。虚拟群集聘任模式由威斯康星大学于 1998 年首创，后被其他大学所广泛借鉴。群集是由多个跨学科群组成的集合，每一个群围绕一个跨学科议题组建而成。教师经过遴选进入不同的"群"，在"群"中与其他成员共同开展跨学科研究与教学活动。群集并非实体性机构，而是一种虚拟的组织形式，教师名义上进入虚拟的群

---

① Karri A. Holley, "Interdisciplinary Strategies as Transformative Change in Higher Education", *Innovative Higher Education*, 2009, 34 (5), pp. 331–344.

② The Office of the Vice Provost for Interdisciplinary Studies, Interdisciplinary Studies at Duke University, https://sites.duke.edu/interdisciplinary/about/.

集，但其日常管理仍归属于传统的院系。因此，入选群集的教师由大学层面的群集和系分别予以聘任，这种模式亦可称为双重聘任模式（Dual-appointment）。联合聘任模式是大学内部学院之间或学院内部系与系之间基于跨学科合作的需要而实施的联合聘任制度。该模式是美国研究型大学普遍采用的另一较为成熟的聘任制度。针对教师或研究人员的跨学科联合聘任问题，密歇根大学制定了《密歇根大学联合学术聘任指南》（Guidelines for Joint Academic Appointments at the University of Michigan），合作院系共同商定跨学科教师的聘任、考核、晋升及争议解决等事宜。合作双方须明确其中一方（学院或系）为教师的管理本部（Administrative Home）。虚拟群集聘任模式和联合聘任模式皆旨在为教师和研究人员从事跨学科教学和研究提供逾越学科障碍的高效合作平台和制度保障。另一方面，设置适用于跨学科的学术晋升制度。研究型大学原有的学术奖励制度是学科导向的，多数学术机构的院系（学科）自身掌控教师的聘任、终身教职的评定和晋升。教师从事的学科教学及科研活动会被计入学术奖励系统，而在学科之外开展的跨学科教学和研究活动不纳入或很少纳入学术奖励制度的考量范围之内。[1] 故而，传统的学术奖励体系成为教师从事跨学科活动的障碍。鉴于此，美国研究型大学探索制定了适用于跨学科的学术晋升制度。以密歇根大学的联合聘任模式为例，合作院系需就联合聘任教师的晋升与终身制的授予达成一致，形成统一的联合程序（Single Joint Process），统一的程序有助于避免教员在合作院系之间遭遇重复的晋升流程。联合聘任模式的学术评价过程充分考虑教师的多重学术贡献，将其跨学科工作成果作为学术晋升及终身制授予的考量依据。[2] 为保障教师积极从事跨学科教学和研究，美国研究型大学逐步修改适用于单一学科的学术评价制度，着力制定了针对跨学科工作的学术评价与晋升制度。

---

① Committee on Facilitating Interdisciplinary Research, of Sciences, National Academy of Engineering, Institute of Medicine, *Facilitating Interdisciplinary Research*, The National Academy Press, 2004, p. 88.

② Office of the Provost, *Guidelines for Joint Academic Appointments at the University of Michigan*, https://www. provost. umich. edu/faculty/joint_ appointments/Joint_ Appts. html.

（三）资源配置制度的调整与创制

美国大学的经费通常是直接分配到院系，由院系组织自行支配，形成了分权化的预算制度，致使大学中央管理部门（Central Administrations）拥有极少的资金发起或维持跨学科项目。现代大学的资源依赖特性愈益突出，跨学科前沿研究无疑需要经费等资源的支持，而研究型大学的经费资源毕竟有限，支持跨学科活动意味着削减其他领域的开支。因此，跨学科项目的成功执行需要其他的经费来源，以及不同以往的资源配置方式。美国研究型大学主要通过改革预算制度和推行激励基金制度创新大学的资源配置方式。其一，改革分散管理的预算制度。研究型大学通过知识产权转化等形式获得的创收纳入学校中央预算的范畴，用以直接资助跨学科研究与教学项目。密歇根大学致力于改变先前的预算模式以施行更有利于管理跨学科活动的模式。密歇根大学传统上采用增值预算制度（Incremental Budgeting），取而代之的新预算系统是基于活动的预算模式（Activity-Based Budgeting）和自由裁量预算模式（Discretionary Budgeting）的结合。基于活动的预算制度保证了经费资源流向能够增加其研究与教学活动的部门。与此同时，教务长和校长在预算过程中保留了较大的自由裁量权，这一预算系统的目的在于拿出更多的弹性资源以便在不同的部门间重新分配。[1] 自由裁量的预算制度为大学中央管理部门统筹分配经费资源支持跨学科研究和教学项目提供了保障。其二，推行激励性资助制度。不断减少的联邦、州财政收入以及日趋增加的开支和运行成本使美国大学的资源依赖问题日渐突出，经费资源的挑战敦促着美国大学转变传统的获取资源的范式，以谋求组织的生存和可持续性。[2] 前沿、重大跨学科研究项目需要大量科研经费的支撑，为此，美国研究型大学选择拓展其经费来源渠道，推行种子基金和目标投

---

① The Office of Budgeting and Planning, *Budgeting With the UB Modelat The University of Michigan*, http：//obp. umich. edu/root/budget/budget-about/.

② Kimberly K. Powell, Melanie Powell Rey, "Exploring A Resource Dependencyperspective as an Organizationalstrategy for Building Resourcecapacity：Implications for Publichigher Education Universities", *Management in Education*, 2015, 29（3）, pp. 94 – 99.

资等激励性资助制度。激励性资助多为竞争性的、一次性资助计划。[①]
所谓"竞争性"是指并非所有的跨学科研究项目均能获得资助，只有
具备重大科研价值、有市场前景的项目才可能获得资助；"一次性"是
指激励性资助只对处于发展早期的跨学科科研项目进行一次性资助，之
后大学不再对该项目提供资助。激励性资助的目的在于对有前景的跨学
科研究项目进行早期培育，根本目的在于获取联邦、州政府、基金会、
产业部门等外部科研资助经费，以在一定程度上达致自身的可持续。美
国研究型大学普遍在大学层面发起了集中管理的种子基金资助项目。如
宾夕法尼亚州立大学的跨学科资助种子项目（Interdisciplinary Grants for
seed projects）、斯坦福大学的 Bio-X 跨学科行动种子基金项目（The
Stanford Bio-X Interdisciplinary Initiatives Seed Grants Program）、卡内基梅
隆大学的 ProSEED 种子基金（ProSEED Seed Grants）等均是以种子基金
的形式从大学层面发起的激励性资助计划。

三 研究型大学跨学科转向的组织结构基础

组织结构是实现组织目标的一种手段，而组织目标源于组织的战略
规划。[②] 因此，组织结构应与组织战略相契合。美国研究型大学将跨学
科发展纳入其组织战略后，其组织结构也相应地发生了调整与变革，因
为大学的组织行为产生于一定的组织结构之中，研究型大学组织结构的
调整与变革是跨学科行为产生的基础。美国研究型大学主要通过增量与
变革两种模式实现了组织结构的创新与调整。

（一）增量模式：校级层面虚拟与实体独立型组织结构的创新

如前所述，传统上森严的学科壁垒框限着其组织结构，无形中阻碍
着跨学科活动的开展，因此，美国研究型大学高层管理者致力于在原有

---

① SáM. Creso, "Interdisciplinary Strategies in US Research Universities", *Higher Education*, 2008, 55 (5), pp. 537—552.
② ［美］斯蒂芬·罗宾斯、蒂莫西·贾奇：《组织行为学》，孙健敏等译，中国人民大学出版社 2016 年版，第 396—397 页。

的组织形态之外开发新型的组织结构来规避学科壁垒，即增量模式（Incremental Mode）。增量模式采取了虚实并举的策略创建跨学科学术组织。一是创建虚拟跨学科组织。顾名思义，虚拟跨学科学术组织采用的是非实体形式，如同威斯康星大学的群集模式，具有共同跨学科研究兴趣的教师加入一个虚拟的跨学科组织，协同开展跨学科研究工作。对研究型大学而言，虚拟形态的跨学科组织具有较强的灵活性，适用于项目制或任务型的跨学科研究。一旦跨学科研究项目结束，虚拟跨学科研究组织可以随时解散或转换其他跨学科研究议题，能够有效降低长期的风险和成本（包括管理成本）。二是创建实体独立型跨学科组织。与虚拟的跨学科组织不同，实体独立型跨学科学术组织采用实体的形式运作，通常以跨学科研究中心、跨学科研究实验室、跨学科研究所的形式存在。实体独立型跨学科研究组织亦是美国研究型大学普遍采用的跨学科组织形态，其运行独立于传统的院系结构之外，与传统的院系平行运转。此种建制的跨学科组织能够直接避免传统的学科组织屏障，吸引有志于跨学科研究与教学的教师组建跨学科团队，打造一支专属于独立的跨学科组织机构的教师团队，而无需像虚拟跨学科组织那样以双重聘任或兼职身份组建跨学科团队。虚拟与实体独立型跨学科组织皆是校级层面创设的组织化的研究机构（Organized Research Units，ORUs），是美国研究型大学决策层及时、主动地从校级层面探索创新跨学科研究组织形态的产物，这得益于美国研究型大学敏锐性与适应性兼具的管理结构（Administrative Structures）。[1]

（二）变革模式：院系层面矩阵式组织结构的革新

除校级层面跨学科组织结构的创新外，传统学院内部对于开展跨学科活动的需求日趋强烈，而学院与学院之间、学院内部系与系之间的相对隔离状态依然是首要的限制因素。对既存院系组织结构的重构是美国研究型大学的共性选择，即变革模式（Transformative Mode），众多院系

---

[1] Michael Harris, "Interdisciplinary Strategy and Collaboration: A Case Study of American Research Universities", *Journal of Research Administration*, 2010, 41 (1), pp. 22 – 34.

采用了矩阵组织结构（Matrix Structure）实现原有组织结构的变革。矩阵组织结构的优势在于能够提供一种有效配置资源的方法，当组织开展比较复杂且又相互依存的活动时予以更好地协调。当前，美国研究型大学中的矩阵组织结构主要有两种形式：其一，具有跨学科属性的学院采用矩阵组织结构；其二，跨学院的系与系之间采用矩阵组织结构。一方面，美国研究型大学的诸多学院愈加倾向于在学科群的基础上进行组织重构，而非基于传统的单一学科。美国高校学科分类目录（Classification of Instructional Programs，CIP2010）划分为学科群、学科和专业三级，该目录成为美国诸多学院基于学科群进行组织重构的重要基石。如麻省理工学院的工程学院，其学系建制涉及生物学、化学、医学、材料学、计算机科学、环境科学、核科学、机械工程等多个学科，学院内部丰富的跨学科资源成为其独特的优势，亦为教师从事跨学科活动提供了便利的组织基础。另一方面，一些建基于单一学科的传统学院联合其他学院发起跨学科项目，构建起跨越多个院系的矩阵组织结构。如麻省理工学院的运输系统跨学科研究生项目是由工程学院、斯隆管理学院和建筑与规划学院联合举办。综上所述，矩阵组织是一种较为复杂的组织结构，源自研究型大学对既有院系结构的转型。在矩阵组织结构中，表征不同学科的院系由教师的跨学科聘任、跨学科研究生学位项目、跨学科课程以及被认为是跨学科课程最佳实践方式的跨学科团队教学（team teaching）联结起来。[①]

四 研究型大学跨学科转向的组织文化基奠

组织文化是组织成员共享的一套意义系统，组织文化是引导和塑造组织成员行为的有力工具。长期以来，学科文化是研究型大学的主导文化，跨学科教学与研究要从根本上成为大学稳固的组织行为必须重塑其完全由学科文化所主导的组织文化，涵养跨学科文化并使其融入已有的

---

① Roberta Murata, "What Does Team Teaching Mean? A Case Study of Interdisciplinary Teaming", *Journal of Educational Research*, 2002, 96（2）, pp. 67 – 77.

大学组织文化中，创建一种对跨学科研究与教育有传导力的校园文化。① 要在大学根深蒂固的学科文化之外形成跨学科文化并非易事，美国研究型大学多将跨学科文化的形塑作为一项长期目标来执行。那么美国研究型大学是如何促成跨学科文化形成的呢？

首先，自上而下形成并传递跨学科理念。跨学科发展初期，研究型大学各学院内部学科文化盛行，故此，美国研究型大学普遍采用自上而下的路径在"上层"形成跨学科发展理念并向"下层"传递。高层管理者率先达成跨学科发展的共识，将跨学科发展作为大学的新发展理念。理念的传递对于跨学科文化的形塑不可或缺，主要通过学校战略规划、年度报告及校长演说等形式进行自上而下的传播。宾夕法尼亚州立大学在其使命中宣扬持续提供跨学科和跨校园合作机会的必要性，并将其视为组织使命的本质部分。哈佛大学前校长德里克·博克（Derek Bok）认为开展跨学科活动是大学健康发展的体现。② 上层跨学科理念的关键在于营造一种鼓励师生跨学科合作的组织氛围。其次，跨学科理念的制度化，形成跨学科制度文化。跨学科理念属于精神文化的范畴，文化通过制度落实。正如布鲁恩（Bruhn）所言："理想的跨学科文化应为教员跨边界合作提供必要的资源、奖励和管理激励。"③ 美国研究型大学正是制定了跨学科教师聘任、职称晋升、科研资助、成果认定等一系列跨学科制度，用以引导、规范组织成员的行为方式。跨学科制度体系的完备促使跨学科制度文化生成，制度文化是虚体精神文化转化为实体文化的中介，是组织成员跨学科行为文化得以贯彻的保证。再次，组织成员对跨学科理念及制度文化的认同，内化的跨学科行为模式催生跨学科行为文化。对于学科文化占先导优势的研究型大学而言，开展单一学科内的研究与教学是教师普遍的行为模式。而跨学科行为是组织成

---

① Julie Thompson Klein, *Creating Interdisciplinary Campus Cultures*: *A Model for Strength and Sustainability*, Jossey-Bass, 2010, pp. 181 – 182.

② Michael Harris, "Interdisciplinary Strategy and Collaboration: A Case Study of American Research Universities", *Journal of Research Administration*, 2010, 41（1）, pp. 22 – 34.

③ John G. Bruhn, "Beyond Discipline: Creating a Culturefor Interdisciplinary Research", *Integrative Physiological and Behavioral Science*, 1995, 30（4）, pp. 331 – 341.

员对大学跨学科理念及跨学科制度文化认同与内化的结果，逐步演变成研究型大学管理者的跨学科管理行为模式、教师的跨学科研究与教学行为模式、学生的跨学科学习行为模式。美国研究型大学跨学科理念（精神文化）、跨学科制度文化和跨学科行为文化犹如一个连续体，跨学科理念及跨学科制度文化对跨学科行为的推崇，使组织成员广泛认识到大学对跨学科活动的重视与支持，[①] 三种跨学科文化构件经由自上而下渐次生成，最终构建起跨学科文化。

五　组织变革视域下大学跨学科研究组织变革的机理

现代学术问题、社会问题、技术问题、经济问题愈发复杂，前沿领域与尖端领域的突破超出了单一学科的研究范畴，往往涉及不同的学科，要求综合的方法和技术合作，因此，跨学科研究的重要性愈加彰显。[②] 盘点当前的研究景象可知，时下众多研究热点议题均具有跨学科属性，诸如纳米技术、基因组学和蛋白质组学、生物信息、神经系统科学、冲突、恐怖主义等。跨学科研究通过学科间的对话与联结提供了一种生产新知识的重要程式。[③] 根据对诺贝尔自然科学奖的统计发现，2001 年至 2008 年间近 70% 的获奖成果为跨学科研究的成果。[④] 跨学科研究已成为重大前沿科学研究的重要范式。近年来，随着"双一流"建设的推进，国家政策层面对学科交叉的重视程度日益提升，在《统筹推进世界一流大学和一流学科建设实施办法》《关于高等学校加快"双一流"建设的指导意见》中均强调要面向国家重大战略需求及全球

---

① The Office of the Provost of Michigan State University, *Creating a Culture for Interdisciplinary Research at MSU*, https：//provost. msu. edu/documents/Interdisciplinary%20Culture%20Final. pdf.

② ［美］朱丽·汤普森·克莱恩：《跨越边界——知识·学科·学科互涉》，姜智芹译，南京大学出版社 2005 年版，第 7 页。

③ The National Academies, Facilitating Interdisciplinary Research（Washington D. C. ：The National Academies Press, 2005），pp. 16－17.

④ 陈其荣：《诺贝尔自然科学奖与跨学科研究》，《上海大学学报》（社会科学版）2009年第 5 期。

科技前沿，加强学科交叉融合与协同创新；围绕重大项目及重大研究问题组建学科群。然而，现实中我国大学跨学科交互的实践进展缓慢，尚处于探索期。部分学者对大学跨学科研究开展的现实困境进行了论析，主要涉及人员合作与资源共享等组织障碍[①]、考核评价等管理制度冲突[②]、学科文化的封闭性制约[③]。究其根本原因，我国大学基层学术组织结构仍由传统单一学科组织所主导，学术部落及其领地林立[④]，跨学科研究活动缺乏跨学科研究组织载体的保障，与跨学科研究组织相伴生的制度、文化亦未生成。因此，如何突破既有的学科组织架构创新跨学科研究的组织形式，成为促进学科交叉融合、保障跨学科行为的关键。国外大学跨学科研究组织发展已有百余年历史，组织形式多样且发展臻于成熟。国外大学跨学科研究组织发展的实践历程表明，大学跨学科研究组织的创设是大学在内外部因素综合作用下进行组织变革的产物。鉴于此，本研究将基于组织变革的理论视域探析国外知名大学创新跨学科研究组织的路径为何？创新了何种形式的跨学科研究组织？不同形式的跨学科研究组织是如何运行的以及具有哪些共性特征？通过回答上述问题，以期为我国大学创新跨学科研究组织形式并健全运行机制提供相应参照。

（一）大学跨学科研究组织变革的机理

大学的运转以知识为纽带，通过知识的传播、生产与转化发挥大学的各项职能。大学作为知识生产的首要阵地，其知识生产模式随着社会

---

① 杨连生等：《跨学科研究组织发展的现实困境与突破路径》，《中国高等教育》2011年第7期；陈何芳：《论我国大学跨学科研究的三重障碍及其突破》，《复旦教育论坛》2011年第1期；许日华：《高校虚拟跨学科组织：研究缘起、内涵及建构》，《高校教育管理》2015年第5期。

② 刘小鹏：《高校跨学科研究机构的动态管理机制》，《研究与发展管理》2014年第5期；申超：《供给不足与制度冲突——我国大学中跨学科组织发展的新制度主义解析》，《高等教育研究》2016年第10期；赵文平：《我国大学跨学科研究的障碍与对策研究》，《学位与研究生教育》2006年第3期。

③ 王建华等：《跨学科研究：组织、制度与文化》，《江苏高教》2014年第1期。

④ Tony Becher, Paul Trowler, *Academic Tribes and Territories: Intellectual Enquiry and the Cultures of Discipline*, Buckingham: Open University Press, 2001, pp. 44 – 46.

需求与知识形态的变化而发生转变。吉本斯认为，传统上以单一学科研究为核心的知识生产模式 1 已无法满足社会需求，应创建一套新的知识生产模式以契合知识社会的需求。① 以学科合作为基础、跨学科研究为重点的知识生产模式 2 应运而生。与知识生产模式 1 相较，知识生产模式 2 更强调知识的跨学科性以及知识生产主体的多元化，即非大学场所也参与到知识生产的过程中。② 长期以来，大学近乎是垄断性的知识生产机构，在知识生产模式转变的趋势之下，大学需对传统学术组织及其结构进行变革，创设新型学术组织，以寻求在新知识生产模式下维系知识生产的优势地位。跨学科研究组织便是知识生产模式 1 过渡到知识生产模式 2 大学组织变革的结果。根据勒温（Lewin）的组织变革三阶段理论，可将大学跨学科研究组织变革视为一个动态的发展过程，其变革过程经历了"解冻（Unfreezing）—变革（Changing）—再冻结（Refreezing）"三阶段。③ 首先是"解冻"过程，知识生产模式的转变促使大学逐步意识到原有单一学科组织研究的局限性，大学对既有的学科组织结构进行解构，构思建立新形式的研究组织支持跨学科研究。其次是"变革"阶段，大学破除原有单一学科组织结构的弊端，在校内建立形式多样的跨学科研究组织开展跨学科研究；"再冻结"则处于组织变革的最后阶段，是指大学采取措施将新成立的跨学科研究组织运行模式固定，强化组织行为，保证组织健康稳定运行。勒温的组织变革过程理论体现出大学跨学科研究组织发展的动态变革与静态稳固相结合的特点。大学在觉察到单一学科组织研究的瓶颈后，对大学学科组织进行重构，建立形式多样的跨学科研究组织，之后将跨学科研究组织"再冻结"，建立维系组织生存、促进组织健康运行的机制，固化跨学科研究组织行为，稳固跨学科研究组织成果。"解冻"过程用于解构森严的组织壁垒，创造变革的动力，在此基础上，"变革"过程实施组织变革，前两个阶段共同致力于组织形式的创新。"再冻结"阶段则是新创的跨学科

---

① ［英］迈克尔·吉本斯等：《知识生产的新模式：当代社会科学与研究的动力学》，陈洪捷等译，北京大学出版社 2011 年版，第 11—26 页。
② 贾东荣：《转型、竞争与新型大学发展》，知识产权出版社 2018 年版，第 175—178 页。
③ 马作宽：《组织变革》，中国经济出版社 2009 年版，第 39—40 页。

研究组织形式制度化的过程。莱维特（Leavitt）指出组织的系统变革涉及四个要素，即组织任务变革、技术变革、人员变革与结构变革。[1] 由于莱维特系统模型多用于分析社会组织变革，而大学跨学科研究组织作为一个知识生产型组织，与企业组织存在显著差异，因此莱维特组织变革的四个维度并不完全适切于大学跨学科研究组织，如组织技术变革侧重于改造组织运行的技术装备和工艺方法，其在大学学术组织变革中并非主导性因素。同时，莱维特亦忽视了组织文化变革的重要性。组织文化作为组织成员共享的认知、信念与价值观，同样是影响组织运行的重要因素，科特（Kotter）在其组织变革模型中指出变革后的组织应摆脱原有组织文化束缚，将新行为强化在组织文化中。[2] 本研究综合莱维特组织系统变革与科特组织变革的文化因素，从四个维度分析"再冻结"大学跨学科研究组织并使其稳固运行的机制：一是组织目标，组织任务变革是大学跨学科研究组织建立新的组织目标，更新组织发展战略规划；二是组织架构，结构变革系大学打破学科壁垒，在原有的学术组织上进行变革，将各类学科有机衔接起来建立跨学科研究组织，调整大学内部机构设置、权责体系等；三是组织制度，组织制度变革是跨学科研究组织可持续运行的保障，其作用无异于技术变革对于企业的重要性，

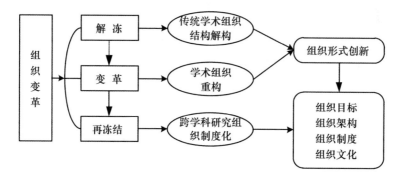

图 4 - 1　大学跨学科研究组织变革机理

---

① 余伟萍：《组织变革战略性 ERP 价值实现的保障》，清华大学出版社 2004 年版，第 4—5 页。

② 潘永明、毕小青、杨强：《管理学》，上海财经大学出版社 2018 年版，第 206—207 页。

主要涵盖资源配置机制、人员安排、评估机制等方面，构建一套适用于跨学科研究组织运行的制度体系；四是组织文化，改革组织的物质文化、制度文化、行为文化与精神文化，培育组织成员的共同价值观，提高成员对跨学科研究组织的认可度与满意度。

（二）大学跨学科研究组织形式创新路径

跨学科研究组织是大学汇聚不同学科人才共同开展跨学科研究、培养跨学科人才的重要基地。大学跨学科研究组织起源于美国，二战期间，美国政府资助大学成立国家实验室，借助大学力量开展跨学科研究，目的在于研发雷达等先进设备以满足国家的战时军事需求。鉴于大学跨学科研究在战时的巨大贡献，战后联邦政府机构加强了对大学跨学科研究的资助力度。众多大学为争取研究资源、提升科研竞争力，主动打破学科边界，构建了不同形式的跨学科研究组织，推进大学跨学科活动开展。20世纪下半叶是国外大学跨学科研究组织的快速发展期，正如查尔斯·赖默特所指出的，在20世纪后半期学科交叉由处于学术机构的"隐结构"（Shadow Structure）进入"显结构"（Surface Struc-

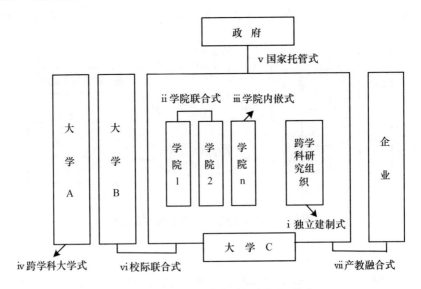

图 4-2　国外大学跨学科研究组织形式

ture)。① 发展至今，国外大学创建了形式多样的跨学科研究组织，跨学科研究组织形式达致成熟。国外大学主要通过"大学内构"与"大学外拓"两种路径创建跨学科研究组织。前者是指一所大学通过整合内部多学科资源而建构的跨学科研究组织，后者是指大学拓展外部合作利益相关者，与校外机构共同组建跨学科研究组织（如图 4 - 2 所示）。

本章小结

本章基于组织行为学的视角，从组织行为的组织环境、组织决策、组织结构和组织文化四个维度研析美国研究型大学转向跨学科发展的组织行为。组织环境由外部动力机制和内部动力机制共同构成。作出切实推进跨学科行为的组织决策则主要依凭大学校级管理支撑、人力资源管理制度的创新和资源配置制度的调整与创制。将跨学科发展纳入其组织战略后，美国研究型大学主要通过增量模式和变革模式进行组织结构的创新与调整。增量模式是指在校级层面创建虚拟跨学科组织与实体型跨学科组织，变革模式是指在院系层面采用矩阵组织结构。组织文化方面则依靠自上而下形成并传递跨学科理念以及形成跨学科制度文化从而促进跨学科文化的形成。大学跨学科研究组织的变革经历了"解冻—变革—再冻结"三阶段，其中"再冻结"包含组织目标、组织架构、组织制度和组织文化四个维度。国外大学通过"大学内构"和"大学外拓"两种路径创建了形式多样的跨学科研究组织。

---

① Klein J. T. , Gagnon P. , "The State of the Field: Institutionalization of Interdisciplinarity", *Issues in Interdisciplinary Studies*, 2013, 31, pp. 66 - 74.

第五章　国外大学跨学科研究组织形式创新路径及其运行机制

　　跨学科研究组织作为实施跨学科研究、培养跨学科人才的重要基地，是汇集不同学科人才合作解决社会复杂问题与科学难题的主要场所，其发展形式也逐渐受到国内外大学的广泛关注。跨学科研究最初起源于国外，第二次世界大战期间，美国政府借助大学力量开展跨学科研究，目的是研发武器以满足国家战时军事需求。当时美国政府为激励大学将研究重点集中在军事武器研究上，以资助实验室的形式托管大学成立跨学科研究组织，即"国家托管实验室式"跨学科研究组织。此后，众多大学开始意识到跨学科研究的必要性，提出大学需要不同学科的研究者通过合作开展科学研究，于是诸多大学开始打破学科边界，构建不同类型的跨学科研究组织，以跨学科合作形式开展研究。近年来，国外大学跨学科研究进入飞速发展阶段，大学不断创新跨学科研究组织形式，其发展形式日渐多元化，主要通过"大学内构"与"大学外拓"两种路径创建跨学科研究组织。"大学内构"路径具体又可以分为校内独立建制式、学院联合式、学院内嵌式和跨学科大学式四种跨学科研究组织形式。"大学外拓"路径包含了校际联合式、国家托管实验室式和产教融合式三种形式。由于各大学致力于发挥跨学科研究的最大效用，实现科学技术难题重大突破及社会现实问题解决，大学在校内不断尝试建立不同类型的跨学科研究组织，一所大学可能涵盖了多种形式的跨学科研究组织。例如，斯坦福大学拥有18个跨学科研究中心、跨学科研究实验室，这些研究中心、跨学科研究实验室囊括了多种类型的跨学科研究组织，如经济政策研究所属于大学校内独立建制式跨学科研究组织，Bio-x 跨学科研究组织、伍兹环境研究所则是学院联合式跨学科研究组织。麻省理工学院打破传统学院学科壁垒，创新跨学科研究组织发展形式，如学院联合式跨学科研究组织有生物技术处理工程研究中心，环境科学卫生中心则属于学院内嵌式跨学科研究组织，国家托管实验室式跨学科研究组织则有林肯实验室等。多种类型的跨学科研究组织各展所长，在丰富大学的跨学科研究内容的同时也促进了大学跨学科研究的发展。

　　本章以多案例研究的方式，分别选取 2 至 3 个案例对每一种类型的跨学科研究组织进行分析，选取的案例在组织发展与运行方面取得了良好成效。由于影响跨学科研究组织发展的因素并不单一，因此从组织变革的运行机制影响因素角度考虑，通过对不同类型的跨学科研究组织的动力与目标、架构、管理与文化进行分析，得出大学跨学科研究组织运行特征。在具体分析跨学科研究组织影响因素时，发现上述四个要素之间存在着"环环相扣"的联系。首先，外部社会驱动着大学进行跨学科研究，大学内部学科发展的实际需要亦促使大学进行学科变革，在二者共同作用下，大学产生了跨学科变革的动力。其次，大学在校内提出有关大学跨学科研究的目标，根据目标的不同建立起形式多样的跨学科研究组织，组织架构形式也各有不同。之后，跨学科研究组织根据自身实际情况，创新跨学科研究组织管理方式，制定配套的跨学科研究组织运行制度。最后，根据跨学科研究组织架构与运行机制的不同，培育适合组织的跨学科文化，使整个跨学科组织系统能够顺利运行。

一　"大学内构"路径创生的跨学科研究组织形式及其运行机制

　　"大学内构"路径是一所大学在其内部逾越学科界限并整合资源构建跨学科研究组织的方式，不涉及本大学以外的组织机构。该路径下主要创建有校内独立建制式、学院联合式、学院内嵌式与跨学科大学式四种形式的跨学科研究组织。

(一) 校内独立建制式跨学科研究组织及运行机制分析

大学传统上盛行的学术组织（学院）往往建基于单一学科，这些学术组织间的壁垒犹如无形的屏障阻碍着跨学科研究活动的开展，而跨学科研究则需要不同学科研究人员共同协作以实现理论与技术的新突破。为摆脱传统学术组织的限制，诸多大学优先采取避免与传统学院产生冲突的策略，整合校内学科资源构建独立建制式的跨学科研究组织，如宾夕法尼亚州立大学的社会科学研究所（Social Science Research Institute）、斯坦福大学的经济政策研究所（Institute for Economic Policy Research）、哈佛大学的干细胞实验室（Stem Cell Research）、加州大学伯克利分校所创建的定量生物医药研究院（Institute for Quantitative Biosciences）等。此类跨学科研究组织属校级机构，由学校统筹规划，独立于传统学院之外运行，通常由大学主管科研的副校长或教务长负责跨学科研究组织的管理工作。在大学跨学科发展早期，逾越根深蒂固的学科界限并非易事，而独立建制式跨学科研究组织是绕开既有学科组织结构限制的首选方式，因此，独立建制式跨学科研究组织发展起步早，成为大学在跨学科发展初期乃至当前所普遍采用的重要组织形式。独立建制式跨学科研究组织一般聘有专职的跨学科教学科研人员，这些人员不归属于任何学院，其考核管理由跨学科研究组织自行安排，可以避免聘请来自其他学院的教学科研人员作为兼职人员参与跨学科研究所可能产生的管理冲突。

大学跨学科研究需要来自不同学科、具有创新精神的研究人员共同参与，协同创造新知识和研究成果来实现科学技术新突破。然而，大学在传统学院层面建立的跨学科研究组织在资源分配、人员安排上易与传统学院产生冲突，各学院倾向于从自身利益出发，偏向在学院内开展单一学科研究，制约着成员开展跨学科研究的热情与积极性。在此背景之下，许多大学采取"绕行"的策略，即尽量不触及传统学院利益，在校内整合资源搭建新型跨学科研究平台——校内独立建制式跨学科研究组织。组织由大学单独提供科研资金与设备，招聘新的教师与研究人员，减少与既有学院之间的冲突。大学校内独立建制式跨学科研究组织的特点在于：组织可以有效避免传统学院行政管理与单一学科的弊端，整合高校内部资源开展跨学科研究。国外大学建立校内独立建制式跨学科研究组织发展时间较早，因此组织运行比较成熟，是大学普遍设立的跨学科研究组织。

1. 组织动力与目标

二战后，各国为了增强本国科研实力，不断加大对大学的科研投入，推动跨学科研究发展。政府通过投入科研经费的方式支持大学进行跨学科研究，是大学跨学科研究组织建立的重要推动者，如美国国家科学基金会制定跨学科研究计划，以经费资助形式支持大学建立跨学科研究组织。除经济援助外，政府还出台一系列跨学科研究法律法规，保障大学跨学科研究组织的合法权益。政府的经费扶助与政策支持极大促进了大学校内独立建制式跨学科研究组织的发展，推进了大学跨学科研究的开展。此外，社会复杂问题层出不穷，科学前沿问题等依靠单一学科研究已无法解决，社会及学界亟须新的技术和知识突破这些困难。部分企业将希望寄托于大学，希望大学通过将科研成果转化为实际应用，推动企业发展。在此背景之下，大学为获得更多的政府以及企业资助，主动回应社会需求，抓住发展机遇积极开展跨学科研究。然而，当时大学开展新的跨学科研究存在着诸多不利因素，如传统单一学科学院的主要任务在于开展单一学科教学与研究，鲜有涉足跨学科领域，其规章制度不适用于跨学科研究组织发展等。诸多大学为突破障碍，另辟蹊径，在校内单独建立跨学科研究组织。斯坦福大学经济政策研究所作为斯坦福大学校内独立建制式跨学科研究组织之一，是美国大学较早设立的校内独立建制式跨学科研究组织，发展较为成熟。宾夕法尼亚州立大学作为美国公立研究型大学，为了实现聚集校内资源开展跨学科研究的愿景，大学选择在校级层面建立六个跨学科研究所开展跨学科研究，这些研究所与传统学院并无联系，直接由学校负责科研的副教务长统筹安排工作，社会科学研究所便是其中一个，该组织成立的目的在于解决与社会发展相关的难题，为社会提供服务。这些校内独立建制式跨学科研究组织在发展规划与目标上强调开展跨学科研究需要围绕新兴研究领域聚集不同学科研究者，为社区以及整个社会服务，如哈佛大学干细胞研究所在组织发展使命中指出致力于实现干细胞科学和再生医学的研究，加强与医院、企业之间的合作，推进干细胞生物学的研究，促进人类健康发展。① 宾夕法尼亚州立大学社会科学研究所则希望通过跨学科研究为社区提供咨询服务，将知识转化为政策和方案，解决地方、国家以及国际社会问题。②

2. 组织架构

大学校内独立建制式跨学科研究组织为突破传统学院开展跨学科研究的局限，以跨学科研究为核心整合大学资源，在校级层面成立跨学科研究组织，充分发挥大学学科门类齐全、人才聚集和科研设施完善的优势，承担起开展跨学科研究、提升学校科研实力的责任。大学校内独立建制式跨学科研究组织由大学直接提供科研资助，不需要与校内其他研究组织分配资源，其组织管理皆由校级领导负责，如负责管理科研的副校长或教务长统筹校内独立建制跨学科研究组织发展。在组织形式上，一般以跨学科研究中心、跨学科研究所的形式呈现（如图 5 - 1 所示）。这些研究组织虽与其他跨学科研究所、传统学院进行合作，如从传统学院抽调学生与教师开展跨学科研究，但实际上并不隶属于任何学院，其发展亦不受传统学院束缚以及单一学科限制，而是充分聚集学校资源，自行管理与安排跨学科研究相关事宜，根据学校重点研究方向或科研热点开展跨学科研究，组织具有较高的灵活性。此外，在大学校内独立建制式跨学科研究组织内部，根据研究方向不同设立了多个跨学科项目小组、跨学科课题组，如宾夕法尼亚州立大学社会科学研究所下设有教育差异研究中心（Center for Educational Disparities Research）、军事家庭准备信息中心（Clearinghouse for Military Family Readiness）、儿童虐待解决方案网络中心（Child Maltreatment Solutions Network）、计算和空间分析中心（Computational and Spatial Analysis Core）、人口研究所（Population Research Institute）、宾夕法尼亚州联邦统计研究数据中心（Federal Statistical Research Data Centers）等一系列研究小组，每个跨学科研究项目

---

① Harvard Stem Cell Institute. About Us，https：//hsci. harvard. edu/about.

② Social Science Research Institute. About SSRI，https：//ssri. psu. edu/about.

小组研究侧重点各有不同，共同朝着跨学科研究组织目标前进。[①]

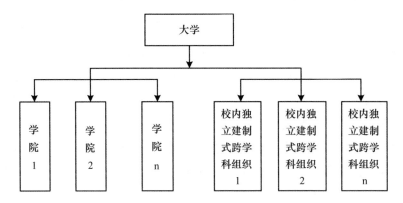

图 5 - 1 校内独立建制式跨学科研究组织架构

3. 组织管理

大学校内独立建制式跨学科研究组织围绕跨学科研究目标，将研究资源和人才进行有效整合并开展研究，其有效管理与运行离不开行政管理、资源资助、人员安排以及评价方式等因素影响，这些因素相互作用，共同构建起跨学科研究组织交流平台，保证跨学科研究的顺利开展。

在行政管理方面，大学校内独立建制式跨学科研究组织一般由大学负责科研的副校长办公室或教务长办公室统筹管理，主要为跨学科研究组织分配科研资金，安排跨学科研究中心的学术与研究活动，对跨学科研究组织进行评估考核等，这种单独管理的方式可以避免跨学科研究组织与其他机构在行政管理上产生冲突。在校内独立建制式跨学科研究组织内，通常采用主任负责制管理方式，组织内设有一名主任与一名副主任，负责整个跨学科研究组织的人事安排、财务管理与设备使用等。哈佛大学干细胞研究所内设有两名科学主任和一名执行主任，科学主任职责在于管理组织学术工作，执行主任承担研究所的战略发展规划与管理

---

① SSRI Institutes and Centers. Social Science Research Institute，https：//ssri. psu. edu/institu-tes-centers.

的责任，二者互相配合，共同管理整个研究所的运行与发展。① 跨学科研究组织内设有多个项目小组，由项目负责人安排各自分项目的研究进程，负责人需要对跨学科研究组织主任负责。另外，校内独立建制式跨学科研究组织一般设有委员会与董事会等，为跨学科研究组织的咨询与决策提供帮助。如斯坦福大学经济政策研究所设有三类委员会：一是咨询委员会，主要负责为经济政策研究所制定研究目标与长期发展规划，并对其发展进行监督和评价；二是高级研究人员委员会，委员会成员来自大学学术委员会，主要任务在于为跨学科研究所招募新成员，制定学术研究评价标准，同时也积极参与到研究与管理当中，以实际措施为跨学科研究提供学术与人才支持；三是指导委员会，成员由斯坦福大学教师构成，他们在经济与政策研究方面具备丰富的经验，其中不少成员曾担任过地方、州或联邦政府的官员、顾问等，职责在于为研究所发展出谋划策，指导跨学科研究和学术相关事务。② 这三类委员会分工合作，致力于为经济政策研究所管理与运行提供咨询与建议。此外，宾夕法尼亚州立大学社会科学研究所内设有董事理事会、院长理事会等，对社会科学研究所的发展情况进行评估。

在资源配置方面，校内独立建制式跨学科研究组织的经费通常由政府与企业资助，大学科研预算办公室也会分配一定比例的资金用于跨学科研究组织开展研究。由于美国诸多大学具备浓厚的慈善捐赠氛围，校友的个人捐赠亦是大学科研经费的重要来源之一，如哈佛大学干细胞研究所除了接受国家基金会的资金资助外，也有企业以及个人的捐赠作为补充，研究所充分利用这些资源探索跨学科研究。③ 在具体安排上，一些大学在校内成立基金会，跨学科研究组织以项目申请形式从学校获取资源，组织将资源合理分配到不同的跨学科研究方向上。如宾夕法尼亚州立大学社会科学研究所设立英联邦校园研究合作发展研究金计划（Commonwealth Campuses Research Collaboration Development Fellowship

---

① Harvard Stem Cell Institute. Leadership, https：//hsci. harvard. edu/leadership.

② SIEPR. Governance, https：//siepr. stanford. edu/about/governance.

③ Harvard Stem Cell Institute. About Us, https：//hsci. harvard. edu/about.

Program），研究人员通过申请该计划以共享大学设施设备，此外，组织内还制定了社区研究方案，研究人员在确认参与项目后可以申请社区合作基金①，这些项目研究基金为跨学科研究人员开发项目提供充足的资金支持，提高了研究人员跨学科研究的积极性，促进了跨学科研究的发展。

在人员安排方面，大学校内独立建制式跨学科研究组织成员一般由教师、学生、研究人员、行政人员构成，其中专职研究人员在整体成员中占据主导地位。斯坦福大学经济政策研究所内拥有 74 名高级研究人员，其中大部分属于斯坦福大学的终身教授，这些研究人员具备丰富的学科知识和研究实践经验，是跨学科研究组织的技术支持力量，有助于跨学科研究组织的知识生产。跨学科研究组织通常还设有行政管理与辅助人员，由他们负责安排组织人事、设备使用等相关事宜，是跨学科研究组织的后备人力资源。由于校内独立建制式跨学科研究组织也承担着培养跨学科人才的任务，组织内除研究人员与行政人员外，还有一定数量的教师与学生，以开设跨学科课程、开展跨学科研究等形式推进跨学科教育，为大学培育跨学科本科生、研究生，帮助大学获得跨学科研究的可持续发展力量。在教师聘任方面，校内独立建制式跨学科研究组织一般由学校独立聘任跨学科研究人员，这些研究人员不隶属于任何学院，其晋升与评价也由学校安排，可以有效避免与其他学院教师晋升产生冲突。组织内还包括从不同学院抽调人才，这些来自不同学院的兼职教师，其晋升与评价仍由原有学院负责，可以有效规避教师成果署名纠纷、利益分配不均等问题。

在评价机制上，校内独立建制式跨学科研究组织一般采取"外部评价"与"同行评价"二者结合的方式评价研究成果。在同行评价方面，大学内设有学术委员会，其成员为相关学科资深专家，他们从学科角度判定研究成果的学科价值。外部评价方面，则由大学董事会负责，其成员既包括学术专家、校内行政人员，亦包括社会知名企业家与风险投资家，这些专家通常利用自身专业知识，从科研成果应用角度对项目进行

---

① Social Science Research Institute. Funding Mechanisms, https：//ssri. psu. edu/funding.

评价。由于跨学科研究通常汇聚了多个学科的知识，学校内难以找到真正意义上的"跨学科同行专家"，大多数同行评议者只能从某一学科角度对研究成果进行评价，缺乏综合评价，而外部专家评议可以弥补这一不足，以外部视角对研究成果进行整体评价，因此，组织采取同行评议和外部评价相结合的方式，可以最大程度上保证跨学科研究成果评价结果客观公正合理。

4. 组织文化

大学校内独立建制式跨学科研究组织发展历史悠久，是跨学科研究组织的典型代表，其组织文化一般以大学发展理念与规划、教师与学生交流活动、学术交流活动、跨学科教育等形式构建。一是大学理念与学校发展规划，校内独立建制式跨学科研究组织是大学受外部社会环境驱动以及在学校政策倡导下建立，因而众多大学秉承实用主义理念，在学校使命与长期发展规划中强调学科交叉、开展跨学科活动，校内形成浓厚的跨学科交流氛围。二是教师与学生交流活动，教师与学生作为大学核心群体，师生学术研究与交流方式等是大学校园文化的重要体现，师生们在跨学科研究组织内学习与开展研究，在共同的学习环境下形成共同的价值追求，此外其跨学科思维方式也是跨学科文化的一部分。三是大学内开展的全校学术交流活动也有益于形成跨学科文化。大学举办一些全校范围内的学术交流活动，邀请不同学院的师生、社会企业家参与，学者之间通过学术交流增进对其他学科知识的了解，培育跨学科文化。校内独立建制式跨学科研究组织内经常举办跨学科学术交流活动和研究会议，加强研究人员之间的交流和合作，帮助研究人员获得组织归属感与认同感。四是跨学科教育也是塑造跨学科文化的重要方式，组织内通过开设跨学科课程融合不同学科的思想与理念，在课程开展过程中将跨学科意识渗透到师生思维中，增强师生对跨学科研究组织的认同感，学生在接受跨学科知识的同时拓宽了自己的学术视野，形成了跨学科文化。

（二）学院联合式跨学科研究组织及运行机制分析

发展跨学科并非要使学科消亡，相反，跨学科是以学科为基础的。

这也是缘何跨学科发展至今，仍有不少大学的学院依然是单一学科性质。但学科结构相对单一制约着学院跨学科研究活动的开展，为突破这一困境，大学学院间常选择建立学院联合式跨学科研究组织。这类组织横跨不同学院，聚拢相关研究人员开展跨学科研究，以求突破科学前沿问题以及解决社会实践问题。典型代表有麻省理工学院生物技术处理工程研究中心（Biotechnology Process Engineering Center）、麻省理工学院计算机科学与人工智能实验室（Computer Science & Artificial Intelligence Lab）、宾夕法尼亚州立大学艺术人文研究所等。学院联合式跨学科研究组织通常从两个及以上学院（学科）遴选人员协同开展跨学科研究、共享资源，如参与合作的学院联合共享科研设备，如此既可以节省稀缺的科研资源，亦可以使科研设备效用最大化。学院联合式跨学科研究组织的教学科研人员由原属学院管理，其职称评定与晋升等由原属学院负责，教师既需要完成原属学院的工作，同时承担跨学科研究组织的教学科研任务。学院联合式跨学科研究组织是大学内部单一学科性质学院之间协同开展跨学科研究的常见组织形式。

大学跨学科研究组织是突破传统学院限制、在学科之间进行交叉组合形成的研究组织，其最大特征为学科交叉性。然而，当今大学学院一般建立在单一学科基础上，其发展与运作都以单一学科为核心。为了打破这种单一学科的发展局限，众多学者选择与其他学院的学者进行研究合作，建立一些跨学科研究课题组。这些课题组主要以项目为导向开展跨学科研究，课题组在项目结束后解散，之后可根据新项目安排形成一个新课题组。在此背景下，大学注意到不同学科交流、跨学科合作的必要性，提出大学在不打破学院学科结构的基础上，建立学院联合式跨学科研究组织。这类组织以跨学科研究为核心，以突破科学前沿问题、解决社会实践难题为导向，分工协作开展跨学科研究，加强不同学院之间的合作。学院联合式跨学科研究组织的特点在于：它以跨学科研究为发展核心，目的在于开展跨学科研究以解决复杂难题，其组织并未将学院组织进行分割，只是从不同学院系科抽调研究人员协作完成研究。这类组织灵活性强，根据研究项目聚集在一起，无需大学单独聘任新的研究人员，其研究设备通常由学院提供，为大学科研节省人力资源与研究设备成本。学院联合式跨学科研究组织现已成为大学比较常见的跨学科研究组织。

1. 组织动力与目标

由于社会复杂问题、科学前沿议题通常超出了单一学科研究的问题解决能力范畴，研究者意识到必须通过学科交流与合作来解决问题。部分研究者出于共同兴趣及研究需要，选择与其他学院不同学科的教师进行合作，通过组建跨学科课题组探讨科研问题。最初，这些跨学科研究团队属于自发组织，仅仅将不同学科的研究人员聚集在一起探讨社会发展、科技创新等问题，大多数组织属于非正式组织，尚未形成良好发展机制，组织内无固定经费支持和学术资源，在学术安排、人员安排、成果评价、知识成果转化等方面管理不完善，团队运作上也存在障碍，阻碍了跨学科研究的发展进程，学校急需制定相关规章制度来有效管理跨学科研究组织。之后，大学也意识到跨学科研究将会成为未来科学研究发展的重要趋势，提出要发挥大学人才和资源集中优势，加强不同学科间的合作，推动跨学科研究发展。于是，许多大学在校内成立学院联合式跨学科研究组织，打破传统单一学科界限，将分散在不同学院的研究者召集起来，围绕共同的研究方向与主题，以跨学科研究中心、跨学科研究实验室、跨学科研究所等形式呈现，目的在于开展跨学科研究、培育跨学科人才。学院联合式跨学科研究组织自建立后，便肩负起开展前沿研究、解决困扰人类发展难题的使命，不仅致力于在学术研究方面贡献力量，也在不断活跃整个大学的跨学科研究氛围。麻省理工学院计算机科学与人工智能实验室将组织目标分为两个层面：一是学校层面，跨学科研究实验室致力于开展计算机方面的技术研究，加强学生、教师与工作人员之间的协作联系，探索新的跨学科研究方法，为学校培育新一代的科学家与技术研究人员；二是社会层面，计算机科学与人工智能实验室以期在计算机领域有所建树，扩大人工智能在人类生活中的应用范围，改善人类的科技活动方式。[①] 其他学校学院联合式跨学科研究组织也提出需要在加强各学科沟通与合作、开展跨学科研究以及为社会服务

---

① 　MIT CSAIL. Mission & History, https：//www. csail. mit. edu/about/mission-history.

等方面作出努力。

2. 组织架构

学院联合式跨学科研究组织作为较常见的跨学科研究组织类型，其发展日益成熟。在组织架构上，学院联合式跨学科研究组织涉及两个或者两个以上学院参与，从不同学院与学科抽调教师组成研究团队，联合开展跨学科项目与课题研究。这类组织在不打破原有学院学科体制的基础上整合各学院的资源进行研究（如图 5-2 所示）。学院联合式跨学科研究在形式上，具体可以分为实体组织和虚拟组织两类，前者是大学在校内设有实体跨学科研究机构，设有专门的实验场地和工作场所，研究机构地点通常设立在多学科交汇处，便于不同学院的人员会合开展研究，这类组织研究人员相对稳定，适用于大型跨学科研究项目，研究人员可以长期合作开展跨学科研究。虚拟组织一般以跨学科研究课题组形式存在，利用网络设备将不同学院、学科研究者连接在一起，其组织发展与运行不受时间与现实场地的限制，组织比较灵活，通常以电子邮件、视频会议等形式开展研讨，可以节约学校资金与研究成本。[①] 在组织挂靠层面，一些学院联合式跨学科研究组织由多个学院共同参与，但组织不挂靠在任何学院名下，如麻省理工学院的生物技术处理工程研究中心（Biotechnology Process Engineering Center），将来自生物学、化学工程和数学、环境卫生等不同学科的研究人员聚集在一起，研究人员可以使用麻省理工学院相关学院的仪器设备，共同研究生物技术前沿难题。组织内专门设有行政管理人员，负责安排研究相关事宜。而其他学院联合式跨学科研究组织则是挂靠在某一学院，或是由某一学院牵头，其他学院研究者共同参与，如麻省理工学院的计算机科学与人工智能实验室即挂靠在工学院，相关合作学院学者参与到组织内共同研究计算机领域跨学科问题。

3. 组织管理

学院联合式跨学科研究组织的发展离不开科学的管理与制度安排，

① 许日华：《高校虚拟跨学科研究组织：研究缘起、内涵及建构》，《高校教育管理》2015 年第 5 期。

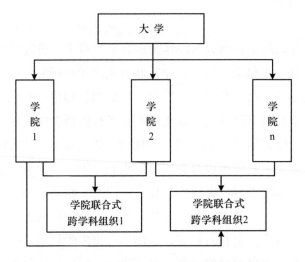

图 5 - 2　学院联合式跨学科研究组织架构

其中行政管理、资源配置、人员安排与教师聘任、评价机制等都是影响跨学科研究组织发展运行的重要因素，通过探索学院联合式跨学科研究组织高效管理的策略，推进跨学科研究高质量开展。

在行政管理方面，学院联合式跨学科研究组织通常采取主任负责制，由主任管理整个研究组织的发展，如麻省理工学院生物技术处理工程研究中心、计算机科学与人工智能实验室等都设有主任一职，这些主任不仅是相关学科的资深研究专家，同时在学院内兼任行政职务，既能把握学科研究发展前沿动向，也能利用行政管理经验协调相关学院之间的关系，有效管理研究组织。学院联合式跨学科研究组织内根据研究项目不同，设有各项目主任或负责人，他们需向研究组织主任汇报研究项目的进展与成果。另外，学院联合式跨学科研究组织内设有相关行政人员，负责处理跨学科研究组织的人事安排、日常事务等。跨学科研究组织管理环环相扣并相辅相成，构成权责明确的组织管理系统。学院联合式跨学科研究组织除了设有主任管理组织外，跨学科研究内部通常设有不同职能的委员会，如董事会、咨询委员会等。董事会属于组织决策部门，全权处理跨学科研究组织的决策问题。咨询委员会承担为研究组织提供咨询与协助的责任，宾夕法尼亚大学艺术人文研究所便设有研究所咨询委员会和教员咨询委员会，其委员会成员大多是社会知名的经济学者和本校资深教师，如主任罗杰·佩里是政治学博士，既具备丰富的专业知识，也是企业公司总裁，同时还兼任教育基金董事会成员职务。这些人员不仅能为跨学科研究组织提供资金上的帮助，其丰富的社会实践、学术研究经验等也能为跨学科研究组织的管理提供咨询与建议。①教员咨询委员会成员多是相关学科资深教授，他们掌握了学科发展动态以及科学前沿知识，可以为跨学科研究组织的研究项目与课题提出学术意见，构建起不同学科交流的桥梁。

在资源配置方面，由于政府、社会科研机构等重视大学跨学科研究的发展，大学在校内成立学院联合式跨学科研究组织后，外部机构通常以经费资助的形式支持跨学科研究组织的运行。美国国家科学基金会向美国2000多所大学、学院提供拨款，另外，基金会还以合作协议的形式支持大学建立跨学科研究组织开展研究，麻省理工学院生物技术处理工程研究中心便是受益者之一。学院联合式跨学科研究组织热衷于与其他跨学科研究组织、社会企业、政府等建立友好合作伙伴关系，加强组织内人员与其他组织机构成员的互动，接触外界新思想与科学技术，了解社会前沿发展方向，接受外界的慷慨赞助与支持。麻省理工学院计算机科学与人工智能实验室历年来与美国政府、社会企业建立良好合作伙伴关系，现与美国空军合作，制定了人工智能创新加速器计划，致力于在计算机智能方面实现重大突破。除社会投入与捐助外，大学也为学院联合式跨学科研究组织提供经费保障，如大学为学院联合式跨学科研究组织划拨专项研究资金，从各学院抽调出研究人员，为跨学科研究组织提供人力与物力上的保障，以此支持学院联合式跨学科研究组织的发展。此外，学校还设有研究人员补助金和奖学金计划，给予参与跨学科研究实践的研究人员经费补助，鼓励他们积极投入跨学科研究实践，如宾夕法尼亚大学艺术人文研究所设有人文艺术科学出版支持补助金（Arts and Humanities Publication Support Grant）、威廉 C. 星期五艺术与

---

① Institute for the Arts & Humanities. IAH Advisory Board, https: //iah. unc. edu/directory-who-we-are/iah-advisory-board/.

人文研究奖（William C. Friday Arts and Humanities Research Award）、国王学院基金（King's College Fund）、教师合作补助金等，研究人员可以根据自身参与跨学科研究情况申请相关资金补助与奖励基金，激发研究人员参与跨学科研究的热情。[①]

在人员安排与教师聘任方面，学院联合式跨学科研究组织内通常设有多个研究小组，各研究小组根据自身研究方向开展特色化跨学科研究。在小组人员构成上，每个研究小组内都由研究人员、教师、学生与行政人员构成，成员各司其职，共同促进跨学科研究组织的发展。由于学院联合式跨学科研究组织涉及多个学院、学科人员的参与，组织内吸引了大量来自不同学院的精英人才参与跨学科研究实践，麻省理工学院计算机科学与人工智能实验室作为学校最大的跨学科研究实验室，实验室内超过1/3的研究人员属于美国科学院成员，其中有九位研究人员曾获得图灵奖，三位内万林纳奖得主，八位麦克阿瑟奖获得者，其他许多研究人员也获得过全世界范围内最负盛名的奖项，这些优秀研究人员为跨学科研究提供了智力支持与人力资源保障。[②] 在教师聘任方面，学院联合式跨学科研究组织涉及多个学院成员的参与，这些教师通常在学院内拥有本职工作，同时也参与跨学科研究组织的科研任务，组织并没有改变教师的隶属关系，教师由原职能部门聘任以及管理。

在教师评价方面，由于学院联合式跨学科研究组织人员具有双重身份，人员评价也采取双重评价机制。一方面，教师在日常事务、职称评定与晋升等事项中需要接受原学院的管理与审核；另一方面，教师在科研工作中也要遵守跨学科研究组织的规定，其跨学科科研成果会纳入教师的考核之中。对于跨学科研究成果评估，大学专门制定了针对跨学科研究的科研手册，对跨学科研究中的成果评价、成果归属等作出规定说明，为跨学科实践活动提供了规范标准和行动指南，保证跨学科活动的有序展开。

---

① Institute for the Arts & Humanities. Grants & Awards, https://iah. unc. edu/faculty-resources/apply-for-a-grant/.

② MIT CSAIL. Notable Awards, https://www. csail. mit. edu/about/notable-awards.

4. 组织文化

学院联合式跨学科研究组织在不影响原有学院学科结构的基础上，从各学院抽调专业人员到组织中开展跨学科实践，组织在发展过程中，需要协调多个学科成员之间的关系，致力于建立跨学科研究组织文化。通过对麻省理工学院、宾夕法尼亚大学内的学院联合式跨学科研究组织进行分析，发现其组织文化一般通过以下几种形式构建：一是大学发展理念，麻省理工学院、宾夕法尼亚大学无论是大学发展理念与目标，抑或是学院联合式跨学科研究组织发展目标，都提出要重视学科交叉，鼓励不同学院的师生进行交流与合作，共同参与跨学科研究。二是在建筑设施中体现出学科融合理念，学院联合式跨学科研究组织一般设立在相关学院的交叉位置，在物理空间上缩短研究人员的交流距离，如麻省理工学院生物技术处理工程研究中心靠近生物学大楼，方便学院内参与跨学科研究实践的人员交流。[1] 另外，一些跨学科研究组织在建筑设计风格上别具一格，视觉上给予研究人员创新感，如麻省理工学院计算机科学与人工智能实验室采用倾斜塔楼设计，多角度的墙壁和不规则的形状可以激发研究者的创新思维，实验室内还设有餐厅、咖啡厅、礼堂与体育馆等，给予不同学科研究人员更多的思考交流空间。三是跨学科的课程设置，部分学院联合式跨学科研究组织内还开设相应跨学科课程，多个学科之间相互协作培育跨学科方面的人才，以知识创造形式凝聚跨学科文化。麻省理工学院计算机科学与人工智能实验室为研究人员提供跨学科教育课程，由实验室内的专家负责讲授，部分课程还通过斯隆管理学院、网上在线课程形式提供给学生与研究人员，他们通过学习不同学科知识，形成学科交叉思维与理念，利于组织构建跨学科文化。四是定期开展学术交流会，学院联合式跨学科研究组织通过定期开展学术交流会议，邀请不同学院的教授开设讲座，分享研究经验，研究人员在相互交流中拓展其他学科知识，有利于构建多学科交叉的学术共同体，促进跨学科文化的形成。

---

[1]　Biotechnology Process Engineering Center at MIT. Overview，http：//web. mit. edu/bpec/facilities/BPECfacilities. html.

（三）学院内嵌式跨学科研究组织及运行机制分析

面对日趋复杂的重大前沿及现实议题，诸多大学通过合并两个及以上单一学科学院组建或者新建具有跨学科属性学院的形式开展跨学科研究。这类学院自身即涵盖了多个学科，体现出学科交叉融合的特点。组建或新建而成的具备跨学科优势的学院为开展跨学科研究提供了便利，这类学院在其内部设立跨学科研究组织开展研究，如东京大学新建了跨学科学院———新领域创成科学研究生院（The Graduate School of Frontier Sciences），学院内设有生物健康运动科学研究中心、组学与生物信息学中心、生物图像中心、功能蛋白质组学中心等；[①] 哈佛大学的约翰·保尔森工程和应用科学学院在其内部成立了计算与社会研究中心，主要针对公共卫生领域开展跨学科研究。此类跨学科研究组织内嵌于某一具有跨学科属性的学院，学院凭借内部多学科资源的整合创设跨学科研究组织，学院内师生共同参与跨学科研究。跨学科研究组织的成员来自于学院，其聘任与晋升仍由学院管控，管理形式与单一学科学院并无太大差异，教员在跨学科研究组织内具有较强归属感。在世界知名大学学科交叉融合的"潮流"之下，学院内嵌式跨学科研究组织是大学变革松散学科组织结构、建构交互型学术组织的常用组织形式之一。

自二战结束后，美国政府意识到大学跨学科研究对于国家军事、社会发展的重要性，逐步增加对大学科研的支持力度。在此背景之下，众多研究型大学从联邦政府处得到大量资金资助，将跨学科研究纳入学校科研重点发展计划中，开展以问题解决为导向的跨学科研究，提升大学科研实力。一些大学从科研增长点、社会需求等角度考量，设置了一批交叉学科，如计算机科学、人工智能、生物工程等，这些学科设立之时便具有跨学科属性，涉及多个学科的交叉与融合，设立目的在于囊括不同学科知识，从多学科角度解决问题，培养跨学科应用型人才。与此同

---

① 邹晓东、陈艾华：《面向协同创新的跨学科研究体系》，浙江大学出版社 2014 年版，第 71 页。

时，大学在校内成立了一批新的学院，这些学院涵盖了不同学科，体现出学科融合与交叉的特点。一些大学在这类学院内设置跨学科研究机构，形成了学院内嵌式的跨学科研究组织，学院内的师生以跨学科形式参与教学与研究，突破了单一学科界限，推动知识创新，提升了学校跨学科研究水平。普林斯顿大学工程与应用科学学院内设有多个跨学科研究组织，如信息技术政策研究中心、材料科学与技术研究所、安定谔能源与环境研究中心（Andlinger Center for Energy and the Environment）、凯勒工程教育创新中心等，研究领域覆盖了生物工程与健康、能源与环境、材料科学与工程、城市发展规划、数据科学、机械与网络系统等六个方面。①

1. 组织动力与目标

学院内嵌式跨学科研究组织是在具有跨学科属性的学院内建立的一种跨学科研究组织，其组织建成得益于学校内外部的多方支持。在学校外部层面，政府意识到跨学科研究的重要性，期望大学能通过开展跨学科研究为国家和社会服务，是推动大学建立跨学科研究组织的主要外力。美国NSF在维持每年向大学单一学科进行定向资助的同时，也向新成立的跨学科组织提供经费和资源支持，支持大学建立新的学院以实施跨学科教育，促进跨学科研究和社会进步。麻省理工学院环境科学卫生中心长期接受来自国家环境卫生科学研究所的资助，参考国家环境卫生科学研究所的研究方向设置研究项目，致力于在环境卫生领域作出贡献。② 除政府推动外，基于现实难题层出不穷与亟待解决、科学前沿问题不断涌现，社会呼吁大学开展跨学科研究，大学以成立交叉学科学院、建立新型跨学科研究组织的方式来回应社会需求。在学校内部层面，学院内嵌式跨学科研究组织建立的最大动力来源于大学校级层面的支持，大学在见证国家托管跨学科实验室、校内独立建制式跨学科研究组织的实践成效后，为获取更多的外部资金支持及提升学校的科研实

①　Princeton University. Engineering Research，https：//www. princeton. edu/research/engineer-ing-and-applied-science.

②　National Institute of Environmental Health Sciences. 2012 – 2017 Strategic Plan，http：//ce-hs. mit. edu/sites/default/files/documents/NIEHS% 20strategicplan2012_ 508. pdf.

力，开始寻求跨学科研究组织形式的不断创新，提高学校科研竞争力。大学在校内成立具有跨学科属性的学院后，通常会在这类学院下成立跨学科研究组织，这类组织有效解决了以往其他跨学科研究组织形同虚设、参与跨学科研究的教师晋升困难、研究人员无归属感、评价机制不完善等问题，组织内成员可以享受与其他学院同等的资源与待遇，为跨学科研究组织提供了良好的多学科合作环境，激励学院内研究人员开展跨学科研究。

学院内嵌式跨学科研究组织成立后便致力于跨学科研究和教育。在组织目标上，跨学科研究组织明晰重点研究方向，主张利用跨学科研究解决人类面临的难题，致力于为全球社会提供服务。普林斯顿大学工程与应用科学学院内设安定谔能源与环境研究中心，其发展使命中强调开发能源与环境方面的新技术，在可持续能源技术研究、提高能源使用效率、促进环境保护和补救等方面开展研究，利用相关跨学科知识开展研究项目，以实现能源可持续性生产及环境优化。[①] 东京大学新领域创成科学研究生院院长在发展规划中提到，"跨学科"与"智力冒险"是学院发展的内核动力，学院致力于在不同领域进行创新性研究，通过学科交叉、跨学科合作培育创新型人才，保证受教育者既能掌握对前沿研究发展至关重要的尖端技术知识，也具备跨学科思维应对未来社会的挑战。[②]

2. 组织架构

学院内嵌式跨学科研究组织一般设立在具有跨学科属性的学院内，处于学院下级机构的位置，可以从学院获取研究资源进行跨学科研究（如图 5-3 所示）。以东京大学新领域创成科学研究生院为例，学院内部设立了跨学科科学部、生物科学部、环境科学部三个学系，这些学系在开展教学任务的同时，需要承担跨学科研究与跨学科人才培养任务。学院内成立了生物图像中心、功能蛋白质组学中心等跨学科研究机构，

---

① Princeton University, About the Andlinger Center for Energy and the Environment, https://acee. princeton. edu/about/.

② The University of Tokyo. Message from the Dean, https://www. k. u-tokyo. ac. jp/pros-e/shogen-e/aisatsu-e. htm.

目的在于运用跨学科研究方法解决人类面临的挑战性难题。[①] 在跨学科研究组织内，根据不同的研究方向设立了许多项目部门与小组，功能蛋白质组学中心内设有高级基因组学研究部、蛋白质生产研究部、下一代药物开发研究部、互动分析研究部等部门，各部门制定了不同的研究主题与方向，推动跨学科研究组织的有效运行。[②] 另外，功能蛋白质组学中心内还设有知识产权研究部，作为跨学科研究组织辅助部门，知识产权研究部需熟知研究中心的研究方向与内容，在了解其研究价值和未来发展动向后，制定商业研究计划，架构起研究中心与企业二者之间的桥

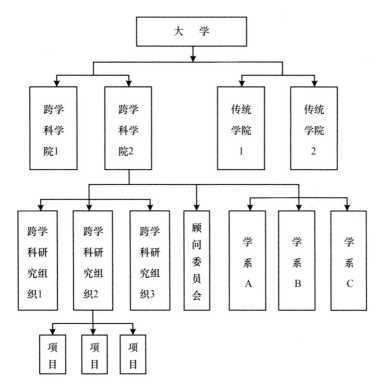

图 5-3　学院内嵌式跨学科研究组织架构

① バイオイメージングセンター（Bioimaging Center）. センター概要組織図，http：// park. itc. u-tokyo. ac. jp/bioimaging/outline_ of_ center/organization. html.

② Functional Proteomics Center. About us，http：//www. k. u-tokyo. ac. jp/FPXC/.

梁，尽可能将跨学科科研成果转化为实际利益，增加对社会的贡献力度。普林斯顿大学工程与应用科学学院设有化学与生物工程、土木工程与环境工程、计算机科学、电气与计算机工程、机械与航天工程、运筹学等六个学系，开设本科生与研究生课程培育创新型人才。在安定谔能源与环境研究中心内，组织根据研究方向不同，分为建设环境与运输设置、电力生产与传输、化学与燃料研究、环境传感与修复等研究小组①，这些研究小组设施完备、人员完善，共同致力于跨学科研究的发展。

3. 组织管理

学院内嵌式跨学科研究组织管理一般由行政管理机制、资源配置机制、人员安排与教师聘任机制、评价机制四个主要要素构成。行政管理机制是指通过行政事务安排、财务管理等保证跨学科研究组织的有效运作，资源配置机制则为跨学科研究组织运行提供资金与设备支持，组织内成员的合理安排与合适的教师聘任是学院内嵌式跨学科研究组织有效发展的人力保障，评价机制作为跨学科研究组织研究成果鉴定的重要制度，保证跨学科研究成果评价的公平公正。

在行政管理方面，学院内嵌式跨学科研究组织一般采取主任负责制管理，主任通常由大学校长或者学院院长任命，这些主任不仅是相关学科领域的资深专家，同时在学校担任了重要的行政职务，职责在于制定组织目标，管理日常工作，合理分配资源，设计安排相关活动。跨学科研究组织主任需要向学院院长或大学内负责管理科研的领导汇报跨学科实验室的研究动态与成果。学院内还设有咨询委员会与执行委员会等，协调跨学科研究组织内各研究小组间的关系，为跨学科研究组织发展提供建议。普林斯顿大学安定谔能源与环境研究中心内设有执行委员会和外部咨询委员会，执行委员会成员既有本学院副院长、其他学院院长，还包括了大量教授，他们负责执行安定谔能源与环境研究中心的相关决策，外部咨询委员会则包含了大量其他高校的资深教授以及企业家，他

---

① Princeton University, Research of Andlinger Center for Energy and the Environment, https：//acee. princeton. edu/research/.

们从学科角度、市场角度为跨学科研究组织的发展提供建议①，二者相互配合共同为学院跨学科研究提供咨询帮助。东京大学新领域创成科学研究生院建立了"学术运营委员会"，负责制定跨学科研究战略布局，协调不同学科之间的矛盾与冲突，并对跨学科研究发展情况以及研究成果作出评价，推动跨学科研究发展。

在资源配置方面，学院内嵌式跨学科研究组织一般是在政府政策支持和大学鼓励下建立，通常可以得到政府以及大学的资金支持，如普林斯顿大学安定谬能源与环境研究中心可以获得校友捐款，研究中心成员可根据实际研究需要申请项目基金，匿名基金（Anonymous Fund I）、杨氏家庭基金（Yang Family Fund）、戴维·威尔金森创新基金（David T. Wilkinson Innovation Fund）等机构提供大量经费补助支持研究者开展跨学科研究②，保证一些科学研究项目的正常运行。在学校内部资源获取上，学院内嵌式跨学科研究组织一般附属在具有跨学科属性的学院内，组织可以利用学院内的科研资金进行跨学科研究，且这类设于学院内的跨学科研究组织一般具有固定的实验室以及完善的实验设备，与其他类型跨学科研究组织之间并无竞争关系，其研究资源比较稳定，能为研究开展提供良好的物资保障。

在人员安排方面，学院内嵌式跨学科研究组织人员一般分为三类：一是学院内的教师，这些教师在具有跨学科属性的学院内承担教学任务，通过开设交叉学科课程培养跨学科人才。同时，部分教师还在学院内嵌式跨学科研究组织内兼任科研岗位，将跨学科理论知识运用到实际研究中。二是学校学生，包括本科生、硕士研究生及博士研究生。大学在学生人才培养方案中强调理论与实践相结合，学生在学习跨学科理论知识后，可在学院内嵌式跨学科研究组织内担任助理人员，进行跨学科研究。这种将教学与科研相结合的人才培养方式，既可以巩固学生掌握的学科知识，也能提升学生的跨学科研究能力。三是外聘人员，学院内

---

① Princeton University, External Advisory Council of the Andlinger Center for Energy and the Environment, https：//acee. princeton. edu/people/external-advisory-council/.

② School of Engineering and Applied Science. Funding, https：//engineering. princeton. edu/resources/fundi-ng.

嵌式跨学科研究组织通过聘请外部专家、企业家等为研究组织注入新的活力。在这些外聘人员中，部分专家本身具有相关跨学科知识，有助于跨学科研究开展，企业家不仅掌握技术知识，还能构建起大学与企业之间的沟通渠道，帮助跨学科研究组织掌握市场最新动向，促进跨学科研究成果转化为实践价值。在教师聘任方面，由于学院内嵌式跨学科研究组织设立在某一学院内部，其教师聘任通常按照传统单一学科学院招聘方式对研究人员进行管理，能够妥善处理教师的归属与成果评价问题，教师岗位聘任与晋升仍由学院管理，教师可以获得和传统学院教师同样的待遇。另外，教师不必身兼数职，减少了教师的工作压力与职业晋升的困难，教师对职位定位明确，同时能在跨学科研究组织获得归属感。

在评估机制方面，学院内嵌式跨学科研究组织采取内部评估与外部评估相结合的方式评价研究成果。学院内嵌式跨学科研究组织在项目研究上与企业、政府、研究所等进行合作，通常设有董事会、外部咨询委员会等对跨学科研究组织的研究成果进行评价。而在大学内部，学院内嵌式跨学科研究组织大多采用同行评议的形式，由本学院的资深专家对跨学科研究组织的成员以及研究成果进行评价，衡量跨学科研究组织的实际成效。

4. 组织文化

学院内嵌式跨学科研究组织是在具有跨学科属性的学院内设立的跨学科研究组织，其组织文化一般通过学院发展目标、学科设置与课程开设、建筑设施、学术会议等方式构建。一是具有跨学科属性的学院自建立之初，便将跨学科合作纳入学院的发展规划中，学院在发展使命与目标中强调跨学科合作，并将其作为学院的发展特色。二是这些学院内的学科设置与课程开设均具有跨学科属性，如东京大学新领域创成科学研究生院下设有先进材料科学、先进能源学、复杂性科学与工程学，普林斯顿大学工程与应用科学学院设置的专业也具有交叉学科属性，如生物工程与健康、能源与环境等，学生在接受专业教育时学习了不同学科的知识，在日常学习与交流中训练了跨学科思维。另外，教师在教学过程中掌握了跨学科发展新动态，促进跨学科文化的形成。三是建筑设施，这些学院由于涵盖了众多学科，其建筑布局与设计也别具一格。在校址选择上，东京大学根据学校学院跨学科结合程度将校区划分为三类，Honge 校区主要负责传统学科研究，在本科和研究生的前半学习阶段进行单一学科教育，为之后的跨学科研究奠定基础；Komaba 校区则注重跨学科研究，在规定的领域内为本科和研究生后半段学习生涯提供跨学科教育和研究机会；Kashiwa 校区则追求"智力冒险"，校区内设有国家交流大楼，方便不同国家的学者进行学术交流，该校区可以进行更高层次的跨学科研究与教育。新领域创成科学研究生院的发展使命与 Kashiwa 校区的发展理念高度契合，强调各学科的融合发展，推进跨学科研究。① 四是学术交流会议，跨学科研究组织内通常举办学术交流活动，邀请不同学科的研究人员进行交流，在促进研究成员之间的协作沟通方面十分有效。如普林斯顿大学安定谔能源与环境研究中心不定时举办研讨会以及讲座，这些活动邀请其他高校的著名专家、社会上具有显著成就的企业家开展讲座并分享经验，打造良好的学术交流氛围，形成适合跨学科研究发展的组织文化。

（四）跨学科大学式跨学科研究组织及运行机制分析

上述三种跨学科研究组织形式是大学内部学科边界的局部消弭，20 世纪 80 年代以来，若干新型组织兴起，诸如学习型组织、虚拟组织、无边界组织等。② 无边界组织的结构不由某种预先设定的结构所限定。部分大学为消除学科组织的无形壁垒，在建立时便未采纳"学院—学系"的建制模式，而是采用无边界组织的形式，致力于开展跨学科研究与教育。洛克菲勒大学是跨学科大学的典型代表，大学摒弃传统的"大学—学院—学系"发展模式，不再按照学科划分专业的形式进行人才培养与科研，主张建立灵活的研究组织开展生物医学方面的研究。洛克菲勒大学在校内创立了一系列跨学科研究组织，专注于生物医学这一前沿交叉领域，在人类疾病机理、遗传学与基因组学、

---

① The University of Tokyo. Outline of Graduate School of Frontier Sciences，https：//www.k.u-tokyo.ac.jp/en/gsfs/.

② 何跃：《组织行为学》，重庆大学出版社 2012 年版。

免疫学与病毒学、细胞生物学、肿瘤生物学、神经科学等十个领域开展跨学科研究。[①] 跨学科大学本质上是一种无边界组织，其结构不受传统学科组织所预先设定的框架限制，是大学全局性组织结构创新。

1. 组织动力与目标

19 世纪时，柏林大学提出"教学与科研相统一"，即大学应当注重科学研究的发展，一些大学开始了对科学研究的探索，在校内建立研究机构开展研究。另外，随着高等教育规模不断壮大，接受高等教育的人数不断增加，国家需要建立一批新的大学来满足社会以及受教育群众的需求，这些大学在建立之初将教学与科研相结合，在培养人才的同时也注重大学科学研究的发展。但随着社会发展日新月异、社会复杂性议题不断呈现，以单一学科结构为主的学术组织和单一学科研究为主的传统大学发展弊端显现，大学各学科封闭开展本学科研究已不能解决科学研究新问题，无法满足现有社会对大学提出的要求，大学急需革新运行机制为社会提供服务。因此，政府以及社会各界主张建立无学科边界的大学，跨越传统学科与院系之间的界限，开创性地建立跨学科大学。

1901 年，一位名叫洛克菲勒的慈善家主张成立一个生物医学方面的研究所，于是以基金拨款形式建立了洛克菲勒跨学科研究所，其主要任务在于研究威胁人类健康与安全的疾病问题，通过生物医学研究出解决疾病的方案，为人类作出贡献。该研究所是美国第一个生物医学方面的研究机构，随着研究所的不断发展，其逐渐演变成跨学科大学雏形。1955 年，洛克菲勒研究所将其发展任务从专注研究扩展到教育与科研并行，并招收了第一批研究生，承担起培养生物医学方面人才的职责，洛克菲勒研究所随后更名为洛克菲勒大学，吸引了大批具备物理和数学方面知识的教师来到该校，大学的研究范围不断扩大。之后，洛克菲勒大学还与其他大学进行合作，为学生提供硕士与博士学位课程，在学术界、产业界以及其他重要领域进行科学研究，培养跨学科人才。

---

① The Rockefeller University . Research Areas and Laboratories，https：//www. rockefeller. edu/research/research-areas-and-laboratories/.

跨学科大学自成立之后，便将跨学科研究作为大学发展重心，开辟现有研究领域的新见解，为科学知识发展与创新作出贡献。另外，大学还需要培育跨学科方面的人才，以跨学科教育与跨学科研究二者相结合的方式为社会提供服务，为社会发展作出贡献。洛克菲勒大学在学校使命中强调大学发展核心是生物医学研究，学校以分工合作形式开展跨学科研究，一些研究者致力于解决影响人类生命安全的紧急医学问题，其他研究者则专注于基础研究，共同促进生物医学跨学科研究发展。[①]

2. 组织架构

致力于跨学科研究的跨学科大学，在成立之时便摒弃传统大学"大学—学院—学科""学科—学系—讲座"的建制，不再按照学科划分专业进行人才培养与科学研究，主张建立灵活的教育研究组织。洛克菲勒大学取消了设置学院这一做法，学校未划分具体的学院与学系，而是选择集中开展生物医学方面的研究，通过开设生物医学课程培育该领域的优秀人才。在科学研究方面，洛克菲勒大学在校内设立了一些独立研究实验室、跨学科研究组织、临床医学研究中心等开展生物医学方面的研究。大学设有一系列研究实验室，分布在生物化学与物理学、免疫学与微生物学、发病机制学、神经科学与行为学等十个领域。[②] 这些实验室相对独立，彼此之间没有层级关系，相互合作开展研究，致力于在生物医学领域作出贡献。关于跨学科研究组织，洛克菲勒大学成立了安德森癌症研究中心（Anderson Center for Cancer Research）、临床和转化科学研究中心（Center for Clinical and Translational Science Center）、消化系统疾病基础与转化研究中心（Center for Basic and Translational Research on Disorders of the Digestive System）、物理和生物学研究中心（Center for Studies in Physics and Biology）等十二个跨学科研究机构，通过将不同学科的研究人员聚集在一起，使用跨学科的研究方法应对生物医学方面的挑战。

---

① The Rockefeller University, Our History, https://www.rockefeller.edu/about/history/.

② Olin College. Research and Impact Projects, https://www.rockefeller.edu/research/research-areas-and-laboratories/.

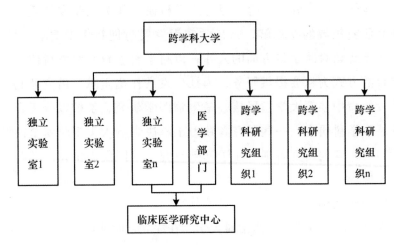

图 5 - 4 跨学科大学式跨学科研究组织架构

3. 组织管理

在行政管理方面，跨学科大学与其他类型大学并无太大差异，由一名校长以及辅佐校长管理大学发展业务的理事会构成，其中还包括负责科研的副校长、教务长等。洛克菲勒大学设有执行副校长（Executive Vice President），负责监督大学的运作与管理，处理研究支持、技术转让、财务安排、人力资源以及法律等事务。[1] 另外，学校还设有董事会，负责大学法人的选拔、管理大学事务、为大学发展提供建议以及评估大学质量等工作，大学的诸多事项必须经过董事会审查后方可实施。大学还设置校外顾问委员会，邀请大学外部学术专家、政府工作人员、企业人员等作为委员会的代表，为大学的发展提供咨询建议，贯彻跨学科大学的无边界、开放发展理念。在跨学科研究组织内部，通常由主任负责内部具体管理事务，主任需要对负责管理科研的副校长负责，形成"副校长—研究组织主任—研究人员"的管理机制。洛克菲勒大学内设的跨学科研究机构通常采用主任负责制，由主任负责整个研究的运作，如申请基金、进行实验、发表成果等。组织内还设有咨询委员会和小组

---

① The Rockefeller University. Executive Vice President，https：//www. rockefeller. edu/about/executive-leadership/executive-vice-president/.

委员会等，如临床和转化科学研究中心设有咨询委员会，其职责在于为研究中心制定政策、安排研究人员工作、监督研究中心工作并评价研究中心发展成效。①

在资源配置方面，跨学科大学接受来自政府以及社会的捐赠，洛克菲勒大学每年预算超过 2.28 亿美元，政府资助与社会捐赠是跨学科大学赖以生存与发展的重要资金来源。另外，年度基金与校友基金等也是构成跨学科大学科研经费的重要组成部分。大学根据研究方向的不同，设置研究基金分配资源，洛克菲勒大学设立了创意创业基金、用于新型合作的风险基金、新兴技术基金等支持学校研究人员开展跨学科研究。洛克菲勒大学还设有十多个共享资源中心，可为大学 70 个研究实验室提供关键技术和服务。除此以外，大学跨学科研究组织还可通过项目申请科研经费，如临床和转化科学研究中心可以从临床研究支持办公室获得资金支持，确保该中心的跨学科研究可以顺利开展。

在人员配置方面，跨学科大学式跨学科研究组织成员一般由教师、研究人员、博士后等人员组成，这些人员都由大学进行管理与安排。洛克菲勒大学除教师、研究人员与博士后外，还设有兼职教授，这些教师在人事安排与归属上不属于洛克菲勒大学，仅在学校内担任临时职位，提供科研帮助。除此以外，学校还返聘一批退休优秀教工，其工作范畴为加强学校与社区之间的联系。② 在教师聘任方面，洛克菲勒大学在全球范围内招募优秀的生物医学专家，他们由学校统一安排，可以自由选择研究方向，大学为其提供资金与设备支持。另外，洛克菲勒大学与斯隆·凯特林癌症中心、威尔·康奈尔医学院进行跨学科研究合作，其部分教师采用联合聘任的方式，由三所院校共同任命，促进教师与学生之间的合作。

在评价体系方面，跨学科大学主要采用"同行评议"的方式评价研究成果，由于跨学科大学内没有明显的学科边界，教师未被归属到某一学科内，专家们通常具有多学科的生物医学知识和研究经验，因

---

① The Rockefeller University. Governance，http：//www2. rockefeller. edu/ccts/advisory.

② The Rockefeller University. Our scientists，https：//www. rockefeller. edu/our-scientists/.

此他们可以有效评价跨学科研究组织的成果。另外，大学内设有董事会和咨询委员会，他们对跨学科研究组织的发展与运行情况进行评价。洛克菲勒大学内设有技术转让中心，保护跨学科研究组织的研究成果，并以技术转让的形式将成果转让给一些企业，使研究成果转化为实际产出。

4. 组织文化

跨学科大学与其他跨学科研究组织最大的不同在于，由于跨学科大学不受传统学科组织的影响，大学在建立之初，校内便已形成良好的跨学科研究氛围，学科在发展使命中便将跨学科作为主要发展方向，将其贯穿到课程设置、人才培养与科学研究中，师生在进入高校后便具备一种跨学科研究思维，无形中形成跨学科文化。跨学科校园文化是跨学科大学在长期的发展实践中形成的一种思维方式，主要体现在大学理念、规章制度、学术交流活动等方面。在大学理念方面，跨学科大学自建立时便主张将跨学科教育与研究作为学校发展的核心，鼓励多个学科以及不同的跨学科研究组织进行友好交流合作，形成跨学科文化。在规章制度方面，跨学科大学制定了较为完善的规章制度，以便妥善处理研究人员的归属与成果评价问题，重视师生在校园文化建设中所起的作用。在学术交流方面，学校通过机构举办一些学术文化交流活动，如学术交流讲座。洛克菲勒大学的"星期一非正式讲座"将跨学科研究组织成员聚集在一起，实验室负责人分享研究新数据并对现有研究展开讨论；"星期五讲座"则邀请来自世界各地和不同学科的科学家发表演讲，分享他们最近的研究、技术和发现；学校还设有学术讨论会，对跨越各个领域、各个国家的研究者所取得的成果进行表彰。[①] 这类学术交流会议以共同的兴趣爱好与研究偏好将组织研究者联合起来，促进了学者之间的思想交流，构建富有成效的合作伙伴关系，从而产生创造性的方法来推进跨学科研究发展。

---

① The Rockefeller University. Academic Events，https：//www. rockefeller. edu/events-and-lectures/calendar/academic-events/？ event_ type = Academic + Lecture.

二　"大学外拓"路径创生的跨学科研究组织形式及其运行机制

"大学外拓"路径是大学主动向外部拓展，与校外机构合作共建跨学科研究组织的方式。该路径下创设的跨学科研究组织主要有国家托管式、校际联合式和产教融合式三种组织形式。

（一）国家托管式跨学科研究组织及运行机制分析

国家托管实验室是主要的国家托管式跨学科研究组织，兴起于二战时期，当时美国为解决战时军事需要，资助大学成立国家实验室开展军事领域研究，直接服务于国家战略需求，如麻省理工学院的林肯实验室、加利福尼亚大学的劳伦斯辐射实验室、芝加哥大学的阿贡实验室等。战后，联邦政府将国家实验室委托给大学进行管理。国家商务部、国防部、能源部等部门陆续资助大学成立国家托管实验室开展前沿重大跨学科研究，主要聚焦于工程科学、物质科学、计算机科学与数学、生命科学等领域。[①] 国家托管式跨学科研究组织是政府部门与大学签订合同、委托大学运行的跨学科科研组织，管理上呈现"政府所有、大学运营"的特点。"政府所有"是指实验室的发展目标、研究方向等由政府部门确定，政府提供项目与资金扶持，设置董事会监督实验室发展，并对实验室发展成效进行考核。"大学运营"则是指实验室通常设于大学内，实验室具体管理方案由大学制订。国家托管实验室一般由学校主管科研的教务长或者副校长办公室负责管理，形成权责清晰的组织结构。国家托管式跨学科研究组织是政校合作的产物，亦是围绕国家重大战略需求开展跨学科研究的重要组织形式。

1. 组织动力与目标

美国大学国家托管式跨学科研究组织的成功建立与运行离不开联邦政府与大学的协作，实验室创立与发展的动力可以分为外部推动与内部

---

① 钟少颖、聂晓伟：《美国联邦国家实验室研究》，科学出版社 2017 年版，第 8—9 页。

需要两个方面。二战时期，国家托管实验室的建立得益于联邦政府以及外界社会的推动，当时美国推出"曼哈顿计划"，大学科研成效受到联邦政府的重点关注，政府提出要在大学内建立"托管实验室"型跨学科研究组织，旨在满足政府战时军事需求。二战后，政府出于国防需要，要求托管式实验室将研究重点集中在原子弹、核武器、人造卫星研制上，实验室为获得政府的拨款与政策支持，主动满足国家需求，制定重点研究计划开展研究。之后，政府对国家托管实验室的拨款不断减少，国家托管实验室以及其他类型跨学科研究组织呈现出数量增加趋势，国家托管实验室发展运行条件大不如前，大学为了从政府处获取更多经费，紧跟国家战略需求，努力提升国家托管实验室的核心竞争力。国家托管实验室的发展动力主要来源于以下方面：一是政府的鼎力支持，联邦政府将科研经费划分为技术开发、基础研究、应用研究三个方面用于资助跨学科研究组织，国家托管实验室的大部分科研资金支出都由托管方负责，保证实验室具有充足的资源开展跨学科研究，满足国家战略需要，部分国家托管实验室从政府处获得的科研经费高达十亿美元。除经费支持外，美国能源部、国防部等制定了相关政策与科研战略规划，并为国家实验室提供了标准管理策略，保证国家托管实验室具有明确的发展方向。二是大学层面的支持，大学作为国家托管实验室的运行单位，肩负着管理国家实验室的责任，为国家托管实验室的研究提供场所，聚集相关院系的研究人员参与到实验室研究中，并划定相关行政部门进行管理，采取措施激励研究人员进行跨学科研究。三是来自于外部社会对大学的科研需求。大学作为社会公共产品与私人产品的共同体，理应承担起服务社会的责任。当下社会出现的众多复杂议题急需大学跨学科研究解决，国家托管实验室具备先进的研究器材以及优秀的跨学科研究人才，应主动回应社会的需求，如 2020 年国家托管实验室集中精力研究新冠病毒，致力于解决全球性难题。

国家托管实验室在各方驱使之下，制定了组织目标来回应需求，明确组织的发展定位，指明组织的发展方向，更好地聚集研究人员参与到跨学科研究实践中。国家托管实验室组织目标主要以跨学科实验室发展规划形式体现，如 SLAC 国家加速器实验室将解决社会现实问题、满足国家利益需要纳入到实验室发展使命中，劳伦斯伯克利国家实验室也根据国家发展目标的变化动态调整实验室的研究方向，将研究重点集中在能源开发与物理研究上。基于组织战略规划，国家托管实验室制定了统一的组织目标，激励研究人员投入到跨学科研究实践中。

2. 组织架构

根据组织目标与组织运行的特性，国家托管实验室形成了独具特色的组织结构。国家托管实验室是由政府出资建立、委托大学负责管理的跨学科研究组织，其组织发展呈现出"政府所有，大学运营"的特征（见图5-5）。能源部、国防部以及国家科学基金会等联邦部门与大学签订合同，委托大学管理国家托管实验室，政府部门不仅为国家托管实验室提供资源与政策支持，也设置董事会对实验室的发展进行监督，对实验室的运行成效进行相关考核。在大学内，国家托管实验室一般与校内独立建制式跨学科研究组织处于平级地位，由大学校级的教务长负责管理实验室的发展与运行，不受学院与其他跨学科研究组织的干扰，大学为其制定明确的管理方案，形成权责清晰的组织结构。在国家托管实验室内，根据研究方向不同，成立了各研究小组，这些小组各自进行跨学科研究，组长向实验室负责人汇报工作。

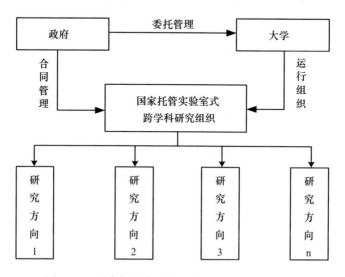

图5-5　国家托管实验室式跨学科研究组织架构

3. 组织管理

国家托管实验室既是大学校内学术组织的重要组成部分，也是学校与校外单位合作进行跨学科研究的典范，其组织管理一方面受外部社会的影响，另一方面大学内部会根据实验室发展情况作出相应调整，主要体现在行政管理、资源配置、人员安排与教师聘任以及评估机制等方面。

在行政管理方面，政府各部门通常就国家托管实验室与大学签订合同，合同内容必须符合联邦政府科研规定，政府进一步制定组织战略目标，为国家托管实验室提供科研资金。在大学内，国家托管实验室的任务是将政府的目标转化为实际行动，采取具体措施完成合同里所规定的要求，如美国国防部将国家托管实验室的相关事务交由副部长办公室管理，副部长办公室必须制定相关规划，如商议出林肯实验室的年度资助资金总额以及管理策划，规范实验室的绩效与评估等程序，确保林肯实验室贯彻实施政府规划与决策。此外，国家托管实验室主要由以下三方管理：一是对大学董事会负责，董事会决定实验室主任人选，其职责包括制定国家实验室的管理规章制度，协调国家实验室与大学内其他部门的沟通问题等，如劳伦斯伯克利国家实验室事项的最终决定权掌握在加州大学董事会的手中；二是需要对管理学校科研的副校长办公室或教务长办公室负责，这些办公室统筹管理实验室的研究活动，负责给国家托管实验室分配资源、为实验室的发展提供帮助等；三是国家托管实验室咨询委员会，该委员会由不同背景的专家构成，囊括了大学教师、联邦政府工作人员、企业科研开发人员等，为国家托管实验室提供咨询服务，也对国家托管实验室的发展进行监督，如加州大学的劳伦斯伯克利国家实验室咨询委员会根据实验室发展使命与组织目标，对实验室的方案、项目有效性、人员安排以及研究方案等提出相关建议，促进实验室的跨学科研究顺利进行。[①] 在实验室内部，国家托管实验室设有实验室主任负责管理实验室日常事宜。实验室下设项目小组，这些项目小组相对独立，但小组之间也可以进行科研合作，由实验室主任负责管理这些

---

① Berkeley Lab. Advisory Board，https：//www.lbl.gov/lab-leadership/advisory-board/.

项目小组。

　　在资源配置方面，国家托管实验室的经费来源主要是联邦政府、企业、其他资助单位等，其中联邦政府的拨款是实验室经费主要来源，如美国能源部与斯坦福大学签订合同，合同里提到将会给予斯坦福大学高达 2500 万美元的审批资金，这些资金为斯坦福大学托管式实验室的发展注入了新活力。[①] 相应地，国家托管实验室需要根据联邦政府的研究要求进行科学研究。当今，国家托管实验室发展不局限于为政府部门、国家需求服务，也参与外部社会科研任务。实验室通过与其他单位进行合作、承包一些企业项目进行研究从而获得研究经费。国家托管实验室主任将这些经费分配到不同的研究项目里，如劳伦斯伯克利实验室主任制定年度预算计划，之后将计划提交到美国能源部，在政府同意后严格按照年度计划与预算执行拨款。[②]

　　在人员安排与教师聘任方面，国家托管实验室主要采用合同聘用的方法聘任教师。国家托管实验室成员除一定比例的师生外，其他成员大致分为三类：一是实验室领导者。一般而言，联邦政府董事会在全球范围内进行招聘，遴选出一名实验室主任，该主任必须是相关领域内的研究专家，具备极高的学术研究水平以及社会影响力，在遴选之后采取任职年限制度进行选聘，由学校校长任命为主任。二是实验室研究人员。这类研究人员一般采用限期聘任与项目合同签订的方式进行选用，研究人员与学校签订合同，围绕项目开展合作，评价体系也与研究项目成果息息相关。三是博士后。博士后是国家托管实验室的主要成员，劳伦斯伯克利实验室博士后人数在所有国家托管实验室中排名第一，2018 年博士后人数已超过 400 人。为了激发研究人员参与跨学科研究的积极性，国家托管实验室也设立了许多奖项激励研究人员工作热情，充分调动实验室人员的工作积极性。

　　在评价体系方面，为了更好地评价跨学科的研究成果，托管实验

---

① 蔡立英：《美能源部弱化实验室微观管理》，《世界科学》2017 年第 5 期。
② 许玥姮、刘光宇、丛琳：《美国国家实验室的运营与技术转移机制特点——以劳伦斯·伯克利国家实验室为例》，载北京科学技术情报学会编《"2018 年北京科学技术情报学会学术年会——智慧科技发展情报服务先行"论坛论文集》，2018 年，第 7 页。

室的评估体系主要以联邦政府部门鉴定与同行评议为主。前者是指国家托管实验室外部咨询委员会采用长期评估形式，对实验室的研究成果进行评估，结果分为"成功"与"失败"两个类别。同行评议则是指实验室内的项目专家组成评议委员会，对研究项目内容以及研究人员的成果进行评估。这两类评估体系相互配合，共同打造公平公正的成果评价体系，保证科学成果可以得到有效评价，提高科学研究效率。

4. 组织文化

国家托管实验室作为大学"自上而下"建立的跨学科研究组织典范，其组织文化可通过联邦政府与学校制定的相关规章制度来体现。1993 年联邦政府制定了《政府绩效与结果法案》，国家托管实验室依据该法案实行以结果为导向、以成绩为基础的绩效管理方式，对实验室的研究人员和研究成果进行考核与评估。联邦政府每年与国家托管实验室签订合同，合同中详细论述了跨学科研究组织的发展目标与研究方向，其组织目标影响并指导国家托管实验室的研究动向，增强了研究人员参与研究的热情，有利于促进跨学科文化的构建。除规章制度外，国家托管实验室定期举办学术研讨会以及公开交流活动，方便实验室的研究人员与其他学者进行交流，形成一种开放包容的文化氛围。由于国家托管实验室是"政府组织、大学运行"，其组织自身不是一个大学校内封闭管理的研究组织，国家托管实验室也主张与其他机构单位合作，吸收来自外部的优秀研究经验，形成合作共赢的思想，推动跨学科文化的形成。此外，国家托管实验室内培训的开展也是构成跨学科文化的重要元素，国家托管实验室通常与 K-12 教育合作，为中小学校的教师提供培训，如麻省理工学院林肯实验室每年暑假都会为社区的高中教师提供专业培训，这种对外交流服务社区的方式可以促使国家托管实验室形成一种开放包容的环境氛围，有利于跨学科文化的形成[①]，劳伦斯伯克利实验室则为学校本科生、研究生与教职员工提供跨学科课程和研究实践机

---

① MIT Lincoln Laboratory. Outreach，https：//www. ll. mit. edu/outreach？ tag ＝ All&audience ＝ All&type ＝ edres&items＿ per＿ page ＝ 10.

会，这些教育活动便于教师接触其他学科领域的师生，在课程交流与研究实践中无形塑造了跨学科文化。

（二）校际联合式跨学科研究组织及运行机制分析

大学基于自身的战略定位及打造优势特色的需要，在学科布局上会有所取舍，故此，其学科设置往往无法涵盖所有学科门类。然而，现实复杂难题涉及的学科范畴常超越了一所大学的能力范围，鉴于此，一些大学便寻求与其他大学合作，联合建立校际跨学科研究组织开展跨学科研究，如麻省理工学院与哈佛大学建立的"哈佛—MIT 健康科学技术部"（The Harvard-MIT Division of Health Sciences and Technology），牛津大学与剑桥大学牵头分别与其他高校合作成立纳米技术跨学科研究机构，美国能源部建立了由加州大学伯克利分校主导，加州大学戴维斯分校、加州大学圣巴巴拉分校和加州大学圣地亚哥分校共同参与的联合生物能源研究所（The Joint BioEnergy Institute），这些跨学科研究组织均是在整合多所大学研究资源的基础上开展跨学科研究。校际联合式跨学科研究组织以多所高校合作共建为纽带实现了优势互补、资源共享、合作共赢，是大学之间强强联合、以战略联盟的方式开展跨学科研究的重要组织形式。

1. 组织动力与目标

随着跨学科研究活动的兴起，大学不断以跨学科研究的方式积极回应社会需求，众多研究型大学都建立了形式多样的跨学科研究组织开展研究，一些大学也尝试与产业界、政府进行合作，拓宽跨学科研究的参与主体。大学在跨学科研究实践过程中深刻意识到合作是大学实施跨学科研究的必由之路，这些合作不仅体现在大学校内学院与学院间，也体现在大学与大学之间、大学与企业之间。一些研究人员在研究过程中发现，许多社会难题仅凭一所大学研究力量已无法解决，于是积极寻求外部合作，与其他大学不同学科专家进行科研合作。这些跨校合作最初只是研究人员之间的合作，通过建立非正式的校际研究组织开展研究。后来，部分实业家与慈善家在见证了校际跨学科研究成效后，慷慨捐助为校际联合式跨学科研究组织的发展提供资金支持。此外，政府与社会也在校际联合式跨学科研究组织建设中发挥着助力作用，如美国国家科学基金会资助建立多机构参与的跨学科研究组织，其中工程机械生物学中心有阿拉巴马州立大学、波士顿大学、布林·莫尔学院、宾夕法尼亚大学、加州大学洛杉矶分校、新泽西理工学院和圣路易斯华盛顿大学等大学参与，旨在推动生物与机械方面的研究。① 2007 年，美国能源部出资推动加州大学伯克利分校、加州大学圣地亚哥分校、加州大学戴维斯分校和加州大学圣巴巴拉分校建立联合生物能源研究所等，加强了各大学之间的交流合作。

在政府、社会以及大学的支持下，许多大学建立了校际联合式跨学科研究组织，这些组织有多个大学参与，各校优势互补，共同开展跨学科研究。跨学科研究组织在发展愿景中指明要构建友好合作伙伴关系，共享跨学科研究资源，鼓励来自不同大学、不同学科的研究人员自由合作，致力于大学跨学科研究创新发展。此外，跨学科研究组织还提出跨校合作进行人才联合培养，大学分别派遣各校优秀师资为学生设计专业课程，哈佛—麻省理工健康科学部开设的学位项目有医学博士、医学工程与医学物理博士、言语与听觉生物科学技术学位，学生可根据自己的专业与研究兴趣自由选择课程。② 联合生物能源研究所也在使命中强调，组织在原料开发与转化方面生产科学知识和新技术的同时，也应该为学生提供学习机会，培养出下一代优秀的科学家。这些校际联合式跨学科研究组织不仅可以提升大学的科研实力水平，也有助于保持大学之间的友好合作关系。

2. 组织架构

校际联合式跨学科研究组织通常是由两所或两所以上的大学合作建立的跨学科研究组织，这类组织通常将各大学的优势学科聚集在一起，开展跨学科研究，不仅如此，组织还在教学方面互惠合作，从人才培养与科学研究两个方面进行友好合作。在组织架构上，校际联合式跨学科

---

① Center for Engineering MechanoBiology. About CENB, https：//cemb. upenn. edu/about-cemb/.

② Harvard-MIT Health Sciences and Technology. Academic Programs，https：//hst. mit. edu/academic-programs.

研究组织通常在每所大学内都设有机构，负责管理该校的跨学科研究与教育相关事宜（见图 5 - 6）。哈佛—MIT 健康科学技术部在麻省理工学院内设有研究机构，隶属于医学与工程科学研究所，其跨学科研究与教育计划也是医学与工程科学研究所开展工作的组成部分。[①] 联合生物能源研究所在加州大学伯克利分校内设有实体机构，通过与美国能源部、其他高校进行合作实施跨学科研究。校际联合式跨学科研究组织又根据不同的研究方向设立了相关研究小组，如联合生物能源研究所下设原料（Feedstocks）、生物燃料与生物产品（Biofuels and Bioproducts）、解构（Deconstruction）等六个研究小组，[②] 推动跨学科知识教育发展和前沿科学创新。

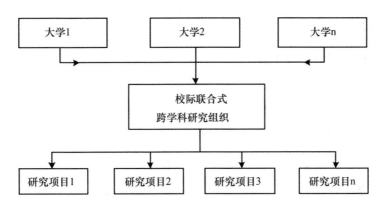

图 5 - 6　校际联合式跨学科研究组织架构

3. 组织管理

校际联合式跨学科研究组织涉及两个或两个以上的大学参与，其行政管理体制、资源配置、课程设置、人员安排与教师聘任、评价体系等都与其他类型的跨学科研究组织有所区别。

在行政管理方面，校际联合式跨学科研究组织内一般设有发展委员会，其成员来自不同大学相关学科的学术领导人、风险投资家等，职责

---

① Harvard-MIT Health Sciences and Technology. About Us，https：//hst. mit. edu/about.

② Joint Bioenergy Institute. Research，https：//www. jbei. org/research/.

在于规划跨学科研究组织的发展，管理跨学科研究组织，学术委员会则承担起管理研究项目发展的责任。哈佛—MIT健康科学技术部行政办公室位于麻省理工学院惠特克健康科学与技术学院内，该办公室负责处理研究组织对外事务、建立两所大学的合作沟通渠道、管理组织人员安排等事宜。除了在麻省理工学院设立行政办公室外，健康科学技术部还在哈佛大学设立了相关办公室，校内的主管负责管理本校研究发展事宜，向本校领导汇报工作。① 联合生物能源研究所在行政管理上采用执行官负责制，由执行官负责管理研究所的工作，此外，研究所还设有目标委员会和咨询委员会，前者是由各国家实验室、不同大学内的研究人员组成，还包括企业人员，负责对研究所的发展规划提供建议，咨询委员会成员则由各个研究领域专家与顾问组成，囊括了国家实验室、学术界和工业界的代表，他们为研究所的研究愿景与方向提供战略建议，同时需要向首席执行官汇报工作。②

在资源配置方面，首先，校际联合式跨学科研究组织可以获得政府经费支持，哈佛—MIT健康科学技术部每年可以从美国NSF处获得研发经费，保证科学研究项目的顺利启动。联合生物能源研究所可以从美国能源部获得资金支持，除此之外，由于该跨学科研究组织与能源部劳伦斯·伯克利国家实验室、能源部桑迪亚国家实验室、能源部太平洋西北国家实验室、能源部劳伦斯·利弗莫尔国家实验室四个国家重点实验室建立了友好合作关系，联合生物能源研究所还可从国家重点实验室处获得资源支持。③ 其次，由于校际联合式跨学科研究组织通常有两个或两个以上大学参与，该类组织可以得到多个学校的资金与设备支持。最后，校际联合式跨学科研究组织内通常设有奖学金计划，鼓励组织内的研究人员进行跨学科研究。哈佛—MIT健康科学技术部内设有研究基金

① The Singapore-MIT Alliance for Research and Technology. Board Members, https：//smart. mit. edu/about-smart/board-members.

② Joint Bioenergy Institute, JBEI Advisory Committee, https：//www. jbei. org/people/leadership/jbei-advisory-committee/.

③ U. S. Department of Energy, Joint Bioenergy Institute, https：//genomicscience. energy. gov/centers/jbei. shtml.

补助、培训补助金、教学助学金、研究助学金等，学生在申请相关课程后，可以向学校申请研究助学金。另外，麻省理工学院还鼓励学生主动申请校外助学金，如国家科学基金会研究生科研奖学金、国防科学和工程研究生奖学金等。据调查，哈佛—MIT健康科学技术部内超过1/3的学生可以获得外部助学金，这些补助在一定程度上解决了学生的研究经费问题。内部研究助学金则是由研究生院负责，学生按照相关程序进行申请，以竞争的方式鼓励学生积极参与。[①]

在课程设置上，校际联合式跨学科研究组织一般通过在组织内整合设计一系列跨学科课程来鼓励学生学习跨学科知识，进行跨学科人才培养，组织在进行跨学科教育的同时开展跨学科研究。各大学的优势学科有所不同，不同大学所提供的课程也各有侧重，如麻省理工学院负责工程类的课程，哈佛大学则为学生提供医学课程，这些课程皆具有跨学科性，课程内容与跨学科研究组织开展的研究主题密切相关。此外，学生可以通过项目研究方式进行跨学科研究，如哈佛大学和麻省理工学院为生物医学工程的学生提供临床训练，学生参与到临床实践中，将课堂理论知识运用到实践中，在生物医学方面展开研究。[②]联合生物能源研究所与劳伦斯科学馆（Lawrence Hall of Science）合作，为研究所的师生提供生物能源方面的课程，师生在了解生物燃料方面的知识后，投入生物能源跨学科研究实践中。

在人员安排方面，校际联合式跨学科研究组织成员通常包括研究人员、行政人员以及企业家等，共同服务于跨学科研究组织的发展。在教师聘任方面，采取双聘制、联合聘任制等方式，哈佛—MIT健康科学技术部办公室主任既在麻省理工学院医学院研究所担任副所长，也在哈佛医学院和马萨诸塞州总医院兼任麻醉教授。学校内的教师发展、评估等都由所属大学负责，跨学科研究组织认可哈佛大学与麻省理工学院参与到跨学科组织的教师的地位，学生也可在组织内自由选择教师作为其指

---

① Harvard-MIT Health Sciences and Technology, Fellowships, https://hst.mit.edu/academic-programs/financial-support/fellowships.

② 刘娜：《麻省理工学院研究生协同培养模式研究》，硕士学位论文，吉林大学，2015年。

导老师。

在评价体系方面，由于校际联合式跨学科研究组织涉及多所大学、组织机构的参与，跨学科研究组织通常在组织内设立董事会或学术委员会等，以评估跨学科的研究成果，如哈佛—MIT 健康科学技术部设有学术委员会，委员会从多学科角度分析跨学科研究成果的价值，并对其进行评价。联合生物能源研究所则在组织内制定了"技术经济模型"，衡量组织内跨学科研究的进展成效与市场价值。此外，由于联合生物能源研究所是在美国能源部支持下建立而成，研究所需要每年发布年度报告呈交给美国能源部，其组织发展受到政府部门的监督。

4. 组织文化

组织文化作为协调组织内部管理和适应外部社会环境的一个重要媒介，存在于组织管理的各个层面。由于校际联合式跨学科研究组织涉及两个及两个以上大学参与，其成员来自于不同的大学与学科，在构建跨学科研究组织文化上相较于其他类型跨学科研究组织更加困难。通过对国外校际联合式跨学科研究组织进行分析，发现其组织构建跨学科文化一般以下列几种形式体现：一是开放包容的学术态度，校际联合式跨学科研究组织突破了大学的围墙，不同大学的师生、企业家以及一些社会公民皆可以享受跨学科研究组织的公共基础设施，增加了大学内师生与外界社会的互动频率，促进了研究人员之间的交流，无形中形成了利于跨学科研究发展的学术氛围；二是跨学科相关课程开设，校际联合式跨学科研究组织在组织内开设了一系列跨学科课程，不同大学的师生、研究人员以及企业合作者可以自由选择课程，形成了知识共享网络，促进研究人员对不同学科的了解。研究人员通过参与跨学科课程掌握了多学科的知识与方法，帮助研究人员形成跨学科思维，有利于跨学科文化的形成，并进一步推动跨学科研究的开展；三是大学学术交流活动，校际联合式跨学科研究组织为了有效开展跨学科研究，通常会举办一些跨校、跨领域的学术交流活动，邀请不同大学的师生、政府人员、企业家、社会人员等参与，这些成员性别、教育背景各有不同，他们对于教育与科研的看法与态度也有所差异，这些不同文化背景的人员处在某一共同区域内交流与合作，无形中拉近了彼此之间的距离，研究人员可以知晓本学科外的知识与研究方法，促进跨学科文化的形成。

（三）产教融合式跨学科研究组织及运行机制分析

随着大学跨学科研究组织数量的增多，政府资源投入出现"僧多粥少"的局面。大学为获取充沛科研资金，采取外延发展策略，选择与产业界进行合作建立产教融合式跨学科研究组织，如麻省理工学院与IBM 公司合作成立沃森人工智能实验室（MIT——IBM Watson AI Lab），致力于推动人工智能发展，剑桥大学和英国英杰华（Aviva）保险公司合伙创建剑桥数据驱动发现中心（The Cambridge Centre for Data——Driven Discovery）。这类跨学科研究组织通过校企合作实现共赢，一方面企业为大学提供大量科研经费，大学拓展了经费来源渠道，有助于解决跨学科研究组织经费不足的问题；同时，跨学科研究组织的人员不仅包括校内师生，企业人员也可参与到研究实践中，及时为大学提供产业界发展动向等信息。另一方面，大学跨学科研究组织服务于企业需求，通过跨学科研究组织开展相关研究，向企业输出所需的技术与成果，有助于高校进行科技成果转化。产教融合式跨学科研究组织面向产业界解决实际难题，是产教融合共赢的理性选择，亦是知识生产模式转型背景下知识生产主体多元化的必然趋势。在大学资源依赖特性愈加显著的境况下，产教融合式跨学科研究组织将成为大学依托多学科优势获取外部资源的重要组织形式。

1. 组织动力与目标

大学与产业界进行合作一直是美国高校的优良传统，其实践可追溯至 19 世纪晚期至 20 世纪初期，当时美国政府扮演宏观调控者的角色，提出要促进大学与企业之间的合作，建立合作组织开展研究。政府除为大学提供资金支持外，还通过制定相关优惠政策、完善相关法律法规、建立中介机构等方式鼓励大学与产业界进行合作与交流。美国国会参议院成员向国会递交关于改革政府资助大学的形式以及大学科研转化管理方案，促使国家出台了一系列科研政策法规，允许大学拥有知识产权，通过科技转化形式使科研成果产品化。除此以外，政府还鼓励大学成立科技成果转化机构，如技术许可办公室（Office of Technology License），提高大学技术成果转化成效。除政府政策支持外，产业界资金支持则是产教融合跨学科研究组织成立的首要驱动力。由于企业在发展过程中需要大量的专业性人才和技术性人才开发技术，但是企业培养人才需要大量的时间与金钱成本，于是一些企业提出与大学进行合作，企业为大学发展建设提供资金支持，大学则为企业输送技术方面人才，这是最初的产教融合形式。后来，硅谷的成功使更多大学与企业意识到产教融合的益处，一些企业认识到除人力资源外，研究型大学的研究成果也可转化为技术，对企业技术升级大有裨益，于是主动与大学进行合作，为大学提供资金与设备支持，鼓励大学进行跨学科研究，将科学研究的成果运用到企业建设发展中。在此基础上，产业界与大学之间的合作日益密切，成立了产教融合式跨学科研究组织。大学通过签订产教融合协议承包企业的科研项目，推动跨学科研究组织的顺利运作。大学在联邦政府与企业的支持下，创建了产教融合式跨学科研究组织，麻省理工学院IBL沃森人工智能实验室通过与IBM公司进行合作，将基础科学研究成果转化为可以解决社会实际问题的应用程序，目标在于建立为社会服务的人工智能系统。[1] 剑桥数据驱动发现中心提出将学校和社区联系在一起，建立数据科学研究中心，以合作研究项目的形式推动跨学科研究的发展，促进学科之间、学校与工业界的合作，以及提升研究成果与知识转让的效率。[2]

2. 组织架构

产教融合式跨学科研究组织一般是由学校与产业界进行合作而成立的组织，在校内拥有实体运行机构（见图5-7）。这些跨学科研究组织与其他类型跨学科研究组织的最大区别在于参与主体不同，产教融合跨学科研究组织不仅有大学校内的师生、研究人员参与，校外企业人员也可参与到跨学科研究中。麻省理工学院IBL沃森人工智能实验室的研究项目是由IBM的研究专家和麻省理工学院相关研究人员共同提出并执

---

① MIT-IBM Watson AI Lab. Inside the Lab，https：//mitibmwatsonailab. mit. edu/about/.

② University of Cambridge，Cambridge Centre for Data-Driven Discovery，https：//www. c2d3. cam. ac. uk/.

行，实验室在肯德尔广场设有专门场地，周围皆是世界领先的技术开发公司，有助于研究人员与外界单位合作，促进跨学科研究成果的产生。此外，麻省理工学院正为实验室筹建专门的办公大楼与研究场所，致力于为校内参与跨学科研究的成员提供便利。一些产教融合跨学科研究组织成立目的在于加强学校与外部产业界的合作，开发前沿科学研究领域，解决社会面临的现实难题，提升大学跨学科研究水平。这些产教融合式跨学科研究组织面向复杂的实践问题开展跨学科研究，促进创新性实验成果的产出，有助于提升当下企业技术水平，促进企业发展。

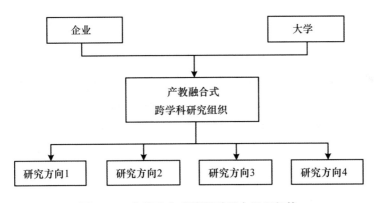

图 5-7　产教融合式跨学科研究组织架构

3. 组织管理

产教融合式跨学科研究组织的高效运行有赖于组织内部优良的管理体系，其中行政管理体系、资源配置机制、人员安排与教师聘任制度以及评价体系等皆是影响跨学科研究组织运行的重要因素，这些因素互相影响，从内到外、自上而下形成一套完备的跨学科研究组织运行机制。

在行政管理方面，产教融合式跨学科研究组织一般由大学与企业共同领导、共同管理整个研究组织的运行与发展，包括制定跨学科研究组织的发展目标、研究侧重点以及发布年度发展报告等。麻省理工学院IBL沃森人工智能实验室由 IBM 研究主任和麻省理工学院选任主任共同管理实验室的事务，大学校内领导者需要具备相关学科知识，具有一定的组织管理能力和行政协调能力，而企业领导者则需具备市场敏锐力，可以察觉出研究成果的市场价值，有助于将研究成果推广并实现成果产品化。组织内通常成立执行委员会，由一名主席和相关成员构成，主要职责在于按照协商一致原则，根据组织的研究方向和项目安排为跨学科研究组织发展作出决策。除执行委员会外，组织还设立了咨询委员会，其成员来自于跨学科研究相关领域专家和企业代表，为产教融合式跨学科研究组织发展提供建议。为了满足外部社会的不同需求，跨学科研究组织充分利用多方资源，开展多个研究项目，满足不同学科、不同研究方向研究人员的需求。大学内通常设有技术转让办公室，将跨学科实验成果与企业进行对接，促进科研成果产品化，将跨学科研究成果转化成实际利润。此外，企业与其他科研机构还成立了外界咨询委员会，主要负责监督实验室的项目运行情况以及对跨学科研究组织内的人员进行绩效评估，监督产教融合式跨学科研究组织的发展。这种大学与企业合作建立跨学科研究组织的形式有助于合理安排跨学科实验项目，促进跨学科研究成果的市场化应用。

在资源分配方面，产教融合式跨学科研究组织虽接受来自政府的拨款，但是其主要经费来源于产业界，跨学科研究组织通过外界咨询委员会获取企业的研究需求与变化动态，校内风险投资者作为企业执行官与跨学科研究组织负责人二者之间的对接人，促进跨学科研究组织与企业的良性互动，大学从企业处获得经费以支撑研究组织开展跨学科研究，研究结束后迅速将科研成果投入到企业，将科研成果转化为产品，其资金又助推大学跨学科研究组织的运行。除此以外，跨学科研究组织还接受其他形式的赠款和资金支持，如剑桥大学数据驱动发现中心得到了25笔以上的皇家学会赠款，从剑桥大学发展和校友办公室处获得资金捐赠，还可向欧洲联盟——科迪斯（European Union ——CORDIS）申请项目获得经费支持，从校内研究战略办公室、研究业务处获得相应资源等，这些资金资助与拨款保证了跨学科研究组织的顺利运行。①

在人员安排上，产教融合式跨学科研究组织成员主要包括委员会成

---

① Cambridge Centre for Data-Driven Discovery, Sources of Funding, https: //www. c2d3. cam. ac. uk/funding/sources-funding.

员、研究人员、企业人员三类，研究人员享有申请基金的权利，可以直接参与跨学科研究组织相关科研活动；企业成员也可以参与到跨学科研究实践中，除此以外，他们还可以选择在大学内修习课程，补充相关学科理论知识，并为跨学科研究组织的发展提供建议。产教融合式跨学科研究组织委员会成员承担起为跨学科研究组织的发展提供建议的责任，他们通常是大学内不同学科的资深专家，具有深厚的专业知识，从学术角度评估跨学科研究成果。在教师聘任方面，产教融合式跨学科研究组织邀请不同学院学科的教师、产业界人员参与到跨学科研究组织实践中，其教师管理与职位晋升一般都由原职能单位或部门负责，其成员只是在跨学科研究组织内承担科研任务。麻省理工学院 IBL 沃森人工智能实验室中的教师归属于原来的院系，跨学科研究组织并未更改教师人事归属，其晋升与评估都由原学院负责。

在评价体系方面，产教融合式跨学科研究组织最大的特点在于，其成果评估过程不仅有学校和实验室内部的人员参与，企业与政府都参与到评估中，如咨询委员会对跨学科研究组织的发展进行规划，从社会角度对实验室的发展进行指导，对跨学科研究成果进行评价。大学内设有技术成果转化办公室，这类中介机构可以有效评估跨学科的实验成果是否符合社会需求。此外，大学与企业之间通过签订合同，对跨学科的科研过程与结果都作出了详细的规定，规定了双方的权利与责任，明确了各个单位的利益分配，并为技术成果的归属问题建立了良好的利益分配机制。

4. 组织文化

跨学科文化作为校园文化的一部分，伴随着大学跨学科研究组织的产生而产生，也随着大学跨学科研究的发展而发展。自产教融合式跨学科研究组织成立之初，大学与企业负责人均认同组织需要冲破传统守旧观念，营造一种开放、平等的交流氛围。构建跨学科文化，主要通过大学跨学科研究组织发展理念、建筑设施、学术交流活动、跨学科教育等形式体现。在组织理念方面，大学在学校发展使命中便强调跨学科研究的必要性，提出要通过加强与外部社会的合作、创新跨学科研究组织形式，建立产教融合式跨学科研究组织来推动跨学科研究的发展。跨学科研究组织在建设过程中，将跨学科理念、跨学科价值取向等融入组织的发展规划与制度建设中。在建筑设施方面，产教融合跨学科研究组织通常采取与众不同的建筑风格，体现其多学科、多元文化的特点，还通过巧妙设置跨学科研究组织的地理位置，推动不同学科研究人员、企业人员之间的交流，如麻省理工学院 IBL 沃森人工智能实验室地址设于充满生机与活力的肯德尔广场，周围皆是以技术创新为发展核心的新兴企业，实验室对面便是麻省理工学院，附近还有其他大学，交通便利，方便跨学科研究组织的研究人员与其他产业界成员进行交流与合作，研究人员在交流与互动过程中形成创新性思维，有助于构建跨学科文化。在跨学科教育上，产教融合式跨学科研究组织在进行跨学科研究的同时开展跨学科教育，跨学科教育涉及不同学科的教师参与，还有校外合作企业成员参与到教学过程中。学生既可以学习跨学科相关的专业知识，也可以了解企业发展的前沿技术和相关知识，如商业策划等，学生掌握了多个学科的知识，形成了跨学科思维，有助于跨学科研究的开展，实现跨学科文化对学生的浸润。在学术交流活动方面，产教融合式跨学科研究组织设有学术论坛与研讨会，定期举办相关学术活动，邀请校内学者与外部企业家参加，营造一种多学科参与、跨学科交流的氛围。另外，产教融合式跨学科研究组织通过邀请产业界人员参加学术交流活动，加强大学与企业的沟通合作，创造了一种包容的文化环境与氛围。

本章小结

本章从组织变革的运行机制影响因素角度探究了国外大学跨学科研究组织形式及其运行机制，跨学科研究组织的建设路径可划分为"大学内构"与"大学外拓"两种类别，在"大学内构"路径中分别有校内独立建制式、学院联合式、学院内嵌式及跨学科大学式四类跨学科研究组织，"大学外拓"路径则衍生了国家托管式、校际联合式、产教融合式三类跨学科研究组织，本章在对以上七类跨学科研究组织形式分析的基础上，从组织动力与目标、组织架构、组织管理及组织文化四个维度分别对其运行机制进行深入剖析。

第六章 跨学科研究组织形式适用 特征及运行机制比较

一 跨学科研究组织形式的适用特征分析

国外大学七类跨学科研究组织在组织形式上各有不同，其运行机制也存在差异。通过对国外七类大学跨学科研究组织形式与运行机制进行分析，发现每一类跨学科研究组织的产生背景、组织动力、组织结构与管理形式各有不同，跨学科研究组织适合生存的环境也有所区别。本节主要分析每一类跨学科研究组织的具体适用特征，为我国大学跨学科研究组织形式创新提供参考建议。

（一）"大学内构"路径跨学科研究组织适用特征分析

"大学内构"跨学科研究组织是大学在校内独立建制开展跨学科研究的组织机构，不与校外组织机构进行合作，组织建设参与者通常只涉及一所大学。这类跨学科研究组织包括了大学校内独立建制式跨学科研究组织、学院联合式跨学科研究组织、学院内嵌式跨学科研究组织以及跨学科大学式跨学科研究组织。本部分结合前一章的跨学科研究组织运行机制分析，具体探讨适合"大学内构"跨学科研究组织的适用场域。

第一，大学校内独立建制式跨学科研究组织，由于校内独立建制式跨学科研究组织并没有触碰传统学院、单一学科组织的利益，是大学在校内单独建立的跨学科研究组织，因此这类组织往往是大学优先考虑成立的跨学科研究组织类型。在国外，众多大学都在校内建立了这一类型的跨学科研究组织，如斯坦福大学的经济政策研究所、加州大学伯克利分校的定量生物医药研究院等。这些跨学科研究组织在大学之中"自上而下"建立，由学校领导者、学术委员会等管理者针对某些科研前沿方向规划建成。这类组织的优点在于：校内独立建制式跨学科研究组织可以绕开传统院系结构的组织壁垒，而是由大学单独出资建立并引进优秀人才开展跨学科方面的研究，组织在教师评估与岗位晋升、成果评价与归属上都由学校统筹安排。另外，校内独立建制式跨学科研究组织规模通常较大，它是大学在洞悉国家与社会需求、科学前研问题研究价值后，集结大学资源建立的跨学科研究组织，其组织通常涉及多个学科的协同，参与学科覆盖面比较广，负责研究一些国家重大发展问题与前沿科学议题。由于校内独立建制式跨学科研究组织研究范围较广，组织内还可根据研究方向不同设立不同的项目研究小组，相关学院（学科）的师生也可参与到跨学科研究实践中。

第二，学院联合式跨学科研究组织，这类组织横跨不同学院，由两个或两个以上的学院参与建立而成。学院联合式跨学科研究组织通常是由一些具有共同研究需求的学院建立，这些学院意识到仅凭各自学院的力量无法解决一些涉及多个学科的难题，于是与其他学院进行合作建立跨学科研究组织，如麻省理工学院的计算机科学与人工智能实验室、生物技术处理中心等。学院联合式跨学科研究组织通常适用于一些"近缘学科"学院，这些学院在研究中容易产生"学科共识"，促进跨学科研究的发展。另外，出于"任务导向、问题解决"目的，一些研究人员在申请项目后"自下而上"地向大学申请建立学院联合式跨学科研究组织，并自发邀请相关学院的教师参与跨学科研究实践。这些来自不同学院的教师、研究人员的人事归属、评价与岗位晋升等事务皆由原学院负责。因此，学院联合式跨学科研究组织由不同学院共同合作规划，向学校申请成立后由各学院协商管理，学校不必单独分配跨学科研究资源，可以节省学校的科研资源。这类组织灵活性较高，组织可以根据研究要求增加或减少"参与学院"，在某一研究问题解决后可灵活解散，之后根据新的研究项目或课题需求再度成立新的学院联合式跨学科研究组织。

第三，学院内嵌式跨学科研究组织，这类组织通常设立在一些具有跨学科属性的学院内，跨学科研究组织只涉及一个学院的参与，并从该学院获取相关资源开展研究。现今，社会现实难题、科学前沿热点等议题呈现综合发展的趋势，仅凭一门学科已无法满足社会发展需求。另外，随着高等教育规模的不断壮大，大学需要扩充学校规模以适应高等教育新态势。在此背景下，一些大学在校内设立了新的学院，这些学院在成立时便具备多学科特色，部分学院设有交叉学科，通过培育交叉学科人才、开展跨学科研究的方式适应社会发展的需要。一些具有跨学科属性的学院内还设有跨学科研究组织，充分利用学院资源开展跨学科研究，如东京大学新领域创成科学研究生院在学院内设有生物健康运动科学研究中心、生物图像中心、功能蛋白质组学中心等跨学科研究组织。除大学在新设立的具有跨学科属性学院内成立跨学科研究组织外，一些大学还会采取合并传统学院的形式建立新学院或新学科群，合并后的学院与学科群涵盖多门学科，也具备设置学院内嵌式跨学科研究组织的条件。[①] 由于学院内嵌式跨学科研究组织是在单个学院内成立的跨学科研究组织，其组织内成员归属、教师评估等都可沿用传统学院的管理形式，组织管理比较简便，成员归属感较高。

第四，跨学科大学式跨学科研究组织，该类跨学科研究组织通常属于整体意义上的无边界组织，整个大学的规划、发展等都以跨学科理念为指引，取消了传统大学在校内设立"学院—学系"的做法，突破了传统大学的学科"围墙"，在校内直接设立跨学科研究组织开展跨学科研究。跨学科大学式跨学科研究组织通常见于刚成立或新合并的大学，这些大学在创立之时便意识到跨学科发展是未来学术发展的新趋势，它们取缔了传统大学按照单一学科设置学术组织的做法，致力于开展跨学科教学和研究，生产并传播跨学科知识。跨学科大学的特点在于，其规模通常不大，整个大学围绕某一交叉学科领域开展教学与研究，如洛克菲勒大学以生物医学为主，欧林工学院则专攻工科方面的研究。同时，跨学科大学内设立诸多跨学科研究组织，开展科研工作，这些跨学科研

---

① 焦磊、谢安邦：《美国研究型大学跨学科学术组织的建制基础及样态创新》，《中国高教研究》2019 年第 1 期。

究组织需要直接对大学领导负责。跨学科研究组织内部往往采用主任负责制，由主任统筹与管理组织整体的运行与发展。目前，高等教育规模不断扩大，政府和社会可以建立一批新的大学以满足社会与高等教育发展需要。这些新建立的大学可以采用"跨学科大学"的发展模式，在校内形成扁平化结构，并基于跨学科研究组织开展研究。

（二）"大学外拓"路径跨学科研究组织适用特征分析

"大学外拓"跨学科研究组织是指大学与校外组织机构合作共同建立的跨学科研究组织，这类组织涉及两个或两个以上组织机构参与。"大学外拓"跨学科研究组织具体包括国家托管式、校际联合式、产教融合式三类跨学科研究组织。结合前文关于跨学科研究组织运行机制分析，探析这三类跨学科研究组织的适用特征。

第一，国家托管式跨学科研究组织，这类组织由政府出资建立、委托大学管理，属于国家使命型跨学科研究组织，呈现出"国家所有，大学运行"的特征。政府为国家托管式跨学科研究组织提供经费与设备支持，并规定了跨学科研究组织的研究方向，对组织发展及研究成果进行监督。大学则负责管理国家托管实验室的运营工作，制定组织目标、合理分配资源并安排研究人员开展契合国家重大需求的研究。21世纪以来，各国政府逐步意识到大学跨学科研究对于国家科学技术发展的重要性，不断增大对大学跨学科研究的支持，鼓励大学建立跨学科研究组织。一些政府部门以出资的形式在大学内建立研究组织并开展国家重大需求导向的研究，这些国家出资成立的跨学科研究组织可以借鉴国家托管式跨学科研究组织的运行机制，由政府与大学签订合同，政府为其提供研发经费，大学负责跨学科研究组织的运行管理并对政府负责。① 除此以外，大学内的一些研究组织也可以仿照国家托管式跨学科研究组织的运行模式，以签订合同的形式与政府进行合作，从政府部门获取资金与设备，承担国家重大科研项目或课题，满足政府战略需求，

---

① 文少保：《美国大学跨学科研究资助政策与组织机制》，科学出版社 2016 年版，第 100—103 页。

二者互惠互利、合作共赢，开展跨学科研究为社会提供服务。

第二，校际联合式跨学科研究组织，这类组织由两所或两所以上大学合作共建而成，大学之间优势互补、强强联合，共同成立组织开展跨学科研究。当前，诸多大学间保持着密切合作关系，他们以联合培养人才、学分互换等方式进行合作。在此背景下，一些大学之间进一步强化合作，共建了一批跨学科研究组织，如哈佛大学与麻省理工学院共建的健康科学技术部，两所大学共享研究资源，开展跨学科研究。除了大学牵头共建跨学科研究组织外，校际联合式跨学科研究组织亦可在政府部门、学术共同体的倡导下建立。这类校际联合式跨学科研究组织由政府或学术共同体牵头建立，并邀请不同的大学参与，为大学搭建了良好的合作平台，大学之间以联盟的形式开展跨学科合作研究，如美国能源部领导建立了先进生物能源和生物产品创新中心、生物能源创新中心、大湖生物能源研究中心、联合生物能源研究所等，这些跨学科研究组织涉及多所大学参与，开展基因科学与生物能源方面的研究。因此，校际联合式跨学科研究组织适合于一些具有合作基础的大学之间，由大学领导者牵头，其他师生与研究人员共同参与。另外，政府部门与相关学术部门可"自上而下"地以联盟形式建立校际联合式跨学科研究组织，这些部门为组织提供经费支持，并制定相关规章制度保障"参与者"的利益，保障校际联合式跨学科研究组织的顺利运行。

第三，产教融合式跨学科研究组织，该类型的跨学科研究组织是由大学与社会企业合作共建而成，二者协同合作共同开展跨学科研究，可以有效将跨学科研究成果转化为企业的应用技术。目前，众多大学与社会企业建立了合作伙伴关系，企业为大学提供资金支持，大学根据企业需求开展相关研究，之后由技术转化办公室将科研成果转化为市场所需的技术。在此背景之下，大学科研组织不断与企业进行互动，部分跨学科研究组织甚至衍生出一批初创企业，为产教融合式跨学科研究组织的建立奠定良好的基础。之后，一些大学选择与企业合作共建跨学科研究组织。企业作为组织建立者之一有权参与跨学科研究组织的规划、管理以及研究实践活动等，实现大学与企业的深入互动，提高跨学科研究成果转化为技术的效率。因此，产教融合式跨学科研究组织通常适合建立在具有校企合作基础的大学之中，积极推动大学与企业之间的合作，有利于二者共建跨学科研究组织并促进跨学科研究的开展。

二 研究型大学跨学科研究组织运行机制比较分析

通过分析国外大学七类跨学科研究组织的形式，发现这些跨学科研究组织在组织运行与发展上存在共性与差异。为了更好地呈现国外大学跨学科研究组织的特点，有必要对这些跨学科研究组织的运行机制进行对比总结，以期能够为我国大学跨学科研究组织变革发挥借鉴作用。

（一）组织动力与目标比较分析

通过分析国外大学七类跨学科研究组织动力机制可知，大学跨学科研究组织的发展受内外部环境影响。在外部驱动方面，跨学科研究组织的建立与发展会受到政府、企业以及其他组织影响，不同类型的跨学科研究组织受外界环境影响程度有所不同，政府与其他社会组织是影响大学建立跨学科研究组织的主要因素。国家托管式跨学科研究组织是政府推动建立跨学科研究组织的典范。这类组织是在政府政策鼓励与资金支持下建立而成的，自二战后，美国联邦政府每年为国家托管实验室投入大量科研经费与研究设备，支持大学在国家托管式跨学科实验室内进行跨学科研究。产教融合式跨学科研究组织则是在社会产业界的驱动下建立而成的，企业为大学提供资金支持，与大学合作共建跨学科研究组织，企业为组织确定研究方向，并参与到产教融合式跨学科研究组织的管理中，推动跨学科研究的发展。产教融合式跨学科研究组织受政府驱动影响程度远不如国家托管式跨学科研究组织。部分跨学科研究组织由政府、企业以及其他社会组织共建而成，政府为大学跨学科研究组织提供政策鼓励、资金支持，部分企业为跨学科研究组织提供科研经费与设备，跨学科研究组织与企业积极互动，将跨学科研究成果有效转化成应用技术，这些措施助力大学建立形式多样的跨学科研究组织。另外，慈善家、校友的捐款也推动了跨学科研究组织的创立，如洛克菲勒研究所是在慈善家洛克菲勒的倡议下创立，其个人赠款以及其他社会组织的资金支持是其发展的重要资金来源。除政府、社会企业、个人三种外部动力推动大学建立跨学科研究组织外，社会复杂问题、就业市场态势等外部环境因素也存在一定影响。大学需要变革传统学术组织形式来迎接未来社会的挑战，于是大学便建立形式多样的跨学科研究组织以开展研究、服务社会。在内部动力机制方面，大学为了获得更多经费支持、提高大学的社会地位与科研竞争力，主动在大学内部构建多元化的跨学科研究组织。跨学科研究成果已经成为评判一所大学科研实力的重要指标之一。为竞争优质的外部资源，大学转变科学研究范式，纷纷寻求特色化发展，形成自身的独特优势，在大学内外部变革学术组织形式，聚集人才进行前沿科学研究，创造新知识。此外，师生的价值观也是促成大学建立跨学科研究组织的重要影响因素。大学内许多教师逐步意识到单一学科组织的教学与研究已无法满足大学学科创新发展需要与现实社会需求，而跨学科合作是未来大学教育与研究的必然趋势，于是部分教师自发地与外部企业、其他学院（学科）教师展开合作，以跨学科课题组或者跨学科项目组的形式开展跨学科研究，这些课题组与项目组虽不是正式的跨学科研究组织，但在一定程度上促进了大学跨学科研究组织的形成与发展。此外，许多学生自发学习其他学科的知识，参加跨学科课程与跨学科研究实践活动，这些行为也促进了大学跨学科研究组织的建立。

在跨学科研究组织目标方面，七种类型的大学跨学科研究组织皆具备以下特点：第一，大学在学校发展使命中强调"跨学科"，将跨学科研究与教育纳入学校发展规划中，通过建立跨学科研究组织来推动跨学科教育与研究的发展。第二，大学跨学科研究组织重视在组织内部进行跨学科教育，几乎每一类跨学科研究组织都开设了相关跨学科课程，培育具有跨学科研究能力的人才。第三，跨学科研究组织在目标上强调开展前沿科学研究，通过跨学科研究活动探索新的研究方法，基于现有研究领域产生新见解与新成果。第四，大学跨学科研究组织强调将跨学科研究成果运用到社会实践之中。通过跨学科研究、跨学科成果转化、跨学科人才培养等方式为当地社区、社会提供服务，改善人类生活质量，推动整个社会的发展。

（二）组织架构形式比较分析

大学跨学科研究组织架构方式的不同是区分多种类型跨学科研究组织形式的关键。按照跨学科研究组织参与主体的不同，大学跨学科研究组织可以分为"大学外拓"与"大学内构"两种类型。"大学外拓"跨学科研究组织参与主体不只限于一所大学，是大学与其他校外组织机构合作共建而成的，如大学与企业合作建立"产教融合式跨学科研究组织"、大学与政府合作而构建的"国家托管式跨学科研究组织"以及大学与大学之间合作产生的"校际联合式跨学科研究组织"。"大学内构"跨学科研究组织构建主体通常只涉及一所大学，如跨学科大学式跨学科研究组织、大学校内独立建制式跨学科研究组织、学院联合式跨学科研究组织、学院内嵌式跨学科研究组织等，这些跨学科研究组织在开展跨学科研究过程中会受到政府政策影响，也会与产业界进行合作，但是其管理与运行都由大学负责。根据跨学科研究组织在大学内所处的地位与层级不同，可以将跨学科研究组织分为三类：一是大学意义上的跨学科研究组织，这类代表是跨学科大学，跨学科大学属于"整体意义上的无边界组织"，具备完善的大学学术管理体系与行政系统；二是与学院层级平行的跨学科研究组织，如国家托管式跨学科实验室、校内独立建制式跨学科研究组织、校际联合式跨学科研究组织、产教融合式跨学科研究组织等，这种类型的跨学科研究组织并不受传统学术组织的行政束缚，在校内单独成立跨学科研究机构，其领导与管理都来自于校级层面；三是隶属于学院内部的跨学科研究组织，学院内嵌式跨学科研究组织便是这种类型跨学科研究组织的典型，其机构一般设立在具有跨学科属性的学院内，享受跨学科学院给予的资源，开展跨学科教育与研究。

（三）组织管理机制比较分析

在行政管理方面，大学跨学科研究组织的行政管理一般是由大学主管科研的副校长办公室或者教务长办公室负责，职责在于监管跨学科研究组织的运行与评价，为跨学科研究组织分配研究资金，改善跨学科研究组织的管理体制。一些跨学科研究组织内设有董事会，其成员不仅有大学研究人员、相关学科专家、行政管理人员，还包括企业家、政府人员等。跨学科研究组织的重要活动需要董事会作出决策，他们负责选拔跨学科研究组织的负责人，为跨学科研究组织的发展提供建议，部分跨学科研究组织董事会还承担跨学科研究组织的成果评价工作。在跨学科研究组织内部，一般设有研究组织主任与副主任，主任通常都是大学的终身教师，不仅能够把握相关学科前沿研究动向，也熟悉大学的行政管理制度，负责管理跨学科研究组织的日常工作，同时需要接受校级层面领导的管理；副主任则承担起协助主任管理跨学科研究组织的工作，如安排跨学科组织的教育、资金与设备分配、奖项评定等方面的工作。另外，大学跨学科研究组织一般设有各类委员会，如咨询委员会、执行委员会、学术委员会等，咨询委员会与学术委员会的职能在于为跨学科研究组织提供咨询、建议与帮助，执行委员会则根据跨学科研究组织研究方向与项目运营情况作出决策。由于各类跨学科研究组织结构与管理有所不同，其委员会成员构成也有所区别，如国家托管式跨学科实验室咨询委员会成员包括联邦政府工作人员，由其对国家托管式跨学科实验室的发展进行监督并提供优化建议，产教融合式跨学科研究组织咨询委员会的许多成员属于企业人员，他们代表外部企业利益参与到跨学科研究组织的监督与规划中。

在资源配置方面，大学跨学科研究组织一般接受政府、企业以及其他社会组织机构的资助。国家托管式跨学科实验室的研究经费一般由政府提供，产教融合式跨学科研究组织的研究资金多来自企业，跨学科研究组织以签订合同、申请项目的形式获取资金与设备，开展跨学科研究。除了大学外部提供的跨学科研究资源外，大学本身也为跨学科研究组织提供资金援助，在校内通过建立实体研究机构、购买研究设备等方式为跨学科研究组织提供物质支持。另外，大学还设有专门的跨学科研究基金、跨学科研究补助金、跨学科研究奖学金等，这些为跨学科研究专门设置的奖励与基金计划可以激励研究人员开展跨学科研究，提升跨学科研究水平。

在人员安排方面，国外七种类型的跨学科研究组织成员一般由行政人员、师生、研究人员、博士后组成。跨学科研究组织行政人员负责处理跨学科研究组织行政事务、人事安排、设备维护、信息宣传等工作，是保证跨学科研究组织顺利运行的重要因素。教师一般在跨学科研究组织内承担教学任务，开设跨学科相关课程，部分教师还兼任科研职位，有效地将跨学科理论知识运用到科研实践中。跨学科研究组织研究人员作为跨学科研究的主力军，主要任务是开展跨学科方面的研究，为解决社会现实难题作出贡献。学生和博士后也是跨学科研究组织的重要组成部分，学生在跨学科研究组织内接受跨学科教育，之后在跨学科研究组织内担任助理人员参与跨学科研究实践。除此以外，一些跨学科研究组织是由两个或两个以上的主体参与建立而成，还有一些跨学科研究组织与其他组织机构在科学研究方面建立了合作伙伴关系，这部分跨学科研究组织的成员构成相比于一般跨学科组织更为多元，如国家托管式跨学科研究组织成员中则包含了一些联邦政府人员，产教融合式跨学科研究组织人员不仅有大学校内的人员，还包括了一些企业家，他们参与到跨学科研究活动中，为跨学科研究组织注入了新的活力。

在教师聘任方面，不同类型的跨学科研究组织有所差异。一些跨学科研究组织采用联合聘任方式，如学院联合式跨学科研究组织，教师一方面要接受原学院的管辖，另一方面也必须完成跨学科研究组织所安排的任务。跨学科研究组织从各学院抽调相关学科教师参与到跨学科的教育与研究实践中，这些教师在人事隶属上仍归属于原学院，只是在跨学科研究组织兼任科研职务，进行跨学科研究。跨学科研究组织一般在确认了跨学科研究方向与内容后，邀请相关学院（学科）教师参与研究，组织为这些教师提供经费支持，并规定教师的工作任务，调动教师参与跨学科实践的积极性。这种聘任制度并不会阻碍教师在原学院的晋升发展，教师在获得资源的同时能够得到丰富的跨学科实践经验，其跨学科研究成果也有助于职业晋升。一些跨学科研究组织采用传统单独聘任的方式，从大学外部招收具有跨学科研究经验的相关学科优秀人才到跨学科研究组织中，这些教师在人事隶属上归属于跨学科研究组织，其职业晋升与评价都由跨学科研究组织负责，科研成果也归跨学科研究组织所有。这种教师聘任方式的最大特点在于，聘任成本较高，由大学或者跨学科研究组织单独聘任。教师只归属于跨学科研究组织，其人事由该组织负责，无需参与其他学院或者研究组织的任务活动，教师能在跨学科研究组织内获得较高的归属感，其工作热情更高。

在跨学科教育方面，七种类型的跨学科研究组织均在组织内开设跨学科相关课程，通过设计一系列跨学科课程为大学培养跨学科人才，推动大学的跨学科教育。根据跨学科研究组织参与建设主体不同，跨学科课程形式也有所区别。校际联合式跨学科研究组织开设的跨学科课程涉及两个或两个以上大学参与，大学制定了较为完善的课程学分互换、学历承认制度，保证学生可以按照自身的教育背景与兴趣选择课程，跨越大学与学科的边界，扩宽学生的学术视野。产教融合式跨学科研究组织在跨学科课程上最大的特点在于开设了企业实践课程，企业家可以为学生提供培训和实践机会，将跨学科知识转化为跨学科研究实践能力，同时，企业人员也可以学习大学开设的跨学科相关课程，掌握相关学科的最新理论知识。除跨学科方面的课程外，跨学科研究组织通常还为周边社区的中小学教师提供培训服务，为企业和政府提供咨询服务，加强了学校与社会的互动。

在跨学科研究组织成果评价方面，由于跨学科研究组织形式有所不同，其成果评价方式也有所差别。根据评估参与者属性的不同，跨学科研究组织的评价方式大致可以分为两类：同行评价和外部评价。同行评价通常在大学内部设有相关学术委员会，邀请相关学科的专家担任委员会成员，他们从自身学科角度出发对跨学科研究成果的价值进行评估；外部评价一般通过外部评审委员会的形式进行，这些成员来自于相关研究领域的专家、企业界人士、政府人员等，他们从跨学科研究的创新、实用、社会影响等角度评估跨学科研究成果，检验跨学科科研成果是否能经受市场的考验。

（四）组织文化构建比较分析

通过对国外七类跨学科研究组织构建跨学科文化的方式进行分析，发现其文化构建方式大同小异，通常采用以下几种方式构建跨学科研究组织文化：第一，大学与跨学科研究组织明确跨学科发展理念与使命。

大学理念是学校经过长期的积淀与凝聚，反映出大学的办学宗旨与目标。国外各大学在发展中强调要建立一种开放包容的校园文化，许多大学校长在大学发展规划中提出学校要大力支持跨学科研究，并将其作为学校未来科研发展的重点方向。这种理念自上而下传递给大学师生群体，使其潜移默化地具有了跨学科意识，无形中塑造了跨学科文化。第二，大学跨学科研究组织制定新规章，反映跨学科文化。大学跨学科研究组织为了规范和约束组织成员行为，规定研究人员开展跨学科活动的基本准则，制定跨学科研究相关规章制度保障研究人员开展跨学科研究实践。这些制度直接体现了组织的跨学科特性，彰显出与众不同的跨学科文化。第三，跨学科研究组织建筑设计呈现出跨学科的理念。大学跨学科研究组织一般采取与传统学院、科研中心不同的建筑设计风格，将跨学科研究组织与其他机构区分开来，以与众不同的设计风格表现出创新性的理念。跨学科研究组织内通常设有咖啡厅、交流室等，为不同学科背景的研究人员提供交流场所，方便研究人员的交流与沟通。除此之外，大学跨学科研究组织在校内建立的实体机构一般设立在相关学科交汇处，缩短了不同学科研究人员的交流距离，也拉近了组织成员对于组织的心理归属，增强了组织成员的组织认同感。第四，行为文化，具体表现为开展跨学科课程、组织学术交流活动、学术讲座等。学生学习跨学科课程后，掌握跨学科相关知识，对学生产生潜移默化的影响，形成跨学科思维。学校还定期举办学术交流会议与校园活动，邀请不同学科背景的研究人员、企业家、校友、政府人员、投资机构人员等参加活动，这些人员对于科研、教育、技术创新等具有不同的看法，这些成员作为行动者，通过学术交流在学科之间建立联系，拓宽了跨学科研究组织的学术视野，无形中创造了跨学科文化。

本章小结

本章主要对七种跨学科研究组织形式的适用特征与运行机制进行对比与总结。第一部分详细分析了七种跨学科研究组织的适用特征：独立建制式跨学科研究组织通常规模较大，参与学科覆盖面较广，集结大学资源，负责国家重大发展问题与前沿科学问题的研究；学院联合式跨学科研究组织灵活性较高，适合"任务导向、问题解决"的需求；学院内嵌式跨学科研究组需要依托具有跨学科属性的学院，或由传统学院合并而来的新学院、新学科群；跨学科大学式跨学科研究组织适用于规模不大，围绕某一研究领域开展教学与研究的大学；国家托管式跨学科研究组织由政府出资建立、委托大学管理，呈现"国家所有，大学运行"的特征；校际联合式跨学科研究组织由两所或两所以上有合作基础的大学共建，实现优势互补、强强联合；产教融合式跨学科研究组织则由大学与社会企业合作建成。第二部分比较了不同跨学科研究组织的运行机制，从组织动力与目标、组织架构形式、组织管理机制、组织文化构建四个方面比较分析，并归纳总结其共性与差异。

第七章 中国研究型大学跨学科 研究组织发展现况

20 世纪以来随着社会发展与信息过载，科学研究面临的复杂问题愈发开放多维，这些问题远离严格意义上的学科中心，难以用传统的学科视野划分和处理。[①] 在这种趋势下世界范围内跨学科研究大量出现，交叉学科也逐渐在大学中取得学科合法性。在我国，"跨学科"的有关研究最早发生在 20 世纪 50 年代。我国学者早期把"Interdisciplinary"一词译为"交叉学科"或"学科互涉"。20 世纪 50 年代和 60 年代，以"两弹一星"为代表的国家层面科研项目是我国在跨学科领域的最初实践，同时，一批跨学科研究平台也依托这些科研项目而成立。20 世纪 80 年代，国家提出"为了集中力量完成国家下达或者有关部门提交的重大科学研究或科技开发任务，发挥研究型大学具有优势学科领域的科研潜力和学术影响，开拓有前景的边缘交叉学科及承担综合研究课题……在有条件的情况下可以设立科学研究机构"[②]。1985 年 4 月，全国首届交叉学科学术讨论会召开。在这些倡导下，我国大学的跨学科研究开始兴起，符合条件的大学先后设立各式各样的研究机构。20 世纪 90 年代以来，北京大学、清华大学、浙江大学、中国科技大学和中科院等都先后建立了跨学科研究组织。

进入 21 世纪，在政府的政策推动下，跨学科研究进入发展活跃期，许多跨学科研究组织相继成立。《国家哲学社会科学研究"十五"规划

---

① ［美］朱丽·汤普森·克莱恩：《跨越边界——知识·学科·学科互涉》，姜智芹译，南京大学出版社 2005 年版，第 40—41 页。
② 平思情：《新制度主义视角下我国研究型大学跨学科研究组织变迁分析》，《现代管理科学》2017 年第 6 期。

（2001—2005 年）》提出，加强基础研究、新兴边缘交叉学科和跨学科综合研究。教育部颁发《2003—2007 教育振兴行动计划》，指出，要紧密结合关键领域的前沿学科研究和国家重大现实问题研究，促进学科综合。"985"工程的二期建设也强调了科技创新平台的建设。2003 年 4月，浙江大学跨学科社会科学研究中心成立。《国家哲学社会科学研究"十一五"规划（2006—2010 年）》提出："要促进哲学社会科学与自然科学的相互渗透，促进哲学社会科学不同学科之间的相互渗透……重点建设一批立足学术前沿、注重前瞻研究的新兴学科和交叉学科。"2006 年 4 月，为加强对跨学科研究中心的管理与建设，北京大学成立前沿交叉学科研究院，用作跨学科研究平台。

从我国大学跨学科研究组织的发展历史可见，行政逻辑贯穿着跨学科研究组织兴起和蓬勃发展的全过程，自上而下的行政力量是主要推手，而市场、产业界的力量微乎其微，这也是我国跨学科研究组织发展动力不足的主要原因。[①]

一　中国研究型大学跨学科研究组织发展现况

跨学科研究是把来自两个以上学科或专业知识领域的信息、数据、技能、工具、观点、概念和理论综合起来，以加深基本认识或解决单一学科无法处理的问题的一种研究模式。[②] 跨学科研究有助于突破学科边界与壁垒，协同多研究领域的理论技术方法以解决复杂问题。近年来，我国政策层面愈发关注学科交叉和跨学科研究。2018 年 8 月，多部委出台的《关于高等学校加快"双一流"建设的指导意见》明确提出高校要"整合相关传统学科资源，促进基础学科、应用学科交叉融合"，鼓励开展跨学科研究活动。2021 年 11 月，国务院学位委员会印发的

---

①　董杲、平思情：《美国大学跨学科研究组织的发展——基于"三角协调"理论的视角》，《中国高校科技》2019 年第 8 期。

②　程如烟：《美国国家科学院协会报告〈促进跨学科研究〉述评》，《中国软科学》2005年第 10 期。

《交叉学科设置与管理办法（试行）》规范了交叉学科的设置与管理。次月，国务院学位委员会下发《博士、硕士学位授予和人才培养学科专业目录（征求意见稿）》，修订学科专业目录，增设平行于传统学科门类的"交叉学科"门类，并设置 6 个交叉学科一级学科。上述政策表明国家对学科交叉开展跨学科研究等活动的重视。跨学科研究组织是跨学科研究与教育活动的组织载体，为大学跨学科转型提供了组织保障，是世界高水平研究型大学的重要研发力量。世界高水平研究型大学普遍重视开展跨学科研究活动以及创建跨学科研究组织，如哈佛大学在校内组建了 24 个专门的跨学科研究机构，斯坦福大学除 18 个独立跨学科组织外，还在各院系设有各类跨学科计划和项目。[①] 那么我国研究型大学跨学科研究组织的建设与发展状况如何？下文以科研基础与科研实力雄厚且汇聚了优质科研资源的 42 所"一流大学"建设高校为研究对象，以该群集作为我国高水平研究型大学的代表，深入分析其跨学科研究组织的发展现况与建制。

（一）研究型大学跨学科研究组织发展现况

跨学科研究组织指涉及多学科的人群通过整合多学科视角以创造性地解决复杂问题为目标而组建的集合形式。[②] 研究借助 Python 的 Scrapy 爬虫框架制作网络爬虫工具，对 42 所高水平研究型大学相关网站全面解析，通过关键词检索与内涵判定筛选出 513 个跨学科研究组织。这些具有跨学科性质的组织部分内嵌于学院，规模较小；部分挂靠于院系组织，但整合多方科研力量，规模可观；还有部分组织直属于高校，汇聚资源，规模较大，内部往往分设若干分支机构，本研究对此类组织内设的下级机构不另行计数。资料与数据来源以组织机构的官方网站信息为主，以高校新闻网、学院网站、科研机构网站及其相关延伸链接的信息为辅。判定跨学科研究组织的标准主要在于两方面，一是确保组织实际

---

① 李鹏虎：《美国研究型大学组建跨学科组织的背景、实践及经验》，《清华大学教育研究》2020 年第 6 期。

② 周朝成、李敏：《大学跨学科研究组织的内涵、特征与管理模式探析》，《复旦教育论坛》2013 年第 3 期。

运行，从组织是否有新闻动态、研究成果等方面判定；二是确保组织具有跨学科性质，从研究领域、研究队伍、研究成果是否涉及多学科交叉判定。通过统计分析发现，我国研究型大学跨学科组织建设呈现出如下特征：

1. 跨学科研究组织数量校际差异显著

我国研究型大学的跨学科研究组织数量如图 7-1 所示，可见清华大学、北京大学两所顶尖学府的跨学科组织数量远超其他大学，并且作为极大值的清华大学跨学科研究组织数量远高于均值和众数，组织数量分布图整体呈现断层状。超过 90% 的高校跨学科研究组织数量在 1—20 区间，只有清华大学、北京大学与山东大学的组织数量超过 20 个。跨学科研究组织数量不高于 20 的 39 所高校中，16 所高校跨学科研究组织数量在 11—20 区间，约占总数的 38%；23 所高校跨学科研究组织数量在 1—9 区间，约占总数的 55%，其中 9 所高校跨学科研究组织数量少于 3，约占总数的 21%。综合图表与数据，我国研究型大学跨学科研究组织数量校际差异较大，主要体现在高峰值区断层及较大的极差。

2. 政策助推跨学科研究组织持续增设

根据各跨学科研究组织设立时间可知，我国研究型大学跨学科研究组织整体上随时间推移呈明显的增长趋势（见图 7-2）。从 20 世纪末至今，我国研究型大学跨学科研究组织的年新建数量整体呈现上升趋势，其中在 1999 年、2003 年、2005 年、2015 年、2017 年、2018 年有明显的上升，并在 1999—2001 年、2011—2013 年以及 2017—2020 年三个时段形成了跨学科研究组织建设高峰期。结合高等教育领域战略方针，可以发现跨学科组织新建数量明显提升的时期和时间节点，大多有涉及跨学科或科研组织建设的政策文件出台。跨学科组织的建设发展主要受到以下高教政策或事件的影响：高等教育重建（1998 年以前）、高等院校扩招（1999—2001 年）、2011 协同创新中心建设（2011—2013）、"双一流"建设（2015—2020 年）。

在 1998 年之前，我国高等教育处于精英教育阶段，规模较小且科研组织少，在此背景下跨学科研究组织数量亦少。1999 年教育部出台

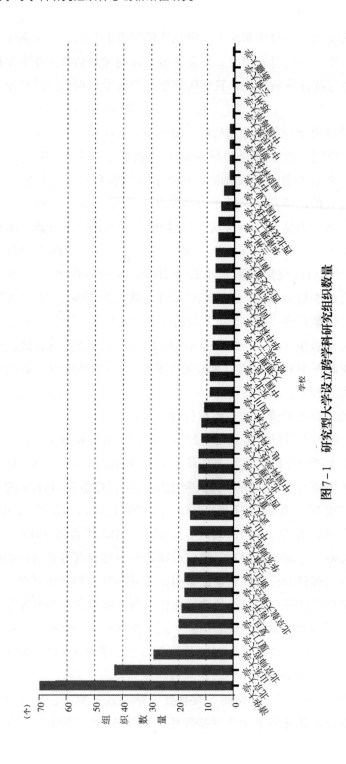

图7-1 研究型大学设立跨学科研究组织数量

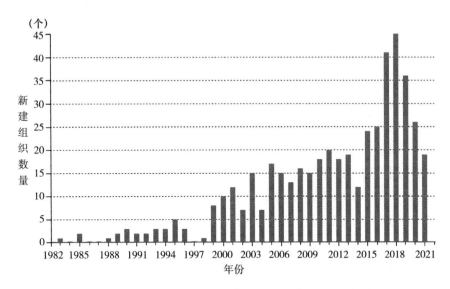

图 7-2　研究型大学跨学科研究组织建立时间

《面向 21 世纪教育振兴行动计划》，高等教育实施扩招并快速发展，同
年教育部公布两批重点实验室名单以支持高水平研究基地建设。在部级
重点实验室建设的影响下，广东、福建等省市于 2003 年建立一批省级、
市级重点实验室。部级和省市级重点实验室的建设带动了跨学科研究组
织的数量增长，1999—2003 年跨学科组织年均新建数量超过 10 个，相
较于前十年不足 3 个的均值呈现明显上升趋势，是改革开放后跨学科研
究组织建设的第一个高峰期。

　　其后，教育部又分别于 2005 年、2009 年、2010 年、2011 年公布
"教育部重点建设实验室名单"。2005 年《教育部国家外国专家局高等
学校学科创新引智计划"十一五"规划》提出建设学科创新引智基地，
推进了清华大学国家工程教育多学科交叉创新引智基地等跨学科组织的
建设。2010 年的《国家中长期教育改革和发展规划纲要（2010—2020
年）》强调培育跨学科团队；《2011 协同创新中心建设发展规划》启动
了面向科学前沿、文化传承创新、行业产业、区域发展认定协同创新中
心的计划，四类中心的发展目标均涉及学科交叉。"2011 计划"育成了
同济大学的智能型新能源汽车协同创新中心、厦门大学的能源材料化学

协同创新中心等一批跨学科组织。在重点实验室和各项政策的影响下，2005—2013 年的跨学科研究组织年均新建数量超过 16 个，保持稳定且较高水平增长，是跨学科研究组织建设的第二个高峰期。

第三个建设高峰期与"双一流"政策关系紧密。2015 年国务院印发《统筹推进世界一流大学和一流学科建设总体方案》，提出"推进科研组织模式创新"，"培育跨学科、跨领域的创新团队"，增强大学对科研组织创新和跨学科团队培育的重视度，促成了一批围绕重大科研项目开展协同创新的跨学科组织建立。2017 年三部委印发《统筹推进世界一流大学和一流学科建设实施办法（暂行）》，强调"突出学科交叉融合"，"鼓励新兴学科、交叉学科"。2018 年的《关于高等学校加快"双一流"建设的指导意见》再次强调"加强学科协同交叉融合"，并进一步明确应以基础学科、前沿学科和应用学科组建交叉学科，促进哲学社科、自然科学与工程技术交融。实施办法和指导意见充分强调了跨学科研究的重要性，前者整体布局，后者递进深化，有效推进了跨学科研究组织的建设。"双一流"建设系列政策文件对跨学科研究的重视度逐步加深，使我国高水平研究型大学在 2015—2020 年出现年均新建数量超过 32 个的跨学科研究组织建设热潮，并在 2018 年达到顶峰。

3. 跨学科研究组织多聚焦于应用研究领域

对跨学科研究组织名称进行内容分析并将高频词可视化，筛除形式后缀等无关词语可得到跨学科研究组织的聚焦领域，如图 7 - 3 所示。

在跨学科研究组织名称中，"技术""工程""系统"为第一梯队高频词，平均出现频次超过 36 次，以其命名的跨学科组织最早成立于 20 世纪 90 年代初，是我国最早建立的一批跨学科研究组织，可见我国研究型大学跨学科研究组织早期侧重于工程技术研发。第一梯队词汇延续至今仍是新建跨学科组织的高频词，面向复杂系统与现实问题的应用研究也一直是多学科交叉融合的孕育之地。"智能""生物""医学""环境""材料""中国""能源""生态""化学""人工智能"等为第二梯队高频词，出现频次在 12—32 次之间。随着时间的变迁，不同时期跨学科研究组织所关注的重点领域也有所不同。"生物""材料""环境"等领域从 20 世纪 90 年代至今一直有跨学科研究组织新设；"中

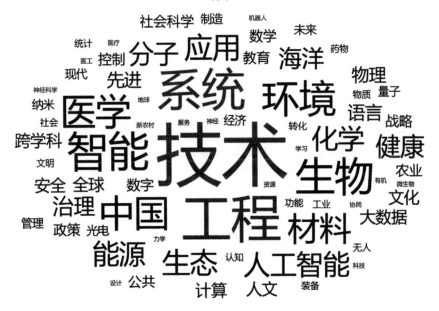

图 7 - 3 跨学科研究组织名称高频词

国""医学""化学""生态""能源"等领域的跨学科研究组织主要在
20 世纪 90 年代末及 21 世纪初开始兴起建立,其中"能源"领域的热
度自 2014 年以后开始下降,医学领域以及针对中国国情、文化、法治、
城镇化等中国特色研究的跨学科组织建设热度则自 2016 年以来持续增
长;"智能""人工智能"类跨学科研究组织集中建立于 2017 年以后,
是近年跨学科研究的热门领域。总体而言,跨学科研究组织多形成于生
物、化学、材料、物理等自然科学领域,以及语言、文化、公共治理、
政策等人文社会科学领域,并且自然科学领域的跨学科组织名称高频词
频次多于人文社会科学领域。人工智能、生态环境、中国学、医学、材
料、能源、海洋、健康等研究方向具有综合性与复杂性,是跨学科研究
的活跃领域。

在跨学科研究组织名称之中,第一梯队高频词是"技术""工程"
"系统"。"技术"平均出现频次超过 36 次。自 1988 年以来,"技术"

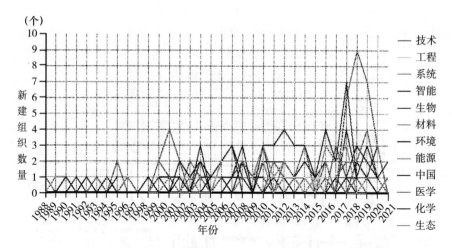

图7-4 热门领域跨学科研究组织建立时间

领域新建跨学科研究组织49个，"工程"领域36个，"系统"领域26个，三者的新建跨学科研究组织数量均整体呈现上升趋势，并且都在21世纪初以及2017年左右的"双一流"政策时期出现了明显的数量增长趋势。其中，"技术"领域的跨学科组织在2009年至2013年、2015年至2017年增量较高；"工程"领域的跨学科组织在1999年至2003年、2011年至2019年增量较高；"系统"领域的跨学科组织在2005年至2009年、2015年至2017年增量较高。

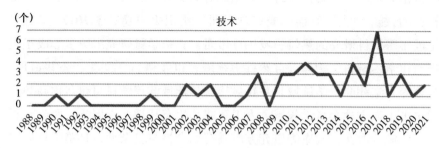

图7-5 "技术"领域跨学科研究组织建立时间

在跨学科研究组织名称之中，第二梯队高频词是"智能""生物"

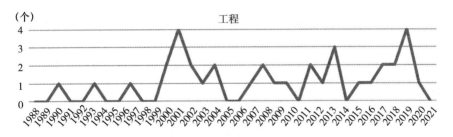

图7-6　"工程"领域跨学科研究组织建立时间

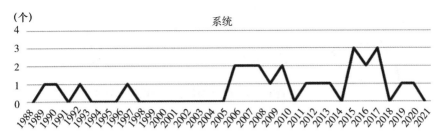

图7-7　"系统"领域跨学科研究组织建立时间

"材料""环境""能源""中国""医学""化学""生态"，出现频次在12—32次之间。自1988年以来，"智能"领域新建跨学科研究组织32个，"生物"领域31个，"材料"领域17个，"环境"领域16个，"能源"领域13个，"中国"领域22个，"医学"领域19个，"化学"领域16个，"生态"领域12个。这些高频词对应领域的跨学科研究组织新建数量大部分呈现上升趋势。其中，"智能"领域的跨学科研究组织在2017年至2020年增量较高；"生物"领域的跨学科研究组织在2003年至2007年、2009年至2015年、2017年至2020年增量较高。总体而言，2003年至今"生物"领域的跨学科研究组织数量持续增长；"材料"领域的跨学科研究组织在2017年至2019年增量较高；"环境"领域的跨学科研究组织数量增长相对稳定，没有明显的快速增长时期；"能源"领域的跨学科研究组织集中新建于2000年至2014年，以2009年为新建数量最多的一年，并且近年数量再无增加；"中国"领域的跨学科研究组织数量在1999年以后整体持续增长，二十余年间只有个别年份无新增；"医学"领域的跨学科研究组织在 2005 年至 2006 年、2017 年至 2020 年增量较高；"化学"领域的跨学科研究组织在 2003 年、2007 年至 2009 年增量较高；"生态"领域的跨学科研究组织在 2013 年至 2019 年增量较高，但总量相对其他高频词对应的研究领域偏少。

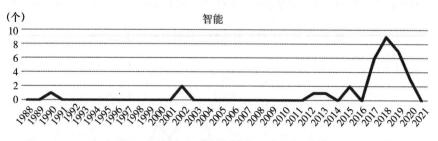

图 7 - 8 "智能"领域跨学科研究组织建立时间

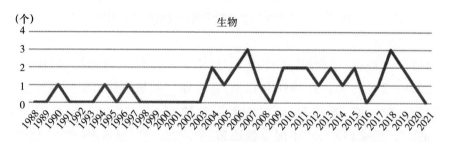

图 7 - 9 "生物"领域跨学科研究组织建立时间

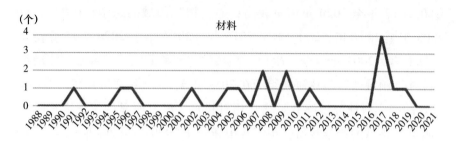

图 7 - 10 "材料"领域跨学科研究组织建立时间

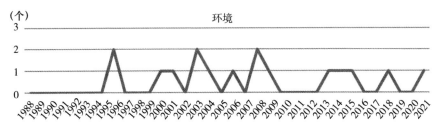

图 7 - 11   "环境"领域跨学科研究组织建立时间

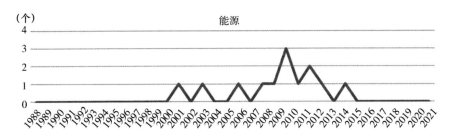

图 7 - 12   "能源"领域跨学科研究组织建立时间

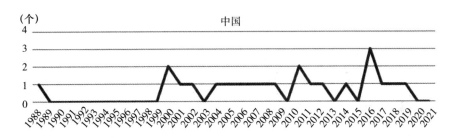

图 7 - 13   "中国"领域跨学科研究组织建立时间

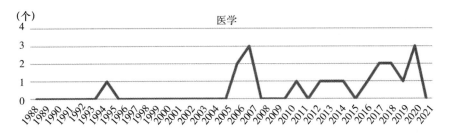

图 7 - 14   "医学"领域跨学科研究组织建立时间

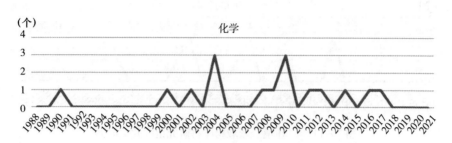

图 7 - 15 "化学"领域跨学科研究组织建立时间

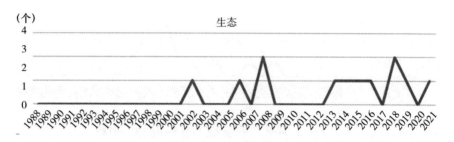

图 7 - 16 "生态"领域跨学科研究组织建立时间

（二）研究型大学跨学科研究组织建制

在管理学与组织行为学中，组织是重要的研究对象。① 大学是典型的组织，从组织行为学视域分析跨学科研究组织具有理论适配性。对于组织行为的分析，多从组织目标、组织形态、组织管理等维度展开。② 组织目标体现了跨学科研究组织的创建缘由和发展目标，是跨学科研究组织建制的基础；组织形态是组织具体的表现形式或存在状态，跨学科研究组织的形态差异主要在于建制形式的不同；组织管理涉及内外部管理，对内侧重人员管理，对外侧重行政干预，二者都是跨学科研究组织的建制重点。

1. 跨学科研究组织目标多样

依据创建缘由和发展目标，我国跨学科研究组织有着多元的定位指

---

① 李中彬、杨成国、胡三嫚：《组织行为学》，中国社会科学出版社 2010 年版。
② 段万春：《组织行为学（第三版）》，高等教育出版社 2017 年版。

向。对于研究方向，跨学科研究组织部分侧重于解决问题，部分侧重于发展理论。侧重于解决问题的跨学科研究组织常以复杂性问题或系统为核心开展跨学科研究，具体形式有重点实验室、研究中心等。如清华大学的国家环境保护环境微生物利用与安全控制重点实验室致力于环境微生物高效利用与安全控制，天津大学的内燃机燃烧学国家重点实验室关注燃料和内燃机燃烧，北京航空航天大学的无人系统研究院聚焦无人系统技术，这些组织通过整合多学科力量攻坚超越单一学科的复杂议题。侧重于发展理论的跨学科研究组织常常结合多个特定学科的理论、方法或技术，交叉融合形成一套研究体系、模式、视角或是新的交叉学科，并围绕其展开跨学科研究，具体形式有学院、研究院、研究所以及部分国家重点实验室等。形成新研究视角的组织有致力于中国学者独创的虚拟经济学理论研究的南开大学虚拟经济与管理研究中心，整合文法哲等多学科力量开展 21 世纪马克思主义学科交叉理论研究的南开大学 21 世纪马克思主义研究院，发展具有中国特色的河口海岸学科理论体系的华东师范大学河口海岸学国家重点实验室；形成新交叉学科的组织有综合运用生物信息学、系统生物学、合成生物学知识的清华大学合成与系统生物学研究中心，围绕"柔性电子学""言语听觉科学""海洋技术与工程"等新兴交叉学科开展跨学科研究的有西北工业大学的柔性电子研究院、华东师范大学的言语听觉科学教育部重点实验室、浙江大学的海洋感知技术与装备教育部工程研究中心等。

　　对于创建动机，部分跨学科研究组织指向校内学术组织管理的内部需要，部分指向回应国家政策的外部需要。指向学术组织管理内部需要的跨学科研究组织往往是大学以促进学科交叉融合和集中管理校内跨学科组织为目的而自发建立的平台。这些跨学科组织一般是独立建制的校级直属机构，内设若干不同研究方向的中小型研究所、研究中心或实验室，或是挂靠若干由校内多学科力量组成的中大型跨学科组织。如北京大学的前沿交叉学科研究院，"践行北京大学学科交叉理念"，内设纳米科学与技术研究中心、生物医学跨学科研究中心等十余个研究机构，涵盖数学、物理学、化学、生物学、医学、工学等多个学科交叉领域。此外还有吉林大学的未来科学国际合作联合实验室，武汉大学的高等研究院，重庆大学的人文社会科学高等研究院，国防科技大学的前沿交叉学科学院等。指向回应国家政策外部需要的跨学科研究组织一般在国家专项政策文件推动下建成，在国家重点关注的前沿领域及惠及社会民生的重大领域开展研究。在人工智能领域，响应 2018 年的《高等学校人工智能创新行动计划》与 2020 年的《关于"双一流"建设高校促进学科融合加快人工智能领域研究生培养的若干意见》，2018 年以来清华大学、北京大学、中国人民大学、大连理工大学、厦门大学、西安交通大学等 14 所研究型大学相继建立了人工智能学院或研究院。在网络安全领域，响应 2016 年的《关于加强网络安全学科建设和人才培养的意见》和 2017 年的《一流网络安全学院建设示范项目管理办法》，2017 年以来北京航空航天大学、南开大学、北京理工大学纷纷成立了具有学科交叉性质的网络空间安全学院。在药品监管领域，《"健康中国 2030"规划纲要》提出于 2019 年正式启动中国药品监管科学行动计划，相应地清华大学、山东大学在 2019 年成立了药品监管科学研究院，开展药品监管科学领域的前沿交叉学科研究。

2. 跨学科研究组织形态以学院联合式、学院内嵌式和独立建制式为主

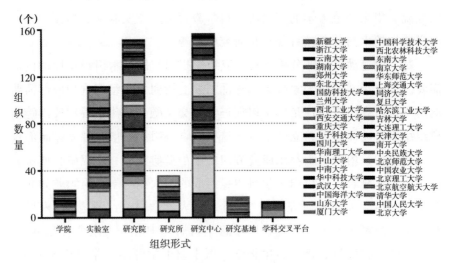

图 7-17 跨学科研究组织存在形式

我国跨学科研究组织的存在形式主要有研究院、研究中心、实验室、学院、研究所、研究基地和学科交叉平台等（见图 7 - 17）。具有跨学科性质的学院、研究院大多是近年成立的围绕新兴交叉学科进行科学研究和人才培养的机构，而不同于专注单一学科研究的传统学院。研究所、研究中心则是围绕某一研究领域开展科学研究的组织，研究中心模式包含"协同创新中心""高精尖创新中心""国家工程研究中心"等不同类别。实验室包括国家级、部省级、市校级重点实验室，亦包括国际校际联合、校企联合实验室以及校设前沿创新实验室等。研究基地、学科交叉平台等数量较少，具体形态有较大的校际差异。

尽管存在形式有所不同，但这些跨学科组织的内部结构和开展跨学科研究的方式相似，组织的根本差异主要在建制形式与运行主体。参考美国研究型大学跨学科研究组织的分类方法[①]，可以发现我国跨学科研究组织的建制形式以学院联合式[②]、学院内嵌式和独立建制式为主。这些组织或为实体或为虚体，实体组织兼具科学研究与人才培养职能，一般规模较大；虚体组织则偏向科研职能而弱于人才培养，更常见于人文社科类的跨学科研究组织。

学院联合式跨学科研究组织，指两个及以上院系组织遴选人员与共享资源，协同开展跨学科研究的机构。在多个院系共同组建的基础上，我国的学院联合式跨学科研究组织可能由某一牵头学院在行政上主导组织的运行管理，也可能不区分牵头学院而以核心研究员和项目为主导实施管理。在国家政策重视跨学科研究之前，一线研究团队与基层学术组织出于学术志趣与研究方向，自下而上跨院系组建的学院联合式组织是我国跨学科研究组织的重要建制形式。具体形式包括多学院联合建立的研究中心、实验室等。如哈尔滨工业大学的物联网与泛在智能研究中心，依托计算机科学与技术学院和人工智能研究院建立，以研究人员和项目为核心，集中力量开展物联网、5G、智能系统和人工智能方向的

①　焦磊、谢安邦：《美国研究型大学跨学科学术组织的建制基础及样态创新》，《中国高教研究》2019 年第 1 期。

②　焦磊、袁琴：《组织变革视域下大学跨学科研究组织形式创新路径研究》，《江苏高教》2022 年第 2 期。

跨学科研究。

学院内嵌式跨学科研究组织，指在某一具有跨学科属性的学院内设立的跨学科研究机构。由于我国高等教育内部治理目前仍以学院制为主，绝大部分高校内部都采用"校—院—系—专业教研室"型的学术组织结构，在这种背景下，新建的跨学科研究组织也多于原有院系基础之上形成①，因此具有跨学科属性的院系之中学院内嵌式跨学科研究组织比较常见。具体形式包括内嵌于学院的跨学科研究中心、研究所和实验室，以及挂靠于学院的跨学科机构等。如北京师范大学的大气环境研究中心，立足于学科交叉和环境需求整合校内相关院系研究力量而成，开展实质性跨学科研究，但中心专职人员均隶属于上级的环境学院，行政上也由环境学院管理。

独立建制式跨学科研究组织，指大学在校级层面设立的独立于院系组织的跨学科研究机构。相较于学院内嵌式，独立建制式弱化了我国传统学院制结构的影响，以更加创新与独立的形态设置跨学科机构，有助于研究人员突破学科院系限制开展跨学科研究。独立建制模式在跨学科研究组织中的广泛应用也反映了国家和高校对跨学科研究的重视。具体形式包括近年新建的多学科交叉的学院、研究院和校级直属跨学科研究中心，以及各层级具备跨学科性质的实验室等。如北京大学的区域与国别研究院，整合北京大学国际关系学院、外国语学院、历史学系等多院系在该领域的科研力量形成校级直属的独立研究院，并成立战略咨询委员会和学术管理委员会。战略咨询委员会负责研究院的发展规划和教学指导，职责包括参与研究院战略规划和重点项目咨询，支持研究院人才培养与教学工作，指导研究院的智库功能建设，促进研究院国内外交流合作等事宜；学术管理委员会负责全校涉及区域与国别研究院研究的虚体机构的学术管理，但不干涉社会科学部对这些虚体机构的行政管理工作。

3. 跨学科研究组织内外部管理共同推进

高校跨学科研究组织内部管理的重点在于教师聘任。我国跨学科研

---

① 程妍：《跨学科研究与研究型大学建设》，博士学位论文，中国科学技术大学，2009 年。

究组织的主要聘任方式为单聘制、双聘制以及混合聘任制。① 单聘制指教师单聘于传统院系或跨学科组织。我国的跨学科研究组织多是整合多学科领域的相关研究力量形成，其研究人员大多来自不同的传统院系，与学科组织已建立聘任关系。研究人员放弃原本人事关系转而专聘于跨学科组织的情况极其罕见，并且单聘于跨学科组织的教师晋升与激励机制尚不完善，因此单聘于传统院系是我国跨学科研究组织成员最常见的聘任方式。双聘制指教师同时受聘于传统院系和跨学科组织，有利于教师在跨学科组织中投身跨学科研究，同时在学科组织继续从事教学工作。双聘制相对于单聘制在我国应用更少。混合聘任制即跨学科研究组织对核心成员实行双聘制而其余采取单聘制。如清华大学合成与系统生物学研究中心的研究团队只有部分骨干成员是来自信息学院、医学院、生命学院的双聘教授，其他大多为单聘于学科院系的兼职教授。

高校跨学科研究组织的外部管理主要受学校科研职能部门的行政影响。大部分高校在校级层面设置了制定执行科研规划与处理相关行政事务的专职部门，传统形式以科技处为主。近年许多高校改革原有形式或新建平台，产生了一批以科学技术研究院为代表的新型校内科研管理机构，更加关注学科交叉平台等跨学科组织的发展。综合分析校级科研职能部门，可以将我国研究型大学从外部对跨学科研究组织的行政管理分为三类。第一类，高校建立专门的跨学科研究组织管理平台，在人员管理、资源配置、考核评估等方面提出相应规定和具体要求，以复旦大学的融合创新研究院、浙江大学科学技术协会为代表；第二类，高校校级科研平台或职能部门在工作职责中专门提及跨学科研究，强调重要性，但没有形成对跨学科研究组织的专项管理制度，以华东师范大学的人文与社会科学研究院、兰州大学的科学技术发展研究院、东北大学的科学技术研究院为代表；第三类，高校校级科研平台或职能部门在工作职责中未涉及跨学科内容，也未对跨学科组织与学科组织实施差异化管理，我国大部分高校的科学研究院、科学技术研究院都属于此类。第二类和

---

① 项伟央：《高校跨学科组织中的教师聘任制度研究》，硕士学位论文，复旦大学，2011 年。

第三类机构的主要职责是制定高校科研发展规划和协调管理科研组织，负责科研项目的过程管理、成果转化与产学研合作对接等。由于未形成专门机制，这两类机构对于跨学科研究组织也采取与学科组织相同的管理方式。第一类机构主要面向跨学科研究组织，服务范围小、服务对象集中，因此管理功能细分度高。如复旦大学的融合创新研究院，负责从高校批准设立的研究机构中遴选出承担国家重大任务的高水平、跨学科、创新型研究单位，为其提供创新模式的组织管理和支撑服务，以促进学科交叉融合、优秀团队形成和重大成果突破。在资源配置方面，为重大科研任务的组织、实施、拓展及成果产出等提供全过程的管理和资源配套服务；在人员管理方面，为研究机构建设稳定的、以课题负责人（Principal Investigator，简称 PI）为核心的人才队伍提供专业服务，探索建立长聘、双聘、项目制等多种形式相结合的科研用人体制和机制，协助研究机构组建高水平的科研团队和科研团队集群；在考核评估方面，按照重大科研任务的组织实施运行规律，建立新型、有效的绩效考核、业绩评定和专业技术职务晋升学术标准和遴选机制，以及灵活高效的人力资源配置和准入退出管理机制。这种模式与美国研究型大学的科学技术中心（Science and Technology Center，简称 STC）相似。STC 对研究组织进行周期化的考核评估，对考核不合格的组织采取暂停、中止或除名等措施，对合格的组织则是以五年为周期提供长期稳定的资源供给。[①] 复旦大学的融合创新研究院则在资源配给、考核评估等方面做了相应的规定，但横向对比量化标准较少。

二　中国高校人工智能学术组织发展现况

近年来，受益于大数据、类脑科学、量子计算、传感网等新理论、新技术的突破，人工智能获得了新发展。人工智能是第四次工业革命的核心技术之一，被视为引发新一轮科技革命和产业变革的主导力量。作

① 朱永东：《"双一流"高校要重视跨学科学术组织建设——基于美国研究型大学跨学科学术组织管理模式的分析》，《研究生教育研究》2018 年第 6 期。

为第四次工业革命的核心技术之一，人工智能呈现出显著的多学科交互与整合特征。① 人工智能领域不仅涉及自然科学领域，亦涉及社会科学领域，诸如计算机科学、统计学、数学、生物学、控制学、哲学、心理学、语言学、社会学、法学等。从学科属性上，人工智能属于典型的交叉学科，人工智能学术组织则属于典型的跨学科组织，下文将对人工智能学术组织的现况展开深入研究。

（一）政策驱动下高校人工智能学术组织建设迎来热潮

近年来，人工智能相关技术取得了突破性发展，人工智能业已成为新一轮产业变革的核心驱动力。各国纷纷将发展人工智能作为提升国际竞争力、维护国家安全的重大战略，积极谋划布局，力图在新一轮全球科技竞争中掌握主导权。2016 年美国发布《为人工智能的未来做好准备》等三份重要报告，正式启动国家人工智能战略计划。英国、德国、日本等发达国家也相继发布人工智能发展战略，规划本国人工智能的战略布局。为抢占人工智能时代的发展先机，我国于 2017 年 7 月制定印发了《新一代人工智能发展规划》，明确要求大力建设人工智能学科，完善人工智能领域学科布局，设立人工智能专业，推动人工智能领域一级学科建设。② 人工智能国家间的竞争本质是人才的竞争，而高校是进行人才培养和科学创新的高地。2018 年 4 月，教育部印发了《高等学校人工智能创新行动计划》，提出高校要完善人工智能的学科体系，推动人工智能领域一级学科建设；形成"人工智能 + X"复合专业培养新模式。③ 因应这一全球趋势，人工智能教育迅即成为我国学界关注的热点议题。

当前，学界围绕人工智能议题，主要就人工智能的人才培养、学科

---

① RoseIndia, Artificial Intelligence-Combination of many Disciplines, https：//www. rosein-dia. net/artificialintelligence/artificial-intelligence-disciplines. shtml.

② 国务院：《新一代人工智能发展规划》（2017 年 7 月 8 日），http：//www. gov. cn/zhengce/content/2017-07/20/content_ 5211996. htm.

③ 教育部：《高等学校人工智能创新行动计划》（2018 年 4 月 2 日），http：//www. moe. gov. cn/srcsite/A16/s7062/201804/t20180410_ 332722. html.

建设、人工智能时代教师角色转变等方面开展了相关研究。人工智能人才的培养首先需要厘清的问题是培养何种类型及层次的人才。有研究者认为人工智能人才从类型上包括核心专业人才、行业交叉人才和政府管理人才等①，层次上可分为"核心+衍生"型、"复合"型和"交叉"型三个层次。② 在《高等学校人工智能创新行动计划》的驱动下，"人工智能+X"的复合人才培养模式的研究与实践陆续展开③，有高校建立起以问题为导向、以项目为载体、以创新为目标的贯通式工程教育链条。④ 然而，现阶段人工智能人才培养仍以技术型、研发型为主，人工智能+人文社科复合型人才培养的探索滞后。⑤ 人工智能学科建设是人工智能教育与科学研究的基础。但我国人工智能教育体系尚不完备，虽然在"高等教育及科学研究等各个领域均获得发展，但这种发展更多是技术层面的发展，缺乏各个学科的协调统一，未能形成人工智能一级学科"⑥。此外，为人工智能专设的课程数量远远不能满足需求，专业课程更似浓缩版的"高级科普"课程。⑦ 有研究者依据人工智能教育的知识特点、现实需求和发展远景，从学科（知识）布局、学科建制、学术共同体和学科文化四个层面探讨了人工智能学科建设的实践路径。⑧ 人工智能时代将深刻变革教育的景象，包括教师的角色及其专业发展。人工智能时代教师的一些职能将由人工智能所替代，教师专业发

①　吴朝晖：《交叉会聚推动人工智能人才培养和科技创新》，《中国大学教学》2019 年第 2 期。

②　王万森：《"梅花"傲雪，笑迎人工智能教育满园春色》，《计算机教育》2018 年第 10 期。

③　张波、方祖华、叶宏；《新工科人工智能教育型人才培养模式研究——以上海师范大学"人工智能+教育"人才培养模式为例》，《现代教育技术》2019 年第 8 期。

④　黄河燕：《新工科背景下人工智能专业人才培养的认识与思考》，《中国大学教学》2019 年第 2 期。

⑤　何晓斌、石一琦：《人工智能的发展和我国人工智能文科人才的培养》，《清华大学教育研究》2019 年第 4 期。

⑥　臧红岩：《"负责任创新"：人工智能教育之基》，《中国社会科学报》2019 年 6 月 6 日第 5 版。

⑦　周志华：《创办一流大学人工智能教育的思考》，《中国高等教育》2018 年第 9 期。

⑧　刘永、胡钦晓：《论人工智能教育的未来发展：基于学科建设的视角》，《中国电化教育》2020 年第 2 期。

展的重点转变为教育的洞察力、提炼辩证综合能力以及教育反思的能力。① 同时，人工智能将重塑教与学之间的形态，驱动教师将前沿科研成果纳入课程，保持课程教学内容的持续更新，采用以科研为导向的教育教学方法。②

人工智能学科的建设、人才培养及科学研究等需要组织载体的支撑。教育部鼓励有条件的高校在充分论证的基础上建立人工智能学院、人工智能研究院，鼓励高校对照国家和区域产业需求布点人工智能相关专业、设立相关二级学科或交叉学科。与人工智能发展热潮相应，自2018 年以来我国高校人工智能学术组织的建设如火如荼。鉴于人工智能的交叉学科属性，人工智能学术组织本质上理应是跨学科学术组织。本部分将以我国人工智能学术组织为例，深度分析我国人工智能学术组织的发展状况，剖析其是否彰显了跨学科学术组织的特点。

（二）我国高校人工智能学术组织发展状况解析

通过检索我国高校的官方网站及相关新闻资料，据不完全统计，截至 2020 年 12 月，已有 145 所高校成立了涵盖人工智能学院和人工智能研究院两种形式的人工智能学术组织，包括人工智能学院 93 所，人工智能研究院 66 所，其中 16 所高校同时设立了人工智能学院和人工智能研究院，亦有院校设立了两个人工智能研究院。如下部分将从发展态势、高校类型、创建形式及学科专业设置四个维度考察人工智能学院建设的现状。论述过程中对"人工智能学院"和"人工智能研究院"不作严格区分，两者皆为开展人工智能领域人才培养、科学研究与社会服务的"人工智能学术组织"。此外，本研究仅对本科层次的院校数据进行了统计。

1. 发展态势

从成立时间看，2016 年只有 1 个人工智能学术组织成立，2017

①　李栋：《人工智能时代教师专业发展特质的新定位》，《中国教育学刊》2018 年第 9 期。

②　林健、郑丽娜：《美国人工智能专业发展分析及对新兴工科专业建设的启示》，《高等工程教育研究》2020 年第 4 期。

年新设人工智能学术组织 11 个，2018 年新建人工智能学术组织急剧增加，多达 61 个，2019 年新增人工智能学术组织稍有减少，2020 年的增长速度则明显放缓。总体而言，2017 年以来我国高校新建人工智能学术组织呈显著增长之势。部分高校在建立人工智能学院后，又相继成立了人工智能研究院，如北京邮电大学、西安交通大学等。

从图 7 - 18 可以看出，2018 年我国高校迎来人工智能学术组织创设的高峰。以 2018 年为起点，近三年来我国高校人工智能学术组织设立数量快速增长，这一趋势的出现与国家对人工智能的战略部署及推动人工智能发展的政策息息相关。《新一代人工智能发展规划》《高等学校人工智能创新行动计划》均强调高校应在人工智能相关领域的科技研发与人才培育中发挥重要作用。为回应国家对人工智能的战略规划及抢抓人工智能发展的重大战略机遇，构筑人工智能发展的先发优势，我国高校正呈现出一股"人工智能热"的现象。

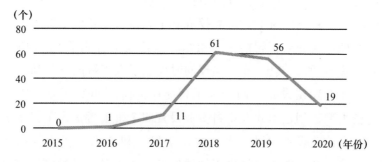

图 7 - 18　我国高校人工智能学术组织设立变化趋势

注：11 所高校人工智能学术组织数据缺失。

2. 高校类型

从人工智能学术组织所在高校的类别来看，如图 7 - 19 所示，理工类高校 67 所，综合类高校 53 所，师范类高校 13 所，财经类高校 5 所，政法类高校 3 所，农林类、语言类、医药类和军事类高校各 1 所。由此可见，人工智能学院集中设立在理工类、综合类高校，其所设立的人工智能学术组织占我国高校总数的 82.8%，师范类院校所设人工智能学术组织占我国高校总数的9%，其他类型院校设立人工智能学术组织的比重偏少。

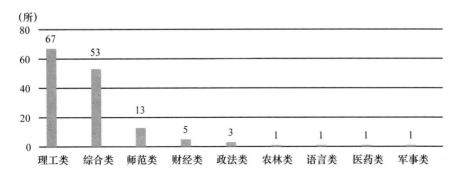

图 7 - 19　创建人工智能学术组织的高校类型

这一分布情况与人工智能的学科特点存在密切的关联。高校设置的人工智能学术组织多是在计算机学院、自动化学院、信息工程学院等某一理工科类学院基础上改建而成，或者整合这些学院的资源建设而成，教学与研究方向亦主要集中在相关领域。理工类、综合类高校的办学特色与学科优势能为新兴人工智能学术组织的设立与发展提供适配度和储备量都较高的教师队伍、实验设备等资源，具备建立人工智能学术组织的相对优势。

3. 创建形式

目前，高校人工智能学术组织的创建形式主要包括七种类型：一是"更名型"。即在高校已有学院的基础上，将原有学院更名为"人工智能学院"。如天津科技大学将计算机科学与信息工程学院改名为人工智能学院，南京中医药大学以信息技术学院为基础，成立人工智能与信息技术学院。二是"整合型"。高校整合内部的人工智能相关资源建立而成。如杭州电子科技大学以自动化学院为基础，交叉整合计算机、电子信息等学院人工智能相关高水平人才和研究团队共同组建。三是"挂靠型"。一般是人工智能研究院依托在学科"近缘"、师资力量集中的学院，如北京交通大学人工智能研究院挂靠在计算机与信息技术学院之下管理。四是"校企合作型"。高校和企业建立合作关系共建人工智能学院（见表7-1），形成特色化的产教融合协同机制与管理模式，这些企业通常是中国人工智能企业中的佼佼者。五是"政校共建型"。如表7-2所示，政府牵头与高校形成合作关系，建立政产学研模式以满足区域人工智能产业发展的实际需求，实现跨地区的合作与交流。如南京市与清华大学共建南京图灵人工智能研究院，泉州市政府以湖南大学为依托，在该市创立工业设计与机器智能泉州创新研究院。六是"中外联合型"。中国高校联合国外高校共建人工智能学院（见表7-3），双方共享优势资源，提高学院的国际化水平。如山东大学和南洋理工大学共建人工智能国际联合研究院，华南理工大学与密歇根大学安娜堡分校共建吴贤铭智能工程学院。七是"跨校合作型"。国内不同高校联合成立人工智能学院，如佛山科学技术学院与中华大学、佛光大学等多所台湾高校共同成立粤台人工智能学院。

表7-1　　　　　　　企业与高校共建人工智能学术组织的情况

企业	高校
科大讯飞股份有限公司	西南政法大学、重庆邮电大学、南宁学院、安徽信息工程学院、江西应用科技学院、华东交通大学、郑州西亚斯学院、武昌理工学院、贵州理工学院、四川大学锦江学院
腾讯科技（深圳）有限公司	深圳大学、辽宁工程技术大学、山东科技大学、聊城大学
百度在线网络技术（北京）有限公司	吉林大学、浙江万里学院、绍兴文理学院、湖南师范大学、河南财政金融学院、广东东软学院、成都东软学院、大连东软信息学院、河南财政金融学院
华为技术有限公司	海南大学、南昌工学院、暨南大学、杭州电子科技大学
慧科教育科技集团有限公司	绍兴文理学院、大连理工大学、南昌大学、西安交通大学、北京航空航天大学
深兰科技（上海有限公司）	中南大学、江苏理工学院

企业	高校
达内教育集团	华北理工大学、江苏大学、浙江工商大学、浙江财经大学、安庆师范大学、南昌工学院、江西应用科技学院、菏泽学院、枣庄学院、四川轻化工大学、三亚学院、内江师范学院、红河学院、兰州工业学院
北京旷视科技有限公司	西安交通大学、南京大学、西安交通大学

表 7－2　　　　　　政府与高校共建人工智能学术组织的情况

序号	合作方	组织机构名称
1	南京市政府＆清华大学	南京图灵人工智能研究院
2	大连市政府＆大连理工大学	大连理工大学人工智能大连研究院
3	泉州市政府＆湖南大学	工业设计与机器智能泉州创新研究院
4	湖南湘江新区＆中南大学、湖南大学、湖南师范大学	湘江人工智能学院
5	汕头市政府＆汕头大学	机器人与智能制造研究院
6	重庆两江新区政府＆重庆理工大学	两江人工智能学院
7	济南市章丘区政府＆山东大学	人工智能国际联合研究院

表 7－3　　　　　　中外合作共建人工智能学术组织的情况

序号	合作方	组织机构名称
1	华南理工大学＆密歇根大学安娜堡分校	吴贤铭智能工程学院
2	浙江工商大学＆英国萨塞克斯大学	萨塞克斯人工智能学院
3	西安交通大学＆英国利物浦大学	人工智能产业研究院
4	郑州西亚斯学院：郑州大学＆美国堪萨斯州富特海斯州立大学	科大讯飞人工智能学院
5	上海理工大学＆美国麻省理工学院、德国汉堡大学	上海人工智能研究院
6	山东大学＆新加坡南洋理工大学	人工智能国际联合研究院
7	河北外国语学院＆古巴卡马圭大学等高校	国际人工智能研究院

4. 学科专业设置

由于我国人工智能尚未发展成为一级学科，人工智能学术组织的学科设置主要是计算机科学与技术、软件工程、通信工程、电子信息、信息与通信工程。另有部分院校自主设置了新兴的二级学科，如中国石油大学（北京）设置了油气人工智能交叉学科、南京中医药大学设置了中医药信息学、南京理工大学设置了模式识别与智能系统等。

专业是建立学院的必要条件，专业设置影响着人工智能学院的发展方向。如图7-20所示，目前我国人工智能学院的本科专业设置主要集中在智能科学与技术、人工智能、计算机科学与技术、软件工程、数据科学与大数据技术、物联网工程专业。其中，智能科学与技术、人工智能、计算机科学与技术三个专业占人工智能学术组织所设专业总体的半数。此外，部分高校结合自身的办学特色与学科优势，设置了特色专业，如南京邮电大学的智能电网信息工程、南京中医药大学的医学信息工程等。

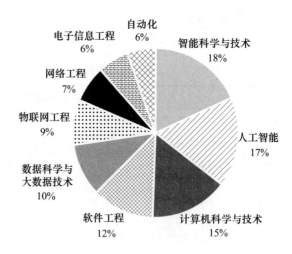

图7-20 我国人工智能学术组织本科专业设置的情况

注：部分人工智能学院数据缺失。

本章小结

　　本章主要就我国研究型大学跨学科组织的发展状况进行了调查分析。第一部分整体分析我国研究型大学跨学科研究组织的发展现况与建制。在发展现况方面，发现跨学科研究组织数量校际差异显著，政策助推跨学科研究组织持续增设，跨学科研究组织多聚焦于应用研究领域；在组织建制方面，发现跨学科研究组织目标多样，组织形态以学院联合式、学院内嵌式和独立建制式为主，组织内外部管理共同推进。第二部分聚焦人工智能这一典型的跨学科组织，对我国人工智能学术组织的发展现况进行深入研究，从人工智能学术组织创建时间分析发展态势，对人工智能学术组织所在高校进行类别提炼，通过统计归纳了七种人工智能学术组织的创建形式，从学科专业设置角度呈现人工智能学术组织的构成特点，揭示了我国人工智能学术组织的发展情况。

第八章　中国研究型大学跨学科
研究组织发展困境

本章通过对大学参与跨学科研究的人员进行访谈，主要从大学跨学科研究组织动力来源、大学跨学科研究组织发展形式、大学跨学科研究组织管理与运行、大学跨学科研究组织文化四个角度分析我国当前跨学科研究组织发展面临的问题。

一　研究型大学跨学科研究组织
建设的问题

（一）跨学科研究组织的数量和质量仍待提升

跨学科研究组织是跨学科活动的载体。跨学科研究组织提供专门的组织空间和物理空间，保障跨学科活动的制度合法性并促进个体联系。若缺少空间，个体可能分散于大学不同机构各自为战，不利于整合多学科力量开展跨学科研究。[①] 当前我国研究型大学跨学科研究组织整体呈现良好增长态势，但数量与质量问题仍然突出。从跨学科研究组织数量看，至今我国仍有超过 1/5 的研究型大学几乎没有建立跨学科研究组织，并且部分跨学科研究组织开展的跨学科研究活动占比较低。从跨学科研究组织质量看，部分大学跨学科研究组织建立之初重视资源投入，积极宣传并及时在网站公布相关信息，但后续运行时却出现名实不符、

---

　① ［美］凯瑞·A. 霍利：《理解高等教育中的跨学科挑战与机遇》，郭强译，同济大学出版社 2012 年版，第 43 页。

无成果产出、缺少动态消息等问题并逐渐式微。名实不符体现于组织以跨学科为特征进行宣传介绍，但实际运行中仍以单学科研究为主，跨学科活动与成果占比过低，如某校的公共治理研究院介绍其为跨学科科研合作平台，却对涉及的学科门类和交叉方向无具体阐述，其研究内容也未超出所属学科范畴；无成果产出反映了部分组织虽汇聚跨学科人才队伍，但并未开展实质研究工作，如某妇女健康相关研究中心自成立以来只不定期开展座谈、会议等学术交流而无实际成果产出；动态更新少甚至停滞的组织存在无实际运行之嫌，如 2017 年以来成立的一批研究中心，其网站动态以揭牌、开幕等成立仪式为主，少见组织成立后的运行痕迹。究其原因，其一，我国高校搭建学术组织结构主要遵循学科目录逻辑，这决定了高校仍以学科组织为主导，缺乏发展跨学科研究组织的内生动力，而容易忽视跨学科组织的建设，在高校资源有限的前提下优先发展学科组织。[1] 其二，学科将知识划分成孤立而分离的单元，跨学科工作则是将这些孤立的团体整合起来。常被称为"学术部落"或"学界亚文化"的学科[2]，往往也会出于抱团的惯性阻碍跨学科的发展[3]，潜移默化之中弱化大学发展跨学科研究的动力，不利于跨学科研究组织的形成。

（二）跨学科研究组织建制形式欠缺灵活性

跨学科研究组织在现代科学高度分化又综合、相互渗透又交叉的趋势下应运而生，是各层级科研组织破除学科藩篱的体现，其诞生与建制天然地具有灵活性。我国研究型大学的跨学科研究组织虽有多种名称，但组织形态与建制形式灵活性不足，仅以学院联合式、学院内嵌式和独立建制式为主。部分原因是我国大学组织的管理主体与运行模式受限于

---

① 郑晓齐、王绽蕊：《我国公立大学组织管理的逻辑基础分析》，《中国行政管理》2008年第 3 期。

② Tony Becher, Paul Trowler, *Academic Tribes and Territories*: *Intellectual Enquiry and the Cultures of Discipline*, Buckingham: Open University Press, 2001, pp. 53 – 63.

③ Clark B. R. , "The Academic Life: Small Worlds, Different Worlds", *Educational Researcher*, 1989, 18 (5), pp. 4 – 8.

院系组织结构,跨学科研究组织的建制形式难以挣脱桎梏,灵活性与创新性不足。若只依托以上三种建制形式,跨学科研究组织难以形成多院系协同治理的矩阵式管理模式,也无法达到彻底的无学科边界状态。学院联合式跨学科研究组织,因汇聚多院系人员与资源而利于跨学科研究,但组织成员多为兼职身份,不利于跨学科研究成果的长期稳定产出;学院内嵌式跨学科研究组织,因直属于学院而建制稳定,但组织管理受限于学院且资源单一;独立建制式跨学科研究组织,因独立于院系组织而拥有资源配置和内部管理的自主权,但缺乏学科组织的教师晋升权,研究人员难以全身心投入跨学科活动。跨学科研究的萌芽可能存在于高校各个角落,如果组织载体因建制形式不灵活而发展受限,跨学科研究的进程也会被阻碍。

(三)跨学科研究组织运行管理机制亟须完善

从跨学科研究组织每年的增长态势可见,我国研究型大学对跨学科研究组织的价值与重要性已有一定认识,因此积极建设跨学科平台以及鼓励现有组织开展跨学科研究。与此同时,已有和新设的跨学科研究组织在运行中可能出现职权责不清等问题,很大程度上是由不健全的管理机制导致。外部管理方面,高校往往通过科研职能部门对跨学科组织实施外部管理,仅有浙江大学、复旦大学等少数高校成立了专门的跨学科研究组织管理平台并制定管理规范,大部分高校以科技处、科学技术研究院等机构对跨学科研究组织实施与学科组织同等的笼统管理,未细分制定针对跨学科研究组织的专项管理制度。这一方面使得跨学科研究组织的外部管理机制专业性与针对性不足,依赖于传统学科组织的运行规则;另一方面致使高校无法形成适合重大跨学科项目的工作体系,难以利用多学科优势攻克重大跨学科科研项目[1],不利于跨学科合作与新学科创设。内部管理方面,成员聘任难题仍未解决。单聘于传统院系的教师在跨学科研究组织中作为兼职人员缺乏物质保障与精神归属感,双聘

---

① 张炜、邹晓东:《我国大学跨学科学术组织发展的演进特征与创新策略》,《浙江大学学报》(人文社会科学版)2011年第6期。

教师精力有限因而难以有效兼顾双方机构的工作。同时，遵循传统学科逻辑的个体化导向科研成果评定与奖励模式不适配于跨学科研究组织[1]，教师的跨学科成果难以在本学科领域的考核评价中真实反映[2]，这打压了教师参与跨学科研究的积极性，不利于跨学科研究组织发展。若跨学科研究组织建立前未能形成合理的运行管理制度体系，则组织难以持续运行与稳定产出成果。

二　高校人工智能学术组织建设
存在问题省思

《高等学校人工智能创新行动计划》明确提出"到 2020 年建立 50 家人工智能学院、研究院或交叉研究中心"的规划，从前述调查结果可知，我国高校人工智能学术组织的建设早已超前完成了目标（见图 8-1）。且在人工智能学术组织的规模扩充、特色专业开展、科研平台搭建、产教融合人才培养等方面取得了一定的成效。但审视高校人工智能学术组织创建的热潮背后，仍存在一些亟须重视和尚待解决的问题。

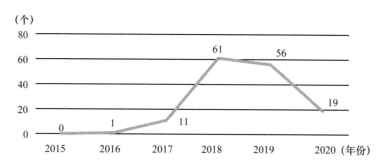

图 8-1　我国高校人工智能学术组织设立变化趋势

注：11 所高校人工智能学术组织数据缺失。

---

① 孟艳、王赫、李萌：《我国研究型大学跨学科组织建设的困境与突破》，《现代教育管理》2021 年第 1 期。

② 杨连生、文少保、方运纪：《跨学科研究组织发展的现实困境与突破路径》，《中国高等教育》2011 年第 7 期。

（一）人工智能学术组织的设立存在"跟风"现象

在国家人工智能政策的驱动之下，以 2018 年为起点，我国高校设立人工智能学术组织的增长速度显著加快，2018 年设立的人工智能学术组织数量相较于 2017 年涨幅超过 500%。高校人工智能学术组织在短时间内的急剧增长，难免引发人们对有些高校仅仅为了"跟风"、博"噱头"而罔顾自身的建设条件是否成熟的忧思。师资队伍的资质在很大程度上能反映高校是否具备设置人工智能学术组织的条件。从各人工智能学术组织官网公布的数据中发现，部分学院的师资队伍中博士学历未达半数，甚至仅占 33.3%，且部分教师的研究方向不涉及人工智能。除此之外，从课程设置来看，有些人工智能学术组织仅是通过更名而成为人工智能学院，但其仍延续先前学院的课程体系，并未设置与人工智能直接相关的课程。通过调研，有学生反映人工智能课程并非重点的学习内容，存在学时占比少且碎片化等问题。通过"包装"更名、"拼凑式"的师资队伍、"拼盘式"的课程体系"建设"而组建的人工智能学院存在名实不符的症结，其在根本上无益于我国人工智能教育与研究的创新发展。

（二）学科专业建设的基础不牢固

专业与学科之间有着密切的关联，专业以学科为基础，学科以专业为依托。我国人工智能学术组织的设立时间短，人工智能的学科建制与发展还处于规模扩张的外延式发展阶段[①]，如何建设尚处于探索之中。从学科设置来看，人工智能未能建设成为一级学科，主要依托于计算机科学与技术、控制科学与工程、信息与通信工程等学科进行人工智能人才培养，而这容易导致人工智能的教学与科研活动缺乏系统性理论体系的支撑，不利于人工智能基础理论的研究。从专业设置来看，一方面，我国高校人工智能本科专业的设置状况导致人才培养偏重理论化和专业

[①] 张海生：《我国高校人工智能人才培养：问题与策略》，《高校教育管理》2020 年第 2 期。

化，脱离现实问题；① 另一方面，从师资力量来看，我国的人工智能领域人才投入主要集中在高校，人工智能人才主要汇聚于清华大学、上海交通大学等部分"双一流"建设高校。② 相较于发达国家，我国人工智能领域杰出人才的占比偏低，技术和基础人才薄弱，存在整体结构失衡的问题。③ 整体而言，我国面临着人工智能人才的数量缺口及结构性问题。因此，人工智能师资队伍的供给亦难以匹配当前我国高校大量且快节奏地设立人工智能学术组织的需求，致使人工智能学术组织的质量堪忧。

（三）人工智能所涉学科囿于理工类

人工智能具有典型的横断学科属性④，融合了数学、自动化、计算机、软件工程、语言学、社会学、心理学、伦理学等诸多学科，横亘自然科学、社会学科和人文学科。21世纪知识呈现出大融通的趋势⑤，人工智能的跨学科特质使之与不同的学科交叉时可能碰撞出不一样的"火花"，促进学科之间的交互融合发展。但如前所述，我国人工智能学术组织所在高校的类型呈现两极化的分布特征，尤其在专业设置方面主要集中于计算机、信息工程等理工类专业，鲜有与其他类型学科结合的专业设置。我国高校人工智能学术组织设置的现状表明当前人工智能的跨学科融合仍局限于理工类的学科与专业内部，与非理工类学科的交叉融合度低。仅注重与理工类学科专业的交互，而忽视与社会科学及人文学科的交融，将导致人工智能学科建设、人才培养及科学研究的"内卷化"，一方面将阻碍人工智能自身的学科建设，不利于其广纳多

① 陈涛、韩茜：《四螺旋创新集群：研究型大学人工智能发展生态重构与路向探究——以加拿大多伦多大学为例》，《重庆高教研究》2020年第2期。

② 清华大学中国科技政策研究中心：《中国人工智能发展报告2018》（http://www.stdaily.com/index/kejixinwen/2018-07/13/689842/files/f3004c04e7de4b988fc0b63decedfae4.pdf），2018年7月13日。

③ 张茂聪、张圳：《我国人工智能人才状况及其培养途径》，《现代教育技术》2018年第8期。

④ 刘仲林：《现代交叉科学》，浙江教育出版社1998年版，第257—264页。

⑤ ［美］爱德华·威尔逊：《知识大融通：21世纪的科学与人文》，中信出版社2015年版，第13—20页。

学科理论方法夯实自身的学科基础；另一方面亦制约着人工智能学科渗透入其他学科引领其创新发展的效用，不利于"人工智能＋"模式的形成。

（四）人工智能基础理论研究亟待强化

近年来，我国人工智能应用技术在一定程度上取得了诸多突破性成果，但基础研究仍相对薄弱，核心技术原始创新能力仍显不足，这使得我国人工智能发展的基础不够牢固。毋庸置疑，要在全球新一轮人工智能浪潮中突围，需要有前瞻性基础研究和引领性原创成果的重大突破。《高等学校人工智能创新行动计划》强调高校要强化基础研究，并提出到2020年我国高校在新一代人工智能基础理论和关键技术研究等方面取得新突破。然而，根据调查统计发现，创设人工智能学术组织的高校对人工智能应用转化的重视程度胜于基础理论研究。为在人工智能基础理论研究方面处在世界前沿，清华大学人工智能研究院专门设立基础理论研究中心。针对人工智能基础理论专门设置相应研究机构的其他高校则较少。此外，我国高校培养的能够从事人工智能基础理论研究的高层次人才仍偏少。以统计的人工智能学院数据为例，设置人工智能硕士点的学院占总数的36.6%，设置博士点的不到30%。研究生尤其是博士研究生是从事基础理论研究的主力，但当前我国高校人工智能人才培养以中低端、应用型为主，难以满足人工智能基础理论研究需要大量高层次人才的需求。

三 研究型大学跨学科研究组织
建设困局的成因

（一）大学建立跨学科研究组织的内外部动力不够，组织目标不够清晰明确

1. 政府未制定推动跨学科研究的专门政策

目前来看，我国政府虽意识到大学开展跨学科研究的重要性，在政

府意见与倡议中鼓励大学建立交叉学科、推进大学跨学科研究发展进程，但是这些意见仍处于倡导建议阶段，尚未落实到具体措施上。

其一，我国政府尚未出台针对大学开展跨学科研究的专项政策，缺乏对跨学科研究的系统性认识，没有从顶层设计层面对大学跨学科研究组织的制度、管理、经费安排、评价体系等进行统筹规划。国家政策导向和制度保障的缺失，不利于大学搭建跨学科研究平台，影响到我国大学跨学科研究的成效。

受访者 A 指出："由于缺乏政府政策保障，我国大学跨学科研究仍然处于一盘散沙的局面，研究停留在教师个体间的合作上。教师更加倾向于和熟悉的人合作，这样才能避免一些矛盾产生。"

其二，政府在国家重点研究发展方向上存在指向不明的问题。政府虽然提出国家迫切需要解决一系列"卡脖子"问题，但是这些问题较宽泛，且短期内难以解决，政府没有指明未来科学研究的重点方向和关键领域。由于研究者对于前沿科学研究认识不同，一些研究者不能清晰认识到社会亟须解决的难题所在，其研究仍停留在一些应用价值小的课题上，需要政府引导研究者意识到真正的现实难题与科学前沿问题。另外，资源分配与项目管理的不合理也影响到大学跨学科研究发展成效。教育部、科技部通常按学科领域分配研究资源，未能足够重视并及时增设一批新兴跨学科研究项目，导致大学跨学科研究投入不合理，部分具有研究价值、对社会发展意义重大的跨学科研究项目出现资源不足的情况。

在受访者 C 看来，现在我国许多科学研究属于伪科学研究，这些项目的研究成果并不能用于社会实际，对理论研究也无任何益处，国家应该减少对这类研究的投入。

其三，我国现有的教育体制和研究成果评价机制不利于大学跨学科研究的发展。目前，我国大学仍然按照单一学科划分专业，将知识划分到不同的学科门类下，没有形成跨学科知识体系，大学人才培养模式也是围绕单一学科进行。大学在学科设置上交叉学科门类较少，学生甚少与其他专业学生进行交流，此类情况的出现导致大学跨学科研究进程缓慢。除此以外，教育部、科技部、自然科学基金委员会等政府部门对科研项目成果评估仍以单一学科为主，评价体系较为单一，没有设置交叉学科门类评价标准，跨学科研究成果认定方面也存在问题，导致许多研究人员不愿开展跨学科研究而更倾向于进行单一学科研究。

受访者 D 认为："现在大学的学科门类其实还不够成熟，按照现在社会的发展来看，应该多设置一些交叉学科，学生的专业选择范围也应该广一些。"

2. 大学对跨学科研究支持力度不够，跨学科研究组织尚未得到足够重视

随着"双一流"建设深入推进，"一流学科"建设成为大学提升学校地位的重要途径，各高校也将学科评估视为学校办学水平的重要评价指标。大学学科评估涉及大学的教学质量、学科建设水平、学生培养质量等方面，大学往往根据学科评估指标规划大学发展。然而，当下学科评估仍以单一学科评估为主，大学为迎接学科评估、提升学校声誉，普遍将注意力集中在单一学科规划上，忽略了对跨学科研究的支持，跨学科研究在大学整体建设中未显现出任何优势。另外，由于大学资源的有限性，大学选择将资源集中在优势学院（学科）上，跨学科研究处于无序发展状态，资源投入较少。在此背景下，大学跨学科研究组织形式比较单一，多是在国家政府倡导、教师个人层面支持下建立，大学作为发起者建立的跨学科研究组织较少，这些跨学科研究组织在资源分配、成果评价等方面都按照传统单一学科组织形式进行管理，缺乏对跨学科研究组织的专门管理制度。

受访者 E 在谈及大学是否支持跨学科研究时表示，学校并没有采取任何措施来支持老师做跨学科研究，一般采取中立的态度，不支持不反对，没有政策表示需要专门建立大平台来支持跨学科的发展，跨学科研究处于教师自发阶段，其评价方式仍沿用单一学科研究评估，导致许多老师参与跨学科研究的积极性不高，他们更倾向于做一些传统的单一学科研究。

大学在顶层设计层面对跨学科研究组织的支持力度不够，由研究者自发进行的跨学科研究水平不高，只是机械地将不同学科的研究者组织在一起，这些研究者负责完成各自学科的内容，再由组织者将不同学科

成果汇聚起来。这些研究属于多学科研究，尚未达到学科整合的程度，大学里一些实际运行的跨学科研究组织无法灵活开展研究项目，组织运行效果不佳。

3. 部分教师未意识到跨学科研究的重要性

现阶段，大学教师职称评定、职位晋升等职业发展的评估标准多以教师科研项目与经费、发表学术论文篇数、专利排名等为指标，跨学科研究成果尚未纳入教师考核与晋升评定范围内。许多教师为实现岗位晋升以及在某一学术领域获得高威望，习惯于在单一学科领域开展研究，在学术研究方面呈现出单打独斗的局面。访谈中许多教师表示，现在大学教师拥有充足的课题，这些课题虽以单一学科为主，无法创造跨学科研究价值，但是教师可以在自己熟知的领域开展研究，有助于教师的岗位晋升。因此，许多教师选择在学院内开展单一科学研究，避免与其他学科教师在研究方面产生纠纷。另外，一些教师虽然具有创新意识与跨学科研究能力，但是在实际研究中遇到许多难题，如跨学科研究资源不足、跨学科研究平台缺失等，消减了教师参与跨学科研究的积极性。

受访者 F 指出，大学科研组织领导者多是某一学科领域具有显赫成就的院士，这些院士们在自身专业领域颇有建树，但是研究组织形式创新能力不足。他们在领导以及组织上还是按照传统学科组织方式进行研究，难以跳出学科局限具备综合的、跨学科的视角。其实，组织内还是有许多年轻教师具有跨学科研究的意愿，特别是 45 岁以下的青年教师，他们具有较强的创新能力，但是这些教师在组织内话语权较小，更多的是跟随领导的研究方向。

受访者 C 指出当前教师在跨学科研究中面临着一些问题，许多年轻的教师具有跨学科研究的意愿，他们知晓跨学科是未来科学研究发展的趋势，但是这些教师在职称上未能达到培育博士生的资格，研究人员的缺失，大大降低了跨学科研究的热情。为了能评上教授职称，大家又踊跃参与一些单一学科的研究。

这些现实难题消磨了他们参与跨学科研究的热情与积极性。除此以外，教师自身教育与学术研究经历也是影响教师参与跨学科研究的重要因素。访谈发现，具有跨学科研究意愿的教师多是本身便具有跨学科教育经历或跨学科研究经验，他们在学习、工作阶段曾有过跨学科研究实践经历，如受访者 D 表示自己曾在跨学科研究组织中开展相关研究，受访者 F 在不同学院工作的经验为其跨学科研究奠定基础，曾在企业工作多年的受访者 B 具备丰富的产教融合知识，受访者 G 在学生时代便学习了多门学科的知识等。这些过往的跨学科教育与研究经历使教师潜移默化地具备跨学科研究意识与思维。但是，我国大多数教师缺乏跨学科教育经历与跨学科研究经验，甚少具备其他学科的知识，习惯于在自己专业领域内进行单一学科研究。也有部分教师对于跨学科研究的内涵产生误解，认为跨学科合作研究无法对一个科学问题进行深入探讨，只是将不同学科结合在一起解决一些简单问题，这类误解不利于教师形成跨学科研究意识。

（二）我国大学跨学科研究组织形式单一，部分组织形同虚设

1. 我国大学跨学科研究组织形式比较单一

目前，我国大学组织结构仍然沿用"大学—学院—学系"结构，一些跨学科研究组织也是在此结构上建构而成，跨学科研究组织形式较为单一。究其原因，大学未将跨学科研究发展作为学校科研组织变革、科研重点发展的方向，跨学科研究组织发展依附于传统的学科体制。

受访者 G 在访谈中提到，学校现阶段的跨学科研究组织还是以政府扶持为主，发展比较好的都是国家重点实验室、省级部署的一些研究所等，这些组织得到政府和学校的重视，研究经费也比较多，其他类型的比较少。

国外众多高校都建立了形式多样的跨学科研究组织，如斯坦福大学设有六类跨学科研究组织，这些跨学科研究组织发展成熟，致力于为大学跨学科研究发展作出贡献。然而，我国大学跨学科研究组织类型少，大多数大学只拥有国家托管式跨学科实验室和学院联合式跨学科研究组织。一些大学虽然与其他高校建立合作伙伴关系，也积极与企业进行合作，承接企业的技术开发项目，但是这些研究组织尚处于起步或自发探索阶段，还未成为一个系统有效运行的组织。

受访者 H 指出，虽然学校的跨学科研究活动涉及与其他企业、社

会单位的合作，也取得了一些成就，但是这种属于个体行为，教师个人与熟悉的企业进行合作，利益分配也私下达成，还没有上升到组织发展的层面。有些项目完成后就会终止合作，也会出现不守约导致合作中止的情况。在他看来，跨学科研究需要学校出面建立一个平台，将组织规则化，对合作双方都有保障，也更容易出成果。

我国大学跨学科研究发展最为普遍的形式是跨学科研究课题组，这些课题组通常产生于某一学院内部或者多个学院之间，一般由教师"自下而上"组织而成，教师出于共同研究兴趣组成临时性的团队开展跨学科研究。这类组织规模较小、组织灵活多变，组织发起者根据项目配置资源开展研究。大学在这类组织发展中只起到提供场地与设备的作用，其具体管理皆由课题组负责。

受访者 H 作为某一跨学科课题组的管理者说道："这些课题组通常是在实验室内设立的，比如某一个国家重点实验室，它有很多的研究方向，所以实验室又划分成很多的课题组，我们每一个课题组研究方向都不同。"

部分大学跨学科研究组织形式单一的原因在于，大学跨学科研究只涉及一些相邻学科与专业进行合作，通常只有两三门学科参与到组织建设中，且学科跨度较小，在某一学院内便可以进行，不需要大学出面单独建立跨学科研究组织。另外，一些大学学科覆盖面较少，无法建立大型的跨学科研究组织。

受访者 D 在访谈中提到，他所在的实验室负责的许多项目创新性较小，通常是和一些临近学科合作，主要还是和自己学科内教师合作比较多，参与人员知晓一些基本知识，便于研究合作。对于一些学科跨度比较大的研究项目，较少开展，比如他是机械学院的教师，与人文学科的研究人员进行合作的项目较少。受访者 L 也指出，研究方向通常会与学校目标定位相关，如学校定位为工科类，其设立的医学院不会专注于传统纯粹的医学，而是更多地偏向于工科医学器材方面，以便于医学院与材料、机械等学院进行合作。

2. 众多大学跨学科研究组织形同虚设

通过前述我国大学跨学科研究组织发展现状的分析可知，我国许多大学在其官网介绍中表明学校具有形式多样的跨学科研究组织，如国家重点实验室、大学校内独立建制式的跨学科研究组织、学院联合式的跨学科研究组织、学院内嵌式以及产教融合式的跨学科研究组织等，这些组织致力于大学的跨学科研究发展。但是，通过深入分析大学跨学科研究组织发展的实际情况，发现一些跨学科研究组织仅是虚设，研究组织内的研究人员只是挂名，没有实际参与到研究中。另外，一些跨学科研究组织在实际运行中没有切实开展跨学科研究，仍是沿用传统单一学科研究形式，跨学科研究水平低。这些跨学科研究组织在实际运行中存在诸多问题，导致组织未能发挥实际功效，原因如下：

第一，大学缺乏跨学科研究体系，现有的科研体系仍依附于传统教研单位，跨学科研究组织受传统科研管理体系的限制，在实际运行中遇到多重障碍，导致跨学科研究组织仅停留在"牌子"上，实际运作的组织少。

第二，跨学科研究组织缺乏合理有效的管理体系，众多大学没有制定专门的跨学科研究组织管理制度，跨学科研究组织沿用单一学科研究管理制度，将跨学科研究组织切割为课题组开展项目研究。这种沿用单一学科研究管理模式的做法，导致许多跨学科研究组织内研究人员难以有效合作开展跨学科研究，进而导致组织形同虚设。

在国家重点实验室内做研究的受访者 G 表示，自己所在的实验室与传统的科研组织没有太大的区别。国家重点实验室缺乏一种有效的管理制度，组织无法聚集研究人员去解决某一重大难题，更多的是教师间的零散合作，只能完成一些中小型课题项目。即使实验室里有重大课题项目需要研究人员共同参与，通常是给不同学科研究人员分配任务，每个人完成自己学科的任务后，由组织者将各个部分整合在一起。

第三，部分大学跨学科研究组织没有打破成员的"同质性"，跨学科研究组织成员仍以某一学科为主，其他学科研究人员占比小。访谈发现，不论是国家重点实验室、跨学科课题组，这些组织成员大多来自同一学院，教师具有相同的学科知识背景，学生仅接受了单一学科教育，如 H 校的亚热带建筑科学国家重点实验室，其组织成员大多来自于建筑学院的师生，其研究课题也以建筑学科为主，缺少其他学科领域的师生参与，导致跨学科研究成效不佳，难以产生真正跨学科性的学术成果。

（三）大学跨学科研究组织管理存在多重困难

跨学科研究组织发展必须打破传统单一学科研究结构，建立一套新的跨学科研究管理制度，在人员安排、资源分配、成果评价与分享等方面有所创新，适应跨学科研究组织的发展。但是，许多大学尚未制定专门的跨学科研究组织管理制度，依旧采用传统的单一学科研究管理模式，导致不同学科教师在跨学科研究过程中遇到诸多障碍，限制了大学跨学科研究的发展。

1. 大学没有制定专门的跨学科研究组织管理制度

许多跨学科研究组织受制于传统单一学科研究组织管理制度，由传统学科研究组织进行管理，人员安排与成果评价都限制在单一学科管理范畴内。在跨学科研究组织负责人遴选方面，由于大学跨学科研究组织涉及多个学科参与，其组织负责人不仅是相关学科的专家，且必须具备丰富的跨学科知识，能够准确把握科研发展的趋势，在组织目标与研究方向上应有独到的见解。然而，当前一些跨学科研究组织缺乏优秀的团队领导以及学术带头人，组织采用传统学术组织管理方式遴选负责人，这些组织负责人虽是某一学科领域的专家，但是缺乏跨学科知识与思维，不利于跨学科研究组织的管理与发展。

受访者 B 在访谈中提到，现有的跨学科研究组织很容易出现专制的局面，不像国外的跨学科研究组织具备专门的委员会规划研究方向，仅凭个人决策易出现方向性的错误。而且很多组织领导者对于研究方向具有偏向性，更倾向于在自己擅长的领域开展研究，对于其他专业范畴的研究容易产生一种排斥情绪，那些在某一学科钻研多年的人员容易对跨学科产生误解，认为跨学科研究只停留在一些"表皮研究"上，无法深入研究某一问题。

2. 大学针对跨学科研究组织的资源投入不足

充足资源投入是跨学科研究顺利开展与跨学科研究组织持续运行的保障，资源的有效配置是跨学科研究组织赖以生存与发展的重要条件。

由于大学科研资源总量有限，造成大学单一学科研究组织与跨学科研究组织二者争夺有限资源，因此，大学科研资源分配形式对于跨学科研究组织发展至关重要。当前，大学学科发展水平与学科评估结果成为大学办学水平与实力的重要体现，许多大学将资源聚集在一些老牌、优势学科上，忽略了对新兴学科、交叉学科的资源投入，导致跨学科研究组织发展处于不利地位。

受访者 D 表示，经费和设备是研究开展的必要条件，现在虽有新的研究方向，但是缺乏设备与资金，导致研究停滞不前。若想有效开展跨学科研究，学校就必须划出一部分科研资源投放到跨学科研究上。如果大学保持"不支持不反对"的态度对待跨学科研究，跨学科研究很难有重大突破。例如现在的"卡脖子"问题，只喊口号是徒劳的，必须有专项拨款支持这些研究，鼓励教师跨学科研究才能解决问题。

访谈中其他教师表示，大学跨学科研究组织缺乏资源还受其他因素的影响。一方面，一所大学难以覆盖所有学科，大学学科资源分配不均，难以整合资源开展大型跨学科研究项目，一些大学进而选择与其他大学合作开展跨学科研究，从而实现优势互补、资源共享、利益共赢。现今大学校际跨学科研究项目虽多，但由于成果分配机制、资源共享政策的缺失，跨学科研究组织在运行时经常各自为政，校际联合式跨学科研究合作还停留在起步阶段。另一方面，一些跨学科研究方向比较新颖，部分先进的实验设备与仪器难以购买，需求无法得到满足，导致跨学科研究设备资源缺失，难以整合资源开展跨学科研究。

3. 评价机制不健全，缺乏有效的跨学科研究成果分享机制

目前，众多大学跨学科研究组织仍然采用单一学科研究成果评价方式，评价方式以"同行评议"为主，即某一学科领域专家对研究成果进行评价。然而，由于跨学科研究涉及多个学科合作开展研究，组织内缺乏真正意义上的跨学科同行专家，无法对跨学科的成果进行合理评价，容易出现跨学科研究成果评定不合理的现象。另外，现有大学学科评估机制仅对单一学科进行评估，尚未出现专门的交叉学科、跨学科评估形式，导致大量跨学科研究成果被强制划分到某一学科内进行评估。这种成果评价与跨学科评估机制的缺失有关，进而导致大学未足够重视

跨学科研究发展，将注意力集中到单一学科研究之上。

访谈中受访者 E 指出，现在跨学科研究其实和单一学科研究存在冲突，教师研究思维虽然没那么局限，但是在发表文章时就容易出现问题。现在还是缺少一些综合性的、交叉学科性的期刊，跨学科研究仍然需要归类到某一学科。例如我们开展一个大型的跨学科研究项目，依旧需要划分到不同的学科去做，方便评价成果。但是这样的话，跨学科的意义就减少了。

除跨学科成果评价方式不合理外，跨学科研究成果分配制度也会影响到教师参与跨学科研究的积极性。由于跨学科研究涉及多个学科参与，研究成果单位署名问题也会影响教师参与跨学科研究的积极性。有研究人员表示，影响不同大学教师开展跨学科合作的因素包括第一单位和第二单位的挂靠问题，学术界对第二单位的认可度不高，一些研究者为避免学术成果被归类到第二单位情况出现，甚少与其他单位进行跨学科合作。跨学科大学式跨学科研究组织虽不存在单位挂靠问题，但是作者排名、利益分配等仍是需要解决的难题。一些研究者倾向于找"熟人"进行合作，私下分配成果，减少跨学科研究合作冲突。

但是，"熟人"合作也存在弊端，有受访者表示，找熟人合作其实有很大的局限性，比如很难在一个新的领域进行创新，可是如果对合作者不熟的话，又要面临把成果拱手让给不诚信的合作者的问题，目前来看，其实跨学科研究十分需要组织制定明确的规则来保障研究者的利益。

4. 教师对于跨学科研究组织归属感不强

教师作为跨学科研究组织的重要成员，是组织开展跨学科研究的重要前提条件。一些大学在校内成立了不同形式的跨学科研究组织，这些组织根据自身需求聘任教师开展研究。由于跨学科研究组织形式不同，其教师聘任制度也有所区别，主要有两种聘任方式：一是从不同的学院抽调教师到跨学科研究组织，这些教师的人事安排与岗位晋升事宜仍归原学院负责，教师只在跨学科研究组织兼职，承担科研任务；二是大学专门从外部聘请研究人员开展跨学科研究，这些研究人员由跨学科研究组织管理，不归属于任何学院。笔者通过访谈发现，从各学院抽调的教师在跨学科研究组织内缺乏归属感，他们通常在学院内开展教学与人才培养工作，在跨学科研究组织内主要负责科研任务，与组织内其他教师缺少充分交流。另外，校际联合式跨学科研究组织、产教融合式跨学科研究组织涉及多个单位的参与，教师、研究人员彼此并不熟悉，只是"任务式"地将其组织在一起，一些研究人员将其单纯视为完成跨学科项目的"暂居地"，缺乏对整个跨学科研究组织的认同。

有受访者表示，教师的个人考核与竞争都是由学院负责，考核标准主要还是围绕专利、论文、项目金额等方面，跨学科研究组织经历与跨学科研究项目数量不在考核范围内，很多老师更愿意专心于自己的"本职"工作。有其他受访者表示，教师通常只熟知自己的专业，但在跨学科研究组织内有多个学科的教师参与进来，老师在跨学科交流上存在着一定的障碍，容易出现"没话聊"的情况，削弱了老师对于跨学科研究的热情。

5. 大学践行的人才培养模式与跨学科教育理念不符

由于我国大学普遍采用的是"学校—学院—学系"学术组织模式，大学人才培养模式也是在此基础上生成，学生在入校后便被归类到某一专业内，接受单一学科培养与管理。大学跨学科教育则意味着学生必须扩大自己的知识面、突破单一学科局限，对某一问题的理解超越单一学科学习能达到的水平。[①] 一些大学虽开设了通识课程，允许学生跨专业选课，但是当前的通识课程仅是碎片化的多学科知识呈现，无法系统培养学生的跨学科思维，不属于真正意义上的跨学科教育。在访谈中许多教师提出疑问，大学的跨学科研究需要研究生参与，但是大学培养的学生往往只具备某一学科的知识，甚至不具有跨学科研究思维，在参与跨学科研究实践过程中存在许多困难。

受访者 H 在论及课程时提到，学校虽允许学生跨专业选课，但仍多是局限在本学院内，这种情况并不利于跨学科教育的发展。反观国外大学，学生可以在整个校园内选课。另外，国内博士生很难修读本科生课程，由于对另一个学科是陌生的，缺乏选修其他专业博士课程的基础

---

① 徐立辉、王孙禺：《跨学科合作的工科人才培养新模式——工程教育的探索性多案例研究》，《清华大学教育研究》2020 年第 5 期。

知识，他们很难掌握一些更高深的知识。在问及研究生如何有效开展跨学科研究时，有学生表示，他们通常在确定一个项目之后，个人需要自学一些知识，一些学科跨度不大的知识可以自学，比如相近的专业课程。但是对于一些跨度比较大的知识，通常需要去外面培训，学校无法提供相应的学习条件，有时候负责项目的导师并不了解这些知识，只能去报一些短期高效的培训班。

据此可以发现，我国跨学科教育还处于起步阶段，大学缺少跨学科方面的指导教师，跨学科人才培养模式也尚未形成。

（四）大学校内未形成浓厚的跨学科文化氛围

学科文化作为大学校园文化的重要组成部分，是指某一学科在形成过程中所具有的语言、理念、价值观以及思维方式等，对学科发展起着重要的作用。[①] 我国大学长期受单一学科组织文化的影响，校内没有形成跨学科文化。各学科具有自身独特的学科语言与逻辑，它们会制定学科发展目标来维护本学科的利益，阻碍跨学科文化的形成。有研究者表示，我国政府虽然倡导大学跨学科研究与教育的发展，鼓励大学的师生进行跨学科研究，但是传统单一学科研究与培养模式已在大学内践行数十年，大学资源配置、人才培养模式、教师晋升制度等都按照传统学科模式进行，其单一学科思维文化在师生脑海中已根深蒂固，仅凭政府倡导和部分师生行动无法打破这种局面。英国托尼·比彻在《学术部落及其领地》一书中，将单一学科比喻为单个部落。在他看来，每一个部落里都具有自身独特的价值观、意识形态以及思维模式，部落内的人共享着信念与文化、资源，形成学术共同体。一个难题需要多个学科共同参与研究，但是不同的学科文化在交流的过程中会产生一定的冲突，阻碍跨学科研究的开展。

受访者 C 认为，当下跨学科文化的缺失，其中一个重要原因在于当下学院专业划分太细，学院内很少有不同学科背景的老师，大家掌握的也是同样的专业知识，这样就很难产生"思想碰撞的火花"。

---

① 庞青山：《大学学科结构和学科制度研究》，博士学位论文，华东师范大学，2004 年。

另外，许多大学还未形成跨学科制度文化，也没有在学校发展目标和规划中强调跨学科教育与研究对于学校发展的重要性。同时，大学校内没有设立跨学科学位制度，跨学科研究组织内部也未制定相关规章制度等，这些制度的缺失，导致学校跨学科文化氛围不足。

本章小结

跨学科研究组织的构建、成长与变革对学科创新融合、一流大学建设乃至高等教育体制改革具有重要支撑作用。"双一流"建设背景下，上升为国家战略的跨学科研究组织建设方兴未艾，但盲目的组织趋同行为也带来制度建设、资源配置、学科文化差异以及跨学科成果评价等管理难题，具体表现在跨学科研究组织的数量和质量仍待提升、建制形式欠缺灵活性以及运行管理机制亟待完善等方面。再者，作为跨学科研究组织的典型代表，高校人工智能学术组织也面临诸多发展困境：建设存在"跟风"现象；学科专业建设的基础不牢固；人工智能所涉学科囿于理工类；人工智能基础理论研究亟待强化。尽管高校人工智能学术组织具有特殊性，但从该类组织发展的现存问题中能够进一步审视与思考我国跨学科研究组织成长的共性障碍。最后，通过对大学参与跨学科研究的人员进行访谈，发现当前我国跨学科研究组织发展困局主要有：动力来源上跨学科研究组织缺乏政策、高校以及教师个体维度的内外部动力支撑，组织发展目标模糊；发展形式上我国大学跨学科研究组织类型单一，大多数大学只拥有国家托管型跨学科实验室和学院联合式跨学科研究组织，但部分组织形同虚设，而教师自发建立跨学科研究课题组缺乏足够的资源支撑而发展乏力；组织管理运行机制上，许多大学尚未制定专门的跨学科研究组织管理制度，依旧采用传统的单一学科研究管理模式，人员安排、资源分配、成果评价与分享等方面缺乏创新；组织文化上高校内部尚未从物质文化、制度文化和精神文化层面协同发力，形成浓厚的跨学科文化氛围。明晰问题及其成因是解决问题的基础，洞察我国跨学科研究组织发展难题及其成因有利于打破阻碍跨学科研究组织发展的壁垒，助力其良性而持续地发展。

第九章　中国研究型大学跨学科研究组织发展策略

　　跨学科发展俨然成为世界知名研究型大学的"风尚"，跨学科研究与跨学科教育被研究型大学视为创造新知、培养拔尖创新人才与形成竞争优势的蹊径。在"双一流"建设的语境下，跨学科发展对我国研究型大学争创世界一流，学科发展模式突破创新具有重要的借鉴价值。组织行为学旨在通过对组织的行为进行系统研究以揭示其中的因果关联，从而为准确预测行为提供基础。研究型大学跨学科发展的组织行为模型无疑能为我国研究型大学推进跨学科发展提供理论指引。如图9-1所示，研究型大学的跨学科组织行为是组织环境、组织决策、组织结构和

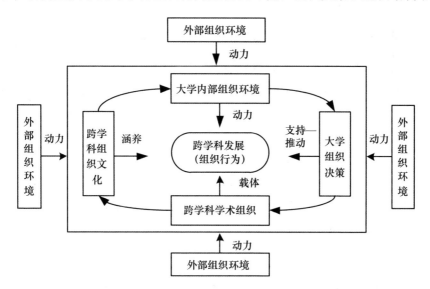

图 9-1　研究型大学跨学科发展的组织行为模型

组织文化综合作用的结果，且遵循了大学外部组织环境的激发→大学内部组织环境的回应→大学组织决策的支撑与推动→大学组织结构的创新→跨学科组织文化的生成→内部组织环境优化的逻辑循环。因此，我国研究型大学要切实实现跨学科转向这一国际趋势应从多个维度综合发力。

一　营造激发跨学科"外发内生"的组织环境

回溯美国研究型大学跨学科发展的历史可知，外部组织环境对跨学科研究与教育的发展具有直接的驱动作用，并自外而内影响着其内部组织环境的生成。联邦政府、州政府及其资助机构等外部跨学科科研资助项目对美国研究型大学开展跨学科活动的导向作用显著。诚如伯顿·克拉克所言，惰性随规模的增加而增加。[①] 伴随研究型大学的"多元巨型"化，研究型大学复杂程度有增无减，因此，研究型大学的跨学科转向面临组织惰性的困扰。对于我国研究型大学而言，政府相关部门应进一步加强对研究型大学跨学科发展的激励与支持，在《学位授予和人才培养学科目录》及学科评估中增加跨学科元素，强化对跨学科研究项目的资助，国家级和省级自然科学基金、社科基金等资助项目应加大对跨学科前沿及重大研究的资助力度与资助范围，引导研究型大学开展跨学科研究与教育，由外而内营造推动研究型大学开展跨学科研究与教育的组织环境，创设"外发内生"的组织环境与动力机制。

（一）以强外部推力驱动大学跨学科研究组织发展

"外发"促"内生"，强化对研究型大学的外部驱动。大学作为"松散联结的系统"[②]，基于学科的组织结构（学术部落）一旦形成便具

---

① ［美］伯顿·克拉克：《高等教育新论：多学科的研究》，王承绪等译，浙江教育出版社 2001 年版，第 126 页。

② Karl E. Weick, "Educational Organizations as Loosely Coupled Systems", *Administrative Science Quarterly*, 1976（1），pp. 1 –19.

有一定的稳定性，大学则表现出维系这种稳定行为方式的组织惰性。大学缺乏逾越森严的学科组织壁垒开展跨学科研究及创设跨学科研究组织的动力。美国研究型大学跨学科发展的历史表明，政府设立的托管式国家实验室对推进研究型大学后续跨学科研究行为具有显著的效果。因此，我国政府应加强对跨学科前沿研究的支持力度，结合国家重大科研需求出资委托科研实力雄厚的研究型大学设立"托管式"跨学科实验室，以及与研究型大学联合出资共建跨学科实验室，从而强化对研究型大学开展跨学科研究的外部激发，通过外部刺激驱动大学内部跨学科研究组织的创生。

国外大学发展跨学科初期同样面临着学科组织壁垒所产生结构惰性的阻隔，要实现大学既有学术组织的变革首先需要对其进行"解冻"，创造变革的动力。国外大学跨学科研究组织发展的历史表明，外部动力是大学跨学科研究组织创建的关键驱动因素，如联邦资助机构对跨学科研究的大量资助发挥了至关重要的引导作用。推进我国大学跨学科研究组织的发展，政府的外部强力推动尤为必要。政府应强化以政策驱动大学重视跨学科研究组织的发展，加大对跨学科研究的资助力度与范围。已有政策虽鼓励大学学科交叉，但政策的针对性和实效性有限。因此，国家层面应在"双一流"建设、教育中长期发展规划中凸显大学跨学科研究的重要地位，教育部、科技部等政府部门制定推进大学跨学科研究发展的政策。镜鉴美国国家科学院发布《促进跨学科研究》报告的经验，委托中国科学院、中国社会科学院等机构专门研制促进跨学科研究的咨询报告，提升大学、企业、科研机构等对跨学科研究的认识，明晰我国跨学科研究发展的瓶颈与路向等。同时，政府应加大对大学跨学科研究的资助力度，围绕国家重大需求、科学前沿问题和"卡脖子"技术问题设置跨学科研究专项，在国家自然科学基金和社会科学基金等项目中增加跨学科研究项目，激发大学人员积极开展跨学科研究。

（二）外部社会、大学与基层学术组织形成推进跨学科发展的合力

由国外知名大学跨学科发展的动力机制可知，大学跨学科活动的

建制化需要外部社会、大学层面及基层学术组织的协同作用。对于我国大学跨学科的发展而言，首先应强化外部社会对大学的驱动，当前教育政策驱动下"外发内生"模式仍是我国高等教育最具实效的发展模式。一方面政府应加强对大学开展跨学科活动的政策指引与支持，从国家层面制定推动跨学科研究和跨学科教育（跨学科学位授予）的政策；另一方面外部资助机构应加强对跨学科研究的资助力度，如国家自然科学基金、国家社会科学基金增加对跨学科研究项目资助的比例及经费额度，引导大学及学术人员形成对跨学科研究的重视与兴趣。其次，大学层面应从理念、组织、制度等方面突破创新，为跨学科的生长提供环境，加速推进大学内部的跨学科建制。再次，基层学术组织在外部政策及大学制度的保障下，应积极寻求与其他学科的交互，激励教师针对现实社会的复杂性问题开展跨学科前沿研究，组建跨学科师资队伍，构建跨学科课程体系，制定跨学科拔尖人才的培养方案。

二 研究型大学统筹规划提供决策支持

为避免受既有规章制度的规约，美国研究型大学在促发跨学科行为的进程中积极寻求管理制度的变革与创新，通过组织的上层管理行为和决策为跨学科发展提供支持。我国研究型大学应致力于在大学层面通过制度创新为跨学科的生长提供适宜环境。大学校级层面的管理支撑至关重要，研究型大学可设置专门管理跨学科活动的组织机构，负责全面统筹规划跨学科发展战略及相关事务。完善人力资源管理制度，制定跨学科工作的认定与考核制度、教师聘任制度和学术晋升制度，以消除学科归属的障碍。同时，调整资源配置方式，制定激励跨学科研究的资助制度。制度化的脚本和惯例不仅制约行动，也会提供某种模式来指引行动者的行为，从而对行动者的行为产生"驱动"或建构作用。① 研究型大学可通过大学层面的决策来支持引导、驱动内部成员的跨学科行为。

（一）转变观念，落实高校对交叉学科建设的统筹推进

交叉学科建设不同于传统学科建设，高校推进交叉学科创建应转变观念、探索适合交叉学科的新建设模式。传统学科建设更多遵循自下而上的建设模式，通常由对应单个学科的学院负责学科内部的生长发展，而交叉学科创建需要跨院系、跨部门进行人力、物力、财力等资源的协调。故此，高校应采取自上而下与自下而上的双向驱动模式，尤其在交叉学科探索建设的初期，自上而下推动交叉学科创建极为必要。高校可在校级层面成立交叉学科建设领导小组，统筹推进全校的交叉学科建设工作，廓清学科交叉的障碍，整合校内的多学科资源。为设置能顺应国家重大战略需求和急切外部现实需求的交叉学科，高校交叉学科建设领导小组应吸纳政府人员、行业企业专家等利益相关者组建咨询委员会，以便及时掌握重大前沿需求信息。

（二）制定配套管理制度，提供高层管理支持

跨学科研究在美国大学中规模化、长效开展得益于其管理层变革既有政策所提供的支持，主要包括：第一，设置专责跨学科研究的领导机构。杜克大学于1998年创建了负责跨学科研究的副教务长办公室，是美国第一所设置专责跨学科事务副教务长的大学②，统筹大学内部的跨学科研究活动。第二，改革预算制度。绝大多数美国大学采用分权化的预算模式（decentralized budgeting models），大部分经费直接分配给院系及其他部门，由院系自行分配，因而支持跨学科研究的资源则相对有限。多数大学通过改革预算方式，将其中一部分资金由学校高层进行集中分配，用以资助跨学科研究。如加州大学戴维斯分校为改变这种

① Clemens E. S., Cook J. M., "Politics and Institutionalism: Explaining Durability and Change", *Annual Review of Sociology*, 1999, (25), pp. 441–466.

② Karri A. Holley, "Interdisciplinary Strategies as Transformative Change in Higher Education", *Innovative Higher Education*, 2009 (5), p. 337.

"垂直预算模式"，由大学中枢机构——研究办公室（Office of Research）直接分配资金到跨学科研究项目。[①] 第三，完善跨学科教师聘任、晋升制度。美国大学通过协调学院与跨学科研究机构之间的师资聘任，制定跨学科教师聘任晋升制度，保障了跨学科研究机构的教员聘任。威斯康星大学的跨学科集群聘任模式便是一例。

（三）以制度化保障跨学科研究组织的运行

完善支持跨学科研究的配套制度。组织内部新生事物的发展往往需要相应制度的保障，从制度上对研究型大学跨学科研究组织的发展予以支撑显得尤为迫切。美国研究型大学在经费资助、教员聘任与晋升、成果认定等方面制定了支撑跨学科研究组织发展的完善制度。我国研究型大学跨学科研究发展迟缓的原因与制度缺失有着直接的关联。现行的人事制度、学术评价制度等均阻碍着跨学科研究活动的开展及跨学科研究组织的创设。因此，我国研究型大学应在大学层面制定资助制度，为跨学科研究的开展提供专项经费；实施跨学科教师联合聘任或建立专职跨学科研究团队，前者可充分利用各学院的师资协同开展跨学科研究（如"学院联合式"），后者可以建立专职化的跨学科研究团队（如"独立建制式"）；制定跨学科学术认可制度，在传统的学科认定制度之外增加适用于从事跨学科研究工作的教师聘任、考核、职称晋升制度，消除教师从事跨学科研究的制度瓶颈。

组织的制度化过程是其寻求确保自身长久生存的路径的过程。[②] 跨学科研究组织创立后能否成功运行端赖于组织可否实现制度化，其制度化过程涉及组织目标、组织架构、组织制度和组织文化四个方面的系统建构。一是跨学科理念融入组织目标。首先需要将跨学科发展理念纳入大学的发展目标，跨学科发展的顶层设计有助于自上而下推进跨学科组

---

① UC Davis Office of Research. Interdisciplinary Research Support, http：//research. uc-davis. edu/offices/irs/.

② Carmona-Marquez F. J. et al. , "Excellence and Organizational Institutionalization：A Conceptual Model", in Achieving Competitive Advantage through Quality Management, ed. Peris-Ortiz et al. , https：//doi. org/10. 1007/978 - 3 - 319 - 17251 - 44.

织的构建，反之，若缺乏大学层面的理念引领与支持，基层学术组织变革的动力会不足。继而跨学科研究组织层面应以使命或愿景的形式明确阐明其开展跨学科研究的组织目标，使组织成员认同并内化组织目标。二是搭建跨学科组织的内部架构。校级层面设置专责跨学科研究的部门或明确主管跨学科研究的副校长。跨学科研究组织层面采用主任负责制，由主任负责跨学科研究组织日常管理工作。跨学科研究组织内部依据研究方向确定项目小组，由项目组长具体负责跟进跨学科项目的开展，定期向主任汇报工作进展。跨学科研究组织聘请产业界人士、企业及政府人员、相关领域专家组建咨询委员会与学术委员会，咨询委员会为跨学科研究组织的长远发展出谋划策，提供咨询建议等。大学与企业或其他大学合作建立的跨学科研究组织应设置专门的管理机构，吸纳双方利益相关者协同治理。三是健全跨学科研究组织制度。在资源配置方面，大学利用政府拨款、社会及校友捐赠设置跨学科研究专项经费，设立跨学科研究基金、种子基金等，通过跨学科研究项目的形式激励、支持跨学科研究。在教师聘任方面，打破教师身份固化，优化教师聘任制度，除建立专属于跨学科研究组织的师资队伍外，制定联合聘任制度，鼓励跨学科研究组织吸纳来自多个院系的教学科研人员参与跨学科研究。由跨学科研究组织与学院、校外机构等共同出资聘任教师，教师享受双重资助。在评价机制方面，大学须完善跨学科研究组织评价机制，"同行评价"和"外部评价"相结合，建立符合跨学科研究成果特性的评价体系。设立跨学科学术委员会，由跨学科研究所涉学科专家共同对科研成果进行"同行"评价；跨学科研究组织吸纳研究领域的专家、企业人员、政府人员成立外部评审委员会，从创新性、实用价值、社会影响等角度评估跨学科研究成果。同时，承认联合聘任教师在本学科工作之外所从事的跨学科研究工作，将其纳入考核、职称评定等成果认定范围。

（四）创新教师聘任制度，采用"集群"聘任模式

为鼓励教师从事跨学科教学和研究工作，美国研究型大学探索改革已有的教师聘任与晋升制度，其中以 1998 年威斯康星大学麦迪逊分校发起的"集群聘任"（Cluster Hiring）模式最具代表性。集群聘任计划

旨在打破现有学术院系的界限创造新的跨学科知识领域以促进合作研究与教育。[1] 集群是围绕跨学科知识领域而建立的，目前有 49 个集群。大学通过竞争的方式遴选跨学科教师，将其分派到不同的"集群"中，每个集群最多由 5 人组成。与跨学科研究所或中心的实体组织不同，集群是一个虚拟的组织体，集群教师的日常管理归属于相应的院系，且同一集群的教师分属于不同的院系。在集群聘任模式中，虽然教师的行政管理归属于院系，但集群教师的薪酬来源于学校的资助计划，同时其聘任晋升并不参与院系教师聘任晋升的岗位竞争，即不占用院系名额。集群教师在评定终身教职时学校承认其跨学科研究与教学工作。这一模式为大学教师从事跨学科研究提供了平台，现被德州理工大学、俄勒冈大学、明尼苏达大学、伊利诺伊大学香槟分校等大学所效仿。

（五）设立"种子基金"激励性资助，激励跨学科研究

对于研究型大学而言，科研经费的竞争压力日趋增大。而跨学科研究具有极强的资源依赖特性。美国研究型大学一般通过设立常规资助计划（formal funding programs）支持跨学科研究，其形式表现为战略规划性的目标投资或"种子基金"（seed grant）计划。"种子基金"一般由研究型大学的管理层集中进行调配，它是一种竞争性的资助方式，主要作用在于对跨学科研究项目进行前期培育，旨在敦促跨学科研究机构或项目后期能够竞取外部跨学科研究资助，以实现自给自足，甚至为大学赢取更多的外部资源。美国研究型大学的"种子基金"类似于企业的风险投资[2]，因此不能获取外部研究资助的跨学科研究机构/项目通常会被终止。联邦中心资助（federal center grants）和大型跨学科奖金（large interdisciplinary awards）是两项重要的外部跨学科研究资助来源。[3] "种

---

① University of Wisconsin-Madison. Cluster Hiring Initiative, http://clusters. wisc. edu/index. htm.

② Henry Etzkowitz, "Research Groups as 'Quasi-firms': The Invention of the Entrepreneurial University", *Research Policy*, 2003 (1), pp. 109 – 121.

③ Creso M. Sa., "Interdisciplinary Strategies' in U. S. Research Universities", *Higher Education*, 2008 (5), pp. 537 – 552.

子基金"资助下的跨学科研究机构/项目考核的重要标准即是其能获取多少外部研究经费。斯坦福大学 Bio-X 跨学科行动种子资助计划（The Bio-X Interdisciplinary Initiatives Seed Grant Program，IIP）是一项旨在提升生物工程、生物科学、生物医学领域跨学科研究的资助项目，IIP 用于资助早期具有高风险计划且难以获得传统资助的跨学科团队，IIP 前五轮的种子基金为斯坦福大学赢得了 1.7 亿美元的外部研究资助。[①] 美国研究型大学的"种子基金"资助形式推动了跨学科研究在大学中的开展，并在很大程度上解决了其与传统院系竞争大学内部研究经费的问题。

三　大学创建多样态跨学科研究组织

（一）"由上而下"创设多种形态的跨学科研究组织

鉴于传统学科院系间森严的组织壁垒，毋庸置疑，设置跨学科研究机构是大学跨学科研究活动开展的组织载体与保障。我国研究型大学管理体制多采用严格的"校—院—系"三级科层结构，伴随知识的持续分化，学院之间甚至学院内部系与系之间的鸿沟有增无减，组织障碍是我国研究型大学跨学科研究发展的重要掣肘因素。因此，我国研究型大学应创新跨学科研究的组织形态，破除组织藩篱。与美国相比，我国研究型大学的跨学科研究尚处于探索尝试阶段，缺乏形态多样的跨学科研究组织。因此，我国研究型大学的决策层宜从整体上统筹管理大学的跨学科研究活动。在推进跨学科研究活动的初期，应以建立"独立建制式"的跨学科研究中心或研究所的组织形式作为驱动力，自上而下推动大学跨学科研究的发展，为各学院自下而上创设"学院联合式""学院内嵌式"跨学科研究组织提供导引。对于小型的新建高水平研究型大学而言，可采用"无学科边界"跨学科大学的模式，自大学设立之初即进行整体跨学科建构。

---

① Stanford Bio-X. Seed Grants，https：//biox. stanford. edu/research/seed-grants.

（二）创设跨学科研究组织，早期以独立建制的组织形式为主

既然传统的院系架构不利于跨学科研究的开展，那么重构研究型大学的院系架构或创设新的跨学科研究组织形式是破解这一问题的可选路径。然而，对于传统的研究型大学而言，基于学科的院系结构根深蒂固，美国研究型大学多采用创设独立于院系的跨学科实验室、跨学科研究所或跨学科研究中心的方式推进跨学科研究。如宾夕法尼亚州立大学设立的应用研究实验室（Applied Research Laboratory）、电光研究中心（Electro-Optics Center）、能源与环境研究所（Institutes of Energy and the Environment）等均为跨学科研究机构。[1] 三种跨学科研究组织形式中，跨学科研究所和跨学科研究中心更为普遍。一般而言，跨学科研究所的组织规模更大，其内部通常包含多个跨学科研究中心。斯坦福大学环境研究所（The Stanford Woods Institute for the Environment）内部容纳了海洋应对中心（Center for Ocean Solutions）和食品安全与环境中心（Center on Food Security and the Environment）两个研究中心。[2] 此外，部分研究型大学的跨学科研究中心内部亦设立了分中心，如加利福尼亚理工学院的信息科学与工程跨学科研究中心（Information Science and Technology）内部包含了三个子中心：数字信息中心（Center for the Mathematics of Information）、社会与信息科学实验室（Social and Information Sciences Laboratory）和高级网络中心（the Lee Center for Advanced Networking）。[3] 包含子中心的跨学科研究机构是一种"伞形组织"（umbrella organization），发挥协调、整合内部成员组织的作用。当前，独立建制的跨学科实验室、跨学科研究所、跨学科研究中心是美国研究型大学开展跨学科研究的主流组织形态。

---

[1] Pennsylvania State University. Interdisciplinary Research, http：//www. psu. edu/research/interdisciplinary-research.

[2] Stanford Woods Institute for the Environment. Centers and Programs, https：//woods. stanford. edu/research/centers-programs.

[3] California Institute of Technology. Research Centers, http：//eas. caltech. edu/research _ centers.

（三）重构院系组织架构，创新跨学科组织形态

当然，一所大学不可能所有学科发展都遵照跨学科发展的模式，同理，不是所有的学院都有必要按照跨学科模式进行改制。因为某些学院建基于单一学科的发展模式仍具有合理性。大学学科发展应坚持有所为有所不为的原则，即采取在自身优势学科的基础上突破发展的策略。对于学科实力较强的学院可以通过吸纳易产生"火花"的近缘或远缘学科，围绕学科群重构其院系组织架构，以开拓新的领域，产生突破性成效（如新领域拔尖人才和科研成果）。此外，亦可通过设立独立建制的跨学科研究机构（如跨学科研究中心或跨学科研究所）开展跨学科前沿教育和研究，从而不触动既有的基于学科所划分的学术领地及其利益，以另一种方式规避传统学科组织根深蒂固的问题。

"变革阶段"的关键在于跨学科研究组织的创建。目前，我国大学跨学科研究组织发展缓慢，主要以国家级（依托国家重点实验室）、校级（独立设置）跨学科中心为主，[①] 形式比较单一。我国大学可"内构"与"外拓"两种路径并进构建多样化跨学科研究平台，创新跨学科研究组织形式。首先，大学可优先考虑建立校内独立建制式跨学科研究组织，该组织形式适合于跨学科研究组织处于起步探索阶段的大学，原因在于其不会直接冲击传统学科（院系）组织。其次，大学可根据自身学科特色，整合"近缘"学科，以学科集群的形式创建具有跨学科属性的学院，如人工智能学院、未来技术学院等，在学院内创设内嵌式跨学科研究组织。再次，大学应加强关联学院之间的合作，以跨学科项目为媒介，建立学院联合式跨学科研究平台。最后，对于一些小而精的新建研究型大学，可参照洛克菲勒大学运行模式，专注于某一前沿领域，从整体上打造无学科边界的跨学科大学。此外，具有良好外部合作基础的大学应注重与外部机构的强强合作，与其他大学、企业和产业界共建战略联盟型跨学科研究组织，拓展校际联合式与产教融合式跨学科研究组织，实现优势互补、合作共赢。

---

① 　张炜等：《我国大学跨学科研究现状及其运行机制探析》，《软科学》2003 年第 5 期。

四 培育跨学科文化，形塑跨学科研究行为

美国跨学科研究与教育的发展进程中，研究型大学的高层管理人员逐步意识到跨学科文化的缺失是阻碍跨学科活动广泛、深入开展的重要原因之一。克雷索（Creso）甚至认为院系和校园文化氛围对跨学科活动是冷漠的、敌对的。鉴于此，美国研究型大学注重通过跨学科文化的培育来推动跨学科研究活动。一方面，研究型大学校长在演讲或大学总体规划中对跨学科理念进行宣讲。2004 年杜克大学校长理查德·布罗德黑德（Richard Brodhead）在就职演讲中强调："许多最有趣的问题本质上完全是跨学科的。" 2008 年，哈佛大学校长德鲁·佛斯特（Drew Faust）在毕业典礼上讲道："在大学内部，我们必须努力克服跨领域合作的障碍。"此外，美国研究型大学通过制定跨学科制度（如跨学科教师聘任晋升、资助模式等）及建设跨学科研究设施（如新的跨学科研究实验室、研究大楼等）进一步催生了跨学科文化。研究型大学跨学科文化的形成无形中形塑着其内部的跨学科研究行为，对跨学科研究行为具有重要的激励、导向及调适作用。跨学科文化引导、激励大学教师开展跨学科研究，并规范其研究行为，促使跨学科研究与传统院系的学科研究相互调整与适应。

（一）正确认识学科与跨学科的关系

那么，在发展跨学科的同时应如何把握学科与跨学科的关系呢？首先，学科是跨学科的基础。国外知名大学并非凭空发展跨学科，而是立足于校内已有学科的基础之上。即学科是跨学科教育与研究的基石，这是因为学科为跨学科活动提供了基础工具，提供了问题解决的工具性和概念性原料，提供了一个整合的平台，以及提供了元批判性反思的实质性内容。其次，跨学科是大学既有学科发展到成熟阶段的产物。跨学科活动多针对复杂性、前沿性议题，因此，已有学科是否发展成熟直接关系到跨学科活动开展的成效。组织生命周期理论认为组织像任何生命体

一样有其生命周期①，学科组织的发展同样是一个循序渐进的过程，表现出生命周期的特征。有研究者根据组织生命周期理论，将学科组织生命周期划分为四个阶段：生成期、成长期、成熟期、蜕变期。② 国外知名大学往往是在既有学科发展成熟后开展跨学科教育与研究活动，成熟的标志是已有学科发展累积到一定阶段并形成学科优势时，一般可授予研究生层次的学位。因此，我国大学在发展跨学科时不能脱离既有的学科基础，应在相关学科发展成熟后，在一些前沿领域有选择性地开展跨学科教育与研究活动。大学开展跨学科活动坚持"有所为有所不为"原则的缘由在于，一方面不是所有的学科都适合开展跨学科研究活动，另一方面要在已有优势学科基础上实现重点突破，构建优势学科群。跨学科发展成熟的理想状态是设有博士生层次的学位教育，因为跨学科研究旨在解决复杂性议题，需要高层次拔尖创新人才来完成，而跨学科教育则旨在培养从事跨学科研究所需要的高层次拔尖创新人才。

（二）创新跨学科组织结构，重视跨学科物理空间建设

大学的组织行为是一种结构性的行为，跨学科组织行为产生于一定的组织结构之中，如何突破原有的学科主导组织结构是触发跨学科行为的关键。增量模式与变革模式是美国研究型大学创新跨学科组织结构的重要策略。当前，我国研究型大学多通过设立独立于学院的跨学科研究机构的形式开展跨学科活动，形式较为单一。除通过增设实体跨学科学术组织机构外，研究型大学可设立虚拟跨学科组织机构，通过灵活的集群模式组建跨学科团队开展跨学科活动。尤为重要的是，对于传统的单学科学院，大学可通过变革模式进行重构，以学科群的形式进行院系组织结构的重组与革新。与此同时，我国研究型大学应重视跨学科基础设施的建设，建造实体性的跨学科物理空间，为师生的跨学科交互提供时空。如哈佛大学的跨学科研究大楼（Interdisciplinary Research Building），

---

① 张逸昕、赵丽、闫红博、王志成：《管理学原理》（第2版），清华大学出版社2015年版，第134页。

② 宣勇、张鹏：《组织生命周期视野中的大学学科组织发展》，《科学学研究》2006年第S2期。

是其新建的专门用于促进跨学科研究和教育的混合式学术建筑。

（三）创建与维系跨学科组织文化

1. 以跨学科理念为引领，形塑跨学科文化

跨学科建制已成为世界知名大学学科发展的潮流与趋势。国外大学对跨学科的兴趣始于 20 世纪 70 年代，且自此大学对跨学科的兴趣从未消减。[①] 然而，反观我国大学跨学科仍面临诸多现实困境，如政府政策、资助机构的外部激励不足，大学层面缺乏必要的驱动与保障，及大学内部的组织制度障碍依然存在等。"双一流建设方案"将"以学科为基础"作为基本原则之一，鼓励高校优化学科结构，凝练学科发展方向，突出学科建设重点，创新学科组织模式。这向我国大学在争创"双一流"的进程中创新学科发展模式提出了要求、提供了机遇。大学应紧跟世界知名大学跨学科发展的趋势，以此为一流学科与一流大学创建的蹊径，完备大学内部的跨学科建制。在某种意义上，学科建设理念是发展世界一流学科、创建世界一流大学的内核。以跨学科建制为蹊径创建"双一流"需要跨学科建设理念的引领。当前我国大学仍为学科文化所主导，跨学科活动多处于个别且无序的状态。因此，大学管理者应以跨学科理念指引学科整体建设，营造打破学科界限的氛围，重视跨学科建设理念的传播。通过跨学科组织的设置以及跨学科学术制度的制定，形塑跨学科文化。

理念先行，双向形塑学科交叉融合的理念。理念是行动的先导，要促进高校学科深度交叉融合，需先营造高校重视学科交叉融合的理念氛围。一方面，在国家促进高校学科交叉融合、设置交叉学科门类的政策驱动下，"自上而下"引导高校在校内形成学科交叉的理念，将学科交叉纳入高校发展战略与规划，自学校层面对学科交叉的理念予以广泛传导，逐步在高校内部营造一种学科交融的文化。另一方面，高校应鼓励基层学术组织、教学科研人员开展学科交叉活动，为基层学术组织

---

① Lisa R. Lattuca, *Creating Interdisciplinarity*: *Interdisciplinary Research and Teaching among College and University Faculty*, Vanderbilt University Press, 2001, p. 18.

"自下而上"生成学科交叉理念提供土壤，不同学科能在多大范围交叉、在多大程度上融合，归根结底在于基层学术组织及其教学科研人员是否具有学科交叉的意识及行动保障。

2. 藉助跨学科组织文化滋养跨学科行为

组织文化虽无形，但对组织成员行为的塑造或影响却是深刻的，它能够从根本上影响和塑造组织成员的自觉行为。而跨学科文化的创建与维系是形塑跨学科行为的长效机制。斯蒂芬·罗宾斯（Stephen P. Robbins）等认为甄选活动、高层管理者的举措和社会化方法对组织文化的维系具有重要作用。首先，大学内部学科文化的长期盛行使组织成员表现出更认同学科行为的惯性，在跨学科发展初期容易产生拒斥跨学科行为。有鉴于此，除从各院系招募对跨学科活动感兴趣的教师外，美国研究型大学注重直接从大学外部延揽有志于从事跨学科研究与教学的师资。如此更加有助于甄选不受传统学科文化束缚，而更加认同跨学科文化的组织成员。因此，我国研究型大学遴选从事跨学科研究与教学的教师时应着重从外部遴选与跨学科文化相匹配的成员。其次，高层管理者应加强对跨学科理念的传播，构筑跨学科蓝图①，建立起相应的跨学科制度，营造跨学科精神文化并形成跨学科制度文化。最后，帮助组织成员适应跨学科文化，即经由社会化的过程将跨学科理念与制度内化于组织成员，最终使跨学科行为成为一种自发的行为模式。

大学跨学科研究组织涉及多个学科交互，而各学科都具有独特的学科语言、思维和价值观，不同学科在交流中容易产生冲突，因此跨学科研究组织需要构建利于开放交互的跨学科文化，增强组织群体凝聚力。首先，大学应将跨学科发展融入大学发展理念，由学校层面自上而下传导跨学科发展理念，以价值渗透方式鼓励师生开展跨学科研究；其次，创制跨学科规章制度，以制度文化规范跨学科研究组织成员的行为；再次，为跨学科研究组织提供专门的工作场所，设置有助于跨学科交流的物理空间，激发师生的创新意识以及交流热情；最后，跨学科研究组织

---

① Jerry A. Jacobs, *In Defense of Disciplines: Interdisciplinarity and Specialization in the Research University*, The University of Chicago Press, 2013, pp. 214 – 216.

通过定期开设面向全校、全社会的跨学科讲座，举办跨学科研讨会等方式，营造跨学科行为文化。

五　依托跨学科研究组织开展
跨学科研究生教育

（一）以跨学科研究组织为载体开展跨学科人才培养

美国研究型大学跨学科研究组织的职能并非是单一的科学研究，而是跨学科研究与跨学科研究生教育职能的紧密融合。由于跨学科研究多是复杂性的前沿问题研究，这为实施精英型的研究生教育提供了可能。美国研究型大学的七种跨学科研究组织形式均提供跨学科研究生教育项目：托管式的阿贡实验室提供硕士及博士学位研究生教育项目，具体包括实验室研究生项目、客座研究生项目、访问研究生项目、研究生联合培养、研究生研究助理项目等；独立建制式的宾夕法尼亚州立大学哈克生命科学研究所提供生物信息学和基因组学、生态学、分子细胞和综合生物科学、神经科学、生理学、植物生物学六个跨学科领域的博士学位项目及生理学和生物技术两个领域的跨学科硕士学位项目；学院联合式的宾夕法尼亚州立大学艺术人文研究所提供研究生高级训练项目等；学院内嵌式的杜克大学医学院提供医学物理学等跨学科博士学位项目；跨学科大学式的洛克菲勒大学提供生物医学、物理科学领域的跨学科博士学位项目。因此，我国研究型大学在创设跨学科研究组织的同时应注重跨学科研究生的培养，一方面形塑专业化的研究团队开展跨学科研究，另一方面培养精英型人才以应对复杂社会需求，实现拔尖人才培养与跨学科研究职能的协同。

（二）增设跨学科研究生学位项目，实现跨学科研究与教育职能的统合

最初，跨学科研究中心/所的运作模式是大学围绕复杂性问题将不同学科的教师/研究人员整合在一起单纯从事跨学科研究，然而这种模式存在跨学科研究与跨学科教育职能相分离的问题，即缺乏能够胜任跨

学科研究的个体人才。伴随跨学科研究的发展，美国研究型大学逐步设置了跨学科研究生学位项目培养跨学科人才。麻省理工学院、密歇根大学、马萨诸塞州立大学、华盛顿大学、亚利桑那大学、爱荷华州立大学等均设置了跨学科研究生学位项目，通过跨学科课程设置、跨学科师资队伍组建以及跨学科科研规训跨学科研究生。诸多跨学科研究机构亦同时增设了跨学科研究生教育项目。田纳西大学诺斯维尔分校的布莱德森跨学科研究与研究生教育中心（Bredesen Center for Interdisciplinary Research and Graduate Education），顾名思义，是一个集跨学科研究与跨学科研究生培养于一体的组织机构，提供能源科学与工程博士学位项目（Energy Science and Engineering Ph. D. program）。[①] 独立建制的跨学科研究中心/所通过设置跨学科研究生学位项目，实现了跨学科研究与跨学科教育职能的统合。

六　优化人工智能学术组织建设

人工智能发展的最大瓶颈是人才，现已进入了全球争抢人工智能人才的时代。为适应第四次产业变革的需求，我国政府因势利导，推动高校建设人工智能组织机构，以为我国人工智能的发展提供人才储备与智力支持。人工智能人才的战略需求对高校而言是机遇，更是挑战。针对我国高校发展人工智能学术组织潜存的问题，提出以下对策：

（一）创设人工智能学术组织须量力而行，避免为设而设

学术组织的建设是一项系统工程，高校应量力而行地建设人工智能学院和人工智能研究机构，规避"跟风式"为设而设。若仅仅为了获取国家经费、开设热门招生专业等目的，在不具备建设条件的情形下"跟风"成立人工智能组织机构会导致师资力量拼凑、培养内容碎片化、培养质量低下等问题。因此，要设置人工智能学术组织机构，首先

---

① The Bredesen Center for Interdisciplinary Research and Graduate Education. Energy Science and Engineering Ph. D. program，http：//bredesencenter. utk. edu/ese. shtml.

高校需要充分论证自身是否具备创设人工智能学术组织的条件。高校组织相关学院盘点自身的学科基础，就人工智能学术组织的设立审视其已有的师资队伍状况、课程开设可能性、实验与教学设备等条件。其次，结合已然具备的建设基础，研判增补建设人工智能学术组织所需其他条件的可能性，如师资的引进、实验设备的购置等。倘若以上两点均可实现，则具备了相对可行的人工智能学术组织建设基础和条件。再次，高校在筹建以及发展人工智能学术组织的过程中应发挥自身办学特色与学科优势谋求"错位发展"。通过"错位发展"凸显办学特色，而非简单模仿其他高校的发展策略，超越模仿性同构，系统、长远勾画人工智能学术组织的发展蓝图，实现突出特色优势基础上的创新发展。

（二）夯实人工智能学术组织的学科专业"地基"

人工智能学术组织是人工智能学科专业的组织载体，人工智能学术组织的建设与发展需以人工智能学科专业的良性发展为根基。因而，促进人工智能学术组织的发展应强基固本，重点推进人工智能学科专业的建设。其一，推动人工智能一级学科的建制。具有横断学科属性的人工智能学科其所涉学科范围广泛，人工智能学科在发展早期可借助学科群的发展模式汇集跨学科发展优势，待学科群发展成熟时建设成为一级学科，从而为人工智能学科发展提供更坚实的学科基础。其二，加快人工智能专业设置布局。专业处在学科体系与社会职业需求的交叉点上[①]，高校应结合自身的人工智能优势与产业需求，设置特色化的人工智能专业。基于人工智能议题的复杂性特质，以项目制、问题解决为导向进行人工智能专业人才的培养。其三，加强人工智能师资队伍的建设。鉴于人工智能的跨学科特性，仅依靠单一领域的师资难以支撑人工智能学术组织的良性发展，因此，人工智能学术组织须组建一支跨学科的人工智能师资队伍。高校在整合内部师资的基础上，应加强外部优质师资的引入，尤其是通过专兼职并行的方式从人工智能行业企业延聘具有丰富实

---

① 吴朝晖：《交叉会聚推动人工智能人才培养和科技创新》，《中国大学教学》2019 年第 2 期。

践经验和研究基础的校外专家。

（三）促进人工智能学术组织与多元学科组织的交融

人工智能作为一门横断学科，其渗透融合特点显著①，对其他学科具有极强的溢出效应。人工智能学术组织的自身发展需要汲取多元学科的养分，即需要大学内部其他学科的支撑，与此同时，人工智能学科巨大的转化带动效应需要其延伸至大学内部的其他学术组织（建基于单一学科的学院）。促进人工智能学术组织与校内多元学科组织的交融，首先，需要高校加强顶层设计，提供制度保障。人工智能的溢出带动效应需要高校自上而下予以规划推动，并为人工智能学术组织与校内其他学科组织交叉汇聚提供制度与机制保障，如建立完善的跨学科研究成果认可机制。其次，人工智能学术组织与其他学科组织共创学科新生长点。跨学科研究是创造新知识、突破复杂前沿理论与现实问题的重要路径，人工智能学术组织通过与其他学科组织合作开展跨学科研究，拓展学科边界，探寻新的学科生长点。再次，联合实施"人工智能＋X"的复合型人才培养模式。人工智能学术组织可以与其他学术组织建立合作机制，或联合多个学科组织开展"人工智能＋X"人才培养，如"人工智能＋艺术""人工智能＋教育"等，变革传统的单一学科人才培养模式。

（四）着力人工智能基础理论研究，建设创新策源地

理论和技术的创新是人工智能未来发展的重要驱动力和引领力。当前我国人工智能发展存在"弱基础、强应用"的问题，人工智能领域的关键技术瓶颈根源在于基础理论研究的薄弱。相较于其他机构，作为知识创造主体之一的研究型理工科大学及综合性大学具有开展人工智能基础理论研究的优势，高校人工智能学术组织应集中力量重点开展人工智能领域的基础理论研究，利用自身学科资源优势为我国人工智能系统

---

① 吴飞、杨洋、何钦铭：《人工智能本科专业课程设置思考：厘清内涵、促进交叉、赋能应用》，《中国大学教学》2019年第2期。

工程建设搭建牢固的根基。一方面，国家应加大力度扶持人工智能领域的基础理论研究。基础理论研究的重大突破需要耗费较多的人力、物力等资源，且产出成果较缓慢。因此，一是需要国家层面给予相应的经费资助及政策引导，鼓励与支持人工智能领域的高端人才安心投入到基础理论研究当中。二是注重理论的创新。不仅重视发挥人工智能在"新工科"建设中的作用，也要发挥人工智能在"新医科""新文科""新农科"建设中的潜在作用，跨越学科边界进行理论融合创新，完善人工智能学科的理论体系，为人工智能学科的内涵建设与创新注入源源不断的新动能。三是加强人工智能博士研究生的培养。借鉴人工智能优势国家高端人才培养机制，制定契合我国现实的人工智能博士研究生培养机制，逐步扩大培养规模，为人工智能领域的基础理论研究提供后续生力军。

本章小结

　　跨学科研究在国外研究型大学中已普遍开展，对其发展历程的探究有助于理清其发展动因、制约因素及发展策略，亦能为我国研究型大学推进跨学科研究提供些许镜鉴。概括而言，主要有如下几方面启示：第一，外部资助在美国研究型大学跨学科研究的生成中发挥了重要推动作用。美国国家科学基金会、国家卫生研究院等对跨学科研究的资助是引导大学开展跨学科研究的重要外部推力。我国国家自然科学基金、国家社会科学基金等资助应强化对大学开展跨学科研究的政策引导，提升对跨学科研究的资助力度。第二，大学领导层对跨学科研究重要性的认知度关系到其在大学中的整体推进。细究美国知名大学的发展历史，大学的卓越与其校长拥有鲜明、远瞻的理念紧密相关。美国研究型大学的校长或专责跨学科研究的副校长、教务长等皆注重宣传跨学科理念，且致力于推进跨学科研究。在我国大学发展缺乏跨学科理念的当下，大学领导层达成对跨学科研究的认识，并形成理念引导大学内部开展跨学科研究与教育活动显得尤为必要且极具挑战。第三，大学从组织、制度、文化三个维度为跨学科研究创设条件。从美国研究型大学跨学科研究发展瓶颈的分析不难发现，跨学科研究的发展进程中遭遇了组织、制度、文化三个方面的障碍。因此，我国研究型大学在推进跨学科研究的过程中应从这三个维度同时着力创造条件，保障跨学科研究的开展。组织上创新跨学科研究的组织形式，破除传统院系的组织壁垒；制度上变革既有基于学科的研究制度，从资助方式、教师聘任模式、学术考核制度等方面完善跨学科研究制度；文化上通过跨学科文化的培育形塑跨学科研究行为。跨学科研究的重要性日益显现，我国在建设世界一流大学与世界一流学科的背景之下，应借鉴世界高水平大学推进跨学科发展的经验，创新学科组织模式，促进学科深度交融。一流大学、一流学科建设能否成功的关键在于突破创新，跨学科建制虽可成为我国大学创建"双一流"的蹊径，但当前我国大学跨学科发展尚处于探索阶段，面临诸多困境。一言以蔽之，"双一流"建设之路仍任重而道远。

参考文献

一　中文文献

段万春：《组织行为学（第三版）》，高等教育出版社 2017 年版。

何跃：《组织行为学》，重庆大学出版社 2012 年版。

贾东荣：《转型、竞争与新型大学发展》，知识产权出版社 2018 年版。

李中彬、杨成国、胡三嫚：《组织行为学》，中国社会科学出版社 2010 年版。

刘仲林：《现代交叉科学》，浙江教育出版社 1998 年版。

马作宽：《组织变革》，中国经济出版社 2009 年版。

潘永明、毕小青、杨强：《管理学》，上海财经大学出版社 2018 年版。

王志强：《研究型大学与美国国家创新系统的演进》，中国社会科学出版社 2014 年版。

文少保：《美国大学跨学科研究资助政策与组织机制》，科学出版社 2016 年版。

余伟萍：《组织变革战略性 ERP 价值实现的保障》，清华大学出版社 2004 年版。

张逸昕、赵丽、闫红博、王志成：《管理学原理（第 2 版）》，清华大学出版社 2015 年版。

钟少颖、聂晓伟：《美国联邦国家实验室研究》，科学出版社 2017 年版。

周雪光：《组织社会学十讲》，社会科学文献出版社 2003 年版。

邹晓东、陈艾华：《面向协同创新的跨学科研究体系》，浙江大学出版社 2014 年版。

译著

［法］埃德加·莫兰：《复杂性思想导论》，陈一壮译，华东师范大学出
　　版社 2008 年版。

［美］爱德华·威尔逊：《知识大融通：21 世纪的科学与人文》，梁锦鋆
　　译，中信出版社 2015 年版。

［美］伯顿·克拉克：《研究生教育的科学研究基础》，王承绪译，浙江
　　教育出版社 2001 年版。

［美］华勒斯坦：《学科·知识·权力》，刘健芝等译，生活·读书·新
　　知三联书店 1999 年版。

［美］凯瑞·A. 霍利：《理解高等教育中的跨学科挑战与机遇》，郭强
　　译，同济大学出版社 2012 年版。

［美］斯蒂芬·罗宾斯、蒂莫西·贾奇：《组织行为学》，孙健敏等译，
　　中国人民大学出版社 2016 年版。

［美］朱丽·汤普森·克莱恩：《跨越边界——知识·学科·学科互
　　涉》，姜智芹译，南京大学出版社 2005 年版。

［英］迈克尔·吉本斯等：《知识生产的新模式：当代社会科学与研究
　　的动力学》，陈洪捷等译，北京大学出版社 2011 年版。

［英］托尼·比彻、保罗·特罗勒尔：《学术部落及其领地：知识探索
　　与学科文化》，唐跃勤、蒲茂华、陈洪捷译，北京大学出版社 2015
　　年版。

期刊

艾志强、王雅芬：《高校跨学科研究的主要困境及其对策》，《辽宁工业
　　大学学报》（社会科学版）2010 年第 5 期。

安秀芬、黄晓鹂、张霞等：《期刊工作文献计量学学术论文的关键词分
　　析》，《中国科技期刊研究》2002 年第 6 期。

毕颖：《协同创新中的大学跨学科研究组织：问题及对策》，《国家教育
　　行政学院学报》2015 年第 7 期。

毕颖、杨小渝：《面向科技前沿的大学跨学科研究组织协同创新模式研
　　究——以斯坦福大学 Bio-X 计划为例》，《华中师范大学学报》（人文
　　社会科学版）2017 年第 1 期。

蔡立英：《美能源部弱化实验室微观管理》，《世界科学》2017 年第
　5 期。

陈艾华、吴伟、王卫彬：《跨学科研究的协同创新机理：基于高校跨学
　科组织的实证分析》，《教育研究》2018 年第 6 期。

陈艾华、邹晓东：《日本研究型大学提升跨学科科研生产力的实践创
　新——以东京大学 GSFS 为例》，《高等工程教育研究》2012 年第
　5 期。

陈艾华、邹晓东、陈勇、陈婵、王锋雷、柳宏志：《美国研究型大学跨
　学科研究的实践创新——以威斯康星大学麦迪逊分校 CHI 为例》，
　《高等工程教育研究》2010 年第 1 期。

陈超美、陈悦、侯剑华等：《CiteSpace Ⅱ：科学文献中新趋势与新动态
　的识别与可视化》，《情报学报》2009 年第 3 期。

陈何芳：《论我国大学跨学科研究的三重障碍及其突破》，《复旦教育论
　坛》2011 年第 1 期。

陈军斌：《跨学科研究生创新人才培养的难点与突破——西安石油大学
　石油工程学院的积极探索》，《人民论坛》2018 年第 15 期。

陈凯泉、张士洋、张凯、刘鹏：《矩阵化、虚拟化和联盟式：信息时代
　研究型大学的学术组织创新》，《高教探索》2012 年第 5 期。

陈良：《大科研背景下跨学科学术组织发展建议》，《中国高校科技》
　2018 年第 12 期。

陈其荣：《诺贝尔自然科学奖与跨学科研究》，《上海大学学报》（社会
　科学版）2009 年第 5 期。

陈涛：《跨学科教育：一场静悄悄的大学变革》，《江苏高教》2013 年
　第 4 期。

陈涛、韩茜：《四螺旋创新集群：研究型大学人工智能发展生态重构与
　路向探究——以加拿大多伦多大学为例》，《重庆高教研究》2020 年
　第 2 期。

陈亚玲：《大学跨学科科研组织：起源、类型及运行策略》，《高校教育
　管理》2012 年第 3 期。

陈勇、邹晓东、陈艾华、陈婵、王锋雷、柳宏志：《促进跨学科研究的

有效组织模式研究——基于斯坦福大学 Bio-x 跨学科研究计划的分析及启示》，《科学学研究》2010 年第 3 期。

陈悦、陈超美、刘则渊等：《CiteSpace 知识图谱的方法论功能》，《科学学研究》2015 年第 2 期。

谌群芳、陈积明：《交叉学科发展是"双一流"建设的新兴增长点》，《中国高等教育》2018 年第 10 期。

程如烟：《美国国家科学院协会报告〈促进跨学科研究〉述评》，《中国软科学》2005 年第 10 期。

程新奎：《大学跨学科组织的主要运行模式及其特征比较》，《现代教育科学》2007 年第 9 期。

董杲、平思情：《美国大学跨学科研究组织的发展——基于"三角协调"理论的视角》，《中国高校科技》2019 年第 8 期。

董金华、刘凡丰：《研究型大学跨学科研究的组织模式初探》，《中国软科学》2008 年第 3 期。

段世飞、张伟：《人工智能时代英国高等教育变革趋向研究》，《比较教育研究》2019 年第 1 期。

范冬清、王歆玫：《秉承卓越：美国研究型大学跨学科人才培养的特点、趋势及启示》，《国家教育行政学院学报》2017 年第 9 期。

范明、李文杰：《校院两级管理体制下跨学科学术组织的发展对策》，《黑龙江高教研究》2013 年第 3 期。

冯林、张治湘：《我国高校跨学科研究组织的基本模式及运行机制探析》，《黑龙江教育》（高教研究与评估）2014 年第 1 期。

甘为、薛海安：《荷兰项目式跨学科合作设计教学新实践——以代尔夫特理工大学为例》，《艺术设计研究》2020 年第 2 期。

高子牛：《作为跨学科组织的研究中心：以康奈尔大学东南亚研究中心为例（1950—1975）》，《北京大学教育评论》2018 年第 2 期。

耿益群：《美国研究型大学跨学科研究中心与大学创新力的发展——基于制度创新视角的分析》，《比较教育研究》2008 年第 9 期。

关辉：《大学跨学科组织发展的动力问题及平衡机制》，《高教探索》2015 年第 6 期。

关辉：《跨学科研究生教育的"碎片化"及其整合》，《学位与研究生教育》2013 年第 10 期。

郭中华、黄召、邹晓东：《高校跨学科组织实施中存在的问题及对策》，《科技进步与对策》2008 年第 1 期。

何晓斌、石一琦：《人工智能的发展和我国人工智能文科人才的培养》，《清华大学教育研究》2019 年第 4 期。

华中科技大学教育科学研究院课题组、刘献君、彭安臣：《高校跨学科科研组织的有效管理——多案例实证研究》，《高等工程教育研究》2008 年第 6 期。

黄超、杨英杰：《大学跨学科合作的学科整合机制及其模式选择》，《高教探索》2016 年第 12 期。

黄超、杨英杰：《大学跨学科建设的主要风险与治理对策——基于界面波动的视角》，《中国高教研究》2017 年第 5 期。

黄河燕：《新工科背景下人工智能专业人才培养的认识与思考》，《中国大学教学》2019 年第 2 期。

黄巨臣：《"双一流"背景下高校跨学科建设的动因、困境及对策》，《当代教育科学》2018 年第 6 期。

黄瑶、王铭：《试析知识生产模式Ⅲ对大学及学科制度的影响》，《高教探索》2017 年第 6 期。

黄瑶、王铭、马永红：《以跨学科路径协同培养博士研究生》，《学位与研究生教育》2017 年第 6 期。

焦磊：《国外知名大学跨学科建制趋势探析》，《高等工程教育研究》2018 年第 3 期。

焦磊：《美国研究型大学培养跨学科研究生的动因、路径及模式研究》，《外国教育研究》2017 年第 3 期。

焦磊、谢安邦：《美国研究型大学跨学科学术组织的建制基础及样态创新》，《中国高教研究》2019 年第 1 期。

焦磊、谢安邦：《美国研究型大学跨学科研究发展的动因、困境及策略探究》，《国家教育行政学院学报》2016 年第 10 期。

焦磊、袁琴：《组织变革视域下大学跨学科研究组织形式创新路径研究》,《江苏高教》2022 年第 2 期。

金薇吟：《高校交叉学科组织模式及其特征》,《徐州师范大学学报》
2006 年第 4 期。

李德毅、马楠：《智能时代新工科——人工智能推动教育改革的实践》,
《高等工程教育研究》2017 年第 5 期。

李栋：《人工智能时代教师专业发展特质的新定位》,《中国教育学刊》
2018 年第 9 期。

李红满：《国际翻译学研究热点与前沿的可视化分析》,《中国翻译》
2014 年第 2 期。

李峻、陈楚伦：《大学跨学科学术组织的成长逻辑与创新策略》,《江苏
高教》2017 年第 10 期。

李丽娟、杨文斌、肖明、章云：《跨学科多专业融合的新工科人才培养
模式探索与实践》,《高等工程教育研究》2020 年第 1 期。

李鹏虎：《美国研究型大学组建跨学科组织的背景、实践及经验》,《清
华大学教育研究》2020 年第 6 期。

李斯令：《大学学科组织的逻辑架构与运行机制》,《中国高等教育》
2013 年第 5 期。

李兴业：《美英法日高校跨学科教育与人才培养探究》,《现代大学教
育》2004 年第 5 期。

李志峰、高慧、张忠家：《知识生产模式的现代转型与大学科学研究的
模式创新》,《教育研究》2014 年第 3 期。

李中锋、濮德林：《论高校学科建设中的学术组织创新》,《中国高教研
究》2006 年第 10 期。

李祖超、梁春晓：《协同创新运行机制探析——基于高校创新主体的视
角》,《中国高教研究》2012 年第 7 期。

梁华、杨光祥、胡健、刘小明、朱超平：《面向新工科的人工智能教学
科研复合型实验室体系建设》,《实验技术与管理》2019 年第 7 期。

林健、郑丽娜：《美国人工智能专业发展分析及对新兴工科专业建设的
启示》,《高等工程教育研究》2020 年第 4 期。

林晓玲、赵飞：《高校跨学科科技团队的构建机制及发展的路径选择》,

《科学管理研究》2016 年第 5 期。

蔺亚琼、覃嘉玲：《学科分类与跨学科发展：基于院系组织的分析》，《高等工程教育研究》2019 年第 3 期。

刘楚佳：《高校跨学科专业发展探讨》，《高等教育研究》2002 年第 6 期。

刘凡丰、沈兰芳：《美国州立大学科研组织模式变革》，《高等教育研究》2007 年第 5 期。

刘海涛：《高等学校跨学科专业设置：逻辑、困境与对策》，《江苏高教》2018 年第 2 期。

刘海燕：《跨学科协同教学——密歇根大学本科教学改革的新动向》，《高等工程教育研究》2007 年第 5 期。

刘霓：《跨学科研究的发展与实践》，《国外社会科学》2008 年第 1 期。

刘培红、曹立娅：《合作博弈的跨学科教师合作教学研究》，《天津大学学报》（社会科学版）2010 年第 4 期。

刘树老：《跨学科设计竞赛对复合型人才培养的探索——由亚利桑那州立大学设计学院跨学科设计竞赛引发的思考》，《黑龙江高教研究》2015 年第 7 期。

刘文晓：《"学部制"改革究竟改什么——对"跨学科"融合中"人"的透析》，《现代教育管理》2014 年第 9 期。

刘小鹏：《高校跨学科研究机构的动态管理机制》，《研究与发展管理》2014 年第 5 期。

刘小鹏、魏朋：《跨学科学术交流对科研合作及研究生培养的影响初探——以北京大学生物医学跨学科讲座为例》，《北京大学学报》（自然科学版）2015 年第 3 期。

刘永、胡钦晓：《论人工智能教育的未来发展：基于学科建设的视角》，《中国电化教育》2020 年第 2 期。

刘哲雨、尚俊杰、郝晓鑫：《跨界知识驱动创新教育：变革机制与实施路径》，《远程教育杂志》2018 年第 3 期。

龙献忠、王静：《研究型大学跨学科组织运行的保障体系》，《高等教育研究》2010 年第 2 期。

卢晓东：《本科专业划分的逻辑与跨学科专业类的建立》，《中国大学教学》2010 年第 9 期。

吕旭峰、范惠明、吴伟：《跨学科研究生培养复合导师制度的构想》，《教育发展研究》2015 年第 11 期。

栾宽、田文志、李金、刘景隆：《校企合作培养跨学科创新创业人才》，《中国高校科技》2017 年第 S1 期。

罗英姿、伍红军：《跨学科研究新型组织模式探析》，《学位与研究生教育》2008 年第 7 期。

马晨华：《试论创新驱动环境下大学跨学科研究推进策略》，《科学学与科学技术管理》2015 年第 1 期。

马培培：《麻省理工学院本科工程教育跨学科培养模式借鉴》，《中国高校科技》2020 年第 4 期。

马廷奇、许晶艳：《知识生产模式转型与学科建设模式创新》，《研究生教育研究》2019 年第 2 期。

孟艳、王赫、李萌：《我国研究型大学跨学科组织建设的困境与突破》，《现代教育管理》2021 年第 1 期。

欧小军、李紫红：《论跨学科视阈下的学科文化屏障》，《黑龙江高教研究》2011 年第 4 期。

平思情：《新制度主义视角下我国研究型大学跨学科研究组织变迁分析》，《现代管理科学》2017 年第 6 期。

平思情、刘鑫桥：《协作与博弈：跨学科研究团队构建的困境》，《国家教育行政学院学报》2016 年第 12 期。

钱志刚、崔艳丽：《知识生产视域中的学科制度危机与应对策略》，《中国高教研究》2012 年第 10 期。

饶昇苹、丁由中、韩建水：《试析跨学科学术沙龙的组织形式及其在高校科研管理中的作用》，《成都理工大学学报》（自然科学版）2003 年第 S1 期。

茹宁、李薪茹：《突破院系单位制：大学"外延型"跨学科组织发展策略探究》，《中国高教研究》2018 年第 11 期。

茹宁、闫广芬：《大学跨学科组织变革与运行策略探究》，《高校教育管理》2018 年第 4 期。

申超：《供给不足与制度冲突——我国大学中跨学科组织发展的新制度主义解析》，《高等教育研究》2016 年第 10 期。

沈蕾娜：《世界一流大学之间的协同创新——以哈佛大学和麻省理工学院的跨校合作为例》，《中国高教研究》2019 年第 2 期。

史秋衡、吴雪：《大学基层学术组织制度建设的内在逻辑》，《复旦教育论坛》2009 年第 5 期。

水超、孙智信：《跨学科研究组织管理与运行机制的探析》，《科技管理研究》2010 年第 9 期。

宋华明、常姝、董维春：《美国高校推进学科交叉融合的范例探析及启示》，《学位与研究生教育》2014 年第 9 期。

孙刚成、杨晨美子：《发达国家研究生教育教学改进的典型方式及启示——以美国、德国、英国、日本为例》，《黑龙江高教研究》2019 年第 7 期。

覃丽君：《如何通过跨学科多元整合模式培养新型博士——以麻省理工学院化学工程实践博士项目为例》，《化学教育》（中英文）2021 年第 20 期。

汤晓蒙、刘晖：《从"多学科"研究走向"跨学科"研究——高等教育学科的方法论转向》，《教育研究》2014 年第 12 期。

童蕊：《大学跨学科学术组织的学科文化冲突分析——基于组织分析的新制度主义视角》，《教育发展研究》2011 年第 Z1 期。

王海平、董伟、王杰：《协同创新视角下中美研究型大学远缘跨学科学术合作状况研究》，《高等工程教育研究》2015 年第 4 期。

王建华：《创新创业：大学转型发展的新范式》，《南京师大学报》（社会科学版）2018 年第 5 期。

王建华等：《跨学科研究：组织、制度与文化》，《江苏高教》2014 年第 1 期。

王键、王水平：《高校科研管理组织结构创新研究》，《科技管理研究》2007 年第 11 期。

王玲：《美国大学跨学科学术组织的发展策略探析》，《外国教育研究》

2012 年第 10 期。

王生洪:《抓好学科交叉推动学科建设》,《中国高等教育》2001 年第 Z1 期。

王万森:《"梅花"傲雪,笑迎人工智能教育满园春色》,《计算机教育》2018 年第 10 期。

王晓锋:《树立大科学观创新跨学科科研组织模式》,《中国高等教育》2011 年第 2 期。

王兴成:《跨学科研究及其组织管理》,《国外社会科学》1986 年第 6 期。

王雪、何海燕、栗苹、张磊:《"双一流"建设高校面向新兴交叉领域跨学科培养人才研究——基于定性比较分析法(QCA)的实证分析》,《中国高教研究》2019 年第 12 期。

王媛媛:《我国大学跨学科研究与"马太效应"》,《中国高教研究》2008 年第 8 期。

魏玉梅:《美国教育学博士研究生培养的"跨学科"特色及其启示——以哈佛大学教育哲学博士(Ph. D.)培养项目为例》,《外国教育研究》2016 年第 3 期。

文少保、杨连生:《美国大学跨学科研究组织变迁的路径依赖》,《科学学研究》2010 年第 4 期。

Wendy Duff、王琳、马子乔、赵苗苗:《跨学科视域下的协作与融合——多伦多大学信息学院院长 Wendy Duff 教授学术访谈》,《图书情报知识》2020 年第 1 期。

吴朝晖:《交叉会聚推动人工智能人才培养和科技创新》,《中国大学教学》2019 年第 2 期。

吴飞、杨洋、何钦铭:《人工智能本科专业课程设置思考:厘清内涵、促进交叉、赋能应用》,《中国大学教学》2019 年第 2 期。

吴树山、张海霞、李焕焕:《创新跨学科科研组织模式的思考》,《中国高校科技》2011 年第 12 期。

武建鑫:《世界一流学科的政策指向、核心特质与建设方式》,《中国高教研究》2019 年第 2 期。

熊华军：《大学虚拟跨学科组织的原则、特征和优势——以麻省理工学院 CSBi 运行机制为例》，《高等教育研究》2005 年第 8 期。

胥青山：《跨学科人才培养与高校学科组织创新》，《辽宁教育研究》2004 年第 1 期。

徐岚、陶涛、周笑南：《跨学科研究生核心能力及其培养途径——基于美国 IGERT 项目的分析》，《学位与研究生教育》2018 年第 5 期。

徐立辉、王孙禺：《跨学科合作的工科人才培养新模式——工程教育的探索性多案例研究》，《清华大学教育研究》2020 年第 5 期。

徐涛、张迈曾：《高等教育话语的新变迁——机构身份再构建的跨学科研究》，《河北大学学报》（哲学社会科学版）2004 年第 3 期。

许日华：《高校虚拟跨学科组织：研究缘起、内涵及建构》，《高校教育管理》2015 年第 5 期。

宣小红、林清华、谭旭、崔秀玲：《研究型大学学科组织结构探析》，《江苏高教》2010 年第 5 期。

宣勇、张鹏：《组织生命周期视野中的大学学科组织发展》，《科学学研究》2006 年第 S2 期。

杨春梅：《学术组织视野中的高等教育系统——伯顿·R. 克拉克的高等教育系统观及其启示》，《高等教育研究》2002 年第 4 期。

杨连生、钱甜甜、吴卓平：《跨学科研究组织协同创新的影响因素及运行机制的探析》，《北京教育》（高教）2014 年第 3 期。

杨连生、文少保、方运纪：《跨学科研究组织发展的现实困境与突破路径》，《中国高等教育》2011 年第 7 期。

杨连生、吴卓平、钱甜甜：《英德日高校跨学科研究组织的运行机制及其启示》，《学术论坛》2013 年第 9 期。

杨英杰、黄超：《大学跨学科研究合作的动力机制与政策影响》，《高教探索》2013 年第 2 期。

叶桂芹、李红宇、张良平：《借鉴国外跨学科合作经验促进我国高校发展》，《黑龙江高教研究》2006 年第 1 期。

叶世满、张建安、冒澄：《高校学术组织和行政组织的相互依赖与权力平衡》，《中国高等教育》2012 年第 2 期。

尹伟、董吉贺：《开展跨学科研究生教育应构建资源共享机制》，《中国高教研究》2010 年第 6 期。

于汝霜、牛梦虎、贾斌、牛卓：《研究生跨学科教育现状调查研究》，《中国高教研究》2012 年第 4 期。

于汝霜、阎光才：《高校教师跨学科交往研究》，《高等教育研究》2017 年第 6 期。

余小波、张欢欢：《人工智能时代的高等教育人才培养观探析》，《大学教育科学》2019 年第 1 期。

袁广林：《麻省理工学院媒体实验室跨学科研究的经验与启示》，《国家教育行政学院学报》2018 年第 8 期。

张波、方祖华、叶宏：《新工科人工智能教育型人才培养模式研究——以上海师范大学"人工智能＋教育"人才培养模式为例》，《现代教育技术》2019 年第 8 期。

张海生：《我国高校人工智能人才培养：问题与策略》，《高校教育管理》2020 年第 2 期。

张红霞、高抒：《国际比较视野下中国研究型大学学科建设的全面反思》，《中国高教研究》2013 年第 4 期。

张建良、卢慧芬、赵建勇、吴越、齐冬莲：《基于学科交叉融合的创新性实验平台建设》，《实验室研究与探索》2018 年第 1 期。

张晶：《高校跨学科组织发展动力以及平衡机制研究》，《中国成人教育》2016 年第 14 期。

张良：《高校跨学科研究生培养的现状分析与对策研究》，《研究生教育研究》2012 年第 4 期。

张茂聪、张圳：《我国人工智能人才状况及其培养途径》，《现代教育技术》2018 年第 8 期。

张庆玲：《知识生产模式 Ⅱ 中的跨学科研究转型》，《高教探索》2017 年第 2 期。

张伟、赵玉麟：《大学跨学科研究系统建构及其对我国大学的启示》，《浙江大学学报》（人文社会科学版）2011 年第 6 期。

张炜：《德国柏林工业大学的跨学科学术组织》，《比较教育研究》2003

年第 9 期。

张炜、童欣欣：《我国大学跨学科学术组织发展的现实困境与对策建议》，《中国高教研究》2011 年第 9 期。

张炜、魏丽娜、曲辰：《全球跨学科教育研究的特征与趋势——基于 Citespace 的数据分析》，《高等工程教育研究》2020 年第 1 期。

张炜、翟艳辉：《我国大学跨学科研究现状及其运行机制探析》，《软科学》2003 年第 5 期。

张炜、邹晓东、陈劲：《基于跨学科的新型大学学术组织模式构造》，《科学学研究》2002 年第 4 期。

张晓报：《独立与组合：美国研究型大学跨学科人才培养的基本模式》，《外国教育研究》2017 年第 3 期。

张晓报：《跨学科专业发展的机制障碍与突破——中美比较视角》，《高校教育管理》2020 年第 2 期。

张晓报：《美国研究型大学跨学科专业教育的实践及启示》，《高校教育管理》2019 年第 5 期。

张学文：《跨学科发展与创新的组织形式——美日一流大学的成功经验与启示》，《中国软科学》2009 年第 2 期。

张洋磊：《研究型大学科研组织模式危机与创新——知识生产模式转型视角的研究》，《科技进步与对策》2016 年第 11 期。

张洋磊、张应强：《大学跨学科学术组织发展的冲突及其治理》，《教育研究》2017 年第 9 期。

章宁、俞青：《冲突与和谐：大学跨学科学术组织的生态学治理》，《江苏高教》2016 年第 6 期。

赵劲松、叶建平：《大学跨学科科研组织的体制困境与突破》，《科研管理》2008 年第 S1 期。

赵炜、殷清清、高博：《跨学科研究组织及个人特点探析——以美国几个跨学科研究中心为例》，《学位与研究生教育》2008 年第 4 期。

赵文平等：《我国大学跨学科研究的障碍与对策研究》，《学位与研究生教育》2006 年第 3 期。

郑石明：《世界一流大学跨学科人才培养模式比较及其启示》，《教育研究》2019 年第 5 期。

郑文涛：《"双一流"背景下的高校交叉学科建设研究》，《首都师范大学学报》（社会科学版）2018 年第 1 期。

郑晓齐、王绽蕊：《试析美国研究型大学基层学术组织模式》，《高等教育研究》2007 年第 12 期。

郑晓齐、王绽蕊：《我国公立大学组织管理的逻辑基础分析》，《中国行政管理》2008 年第 3 期。

郑晓齐、王绽蕊：《我国研究型大学基层学术组织的逻辑基础》，《教育研究》2008 年第 3 期。

周朝成、李敏：《大学跨学科研究组织的内涵、特征与管理模式探析》，《复旦教育论坛》2013 年第 3 期。

周慧颖、郗海霞：《世界一流大学工程教育跨学科课程建设的经验与启示——以麻省理工学院为例》，《黑龙江高教研究》2014 年第 2 期。

周清明：《浅析现代大学制度的基层学术组织重构》，《高等教育研究》2009 年第 4 期。

周雪光：《组织规章制度与组织决策》，《北京大学教育评论》2010 年第 3 期。

周志华：《创办一流大学人工智能教育的思考》，《中国高等教育》2018 年第 9 期。

朱科蓉、王彤：《跨学科多专业协同实践教学的探索》，《现代教育管理》2014 年第 1 期。

朱永东：《"双一流"高校要重视跨学科学术组织建设——基于美国研究型大学跨学科学术组织管理模式的分析》，《研究生教育研究》2018 年第 6 期。

朱永东、张振刚、叶玉嘉：《MIT 跨学科培养研究生的特点及启示》，《高等工程教育研究》2015 年第 2 期。

邹晓东、吕旭峰：《"学部制"改革初探——基于构建跨学科研究组织体系的思考》，《高等教育研究》2010 年第 2 期。

网络资源

国务院：《新一代人工智能发展规划》（2017 年 7 月 8 日），http：//

www. gov. cn/zhengce/content/2017－07/20/content＿5211996. htm.

教育部：《高等学校人工智能创新行动计划》（2018 年 4 月 2 日），
　　http：//www. moe. gov. cn/srcsite/A16/s7062/201804/t20180410＿332
　　722. html.

清华大学中国科技政策研究中心：《中国人工智能发展报告 2018》（2018
　　年 7 月 13 日），http：//www. stdaily. com/index/kejixinwen/2018－07/
　　13/689842/files/f3004c04e7de4b988fc0b63decedfae4. pdf.

　　报纸

臧红岩：《"负责任创新"：人工智能教育之基》，《中国社会科学报》
　　2019 年 6 月 6 日第 5 版。

　　学位论文

程妍：《跨学科研究与研究型大学建设》，博士学位论文，中国科学技
　　术大学，2009 年。

贾川：《我国高校跨学科研究生培养机制研究》，硕士学位论文，国防
　　科学技术大学，2008 年。

刘娜：《麻省理工学院研究生协同培养模式研究》，硕士学位论文，吉
　　林大学，2015 年。

刘洋：《我国研究型大学跨学科组织的建设研究》，硕士学位论文，南
　　京理工大学，2008 年。

庞青山：《大学学科结构和学科制度研究》，博士学位论文，华东师范
　　大学，2004 年。

文少保：《美国大学跨学科研究组织变迁与运行治理研究》，博士学位
　　论文，大连理工大学，2011 年。

项伟央：《高校跨学科组织中的教师聘任制度研究》，硕士学位论文，
　　复旦大学，2011 年。

肖彬：《中国研究型大学跨学科组织的发展研究》，硕士学位论文，国
　　防科学技术大学，2006 年。

周朝成：《当代大学中的跨学科研究》，博士学位论文，华东师范大学，
　　2008 年。

报告及其他

许玥姮、刘光宇、丛琳：《美国国家实验室的运营与技术转移机制特点——以劳伦斯·伯克利国家实验室为例》，载北京科学技术情报学会编《"2018 年北京科学技术情报学会学术年会——智慧科技发展情报服务先行"论坛论文集》，2018 年。

二 外文文献

Allen F. Repko, *Interdisciplinary Research：Process and Theory*, Los Angeles：SAGE Publications, 2012.

Allen F. Repko, Rick Szostak, Michelle Phillips Buchberger, *Introduction to Interdisciplinary Studies*, Thousand Oaks：Sage Publications, 2016.

Augsburg Tanya, *Becoming Interdisciplinary：An Introduction to Interdisciplinary Studies*, 3rd Edition, Kendall Hunt Publishing, 2015.

Committee on Facilitating Interdisciplinary Research, of Sciences, National Academy of Engineering, Institute of Medicine, *Facilitating Interdisciplinary Research*, The National Academy Press, 2004.

Delanty G., *Challenging Knowledge：the University in the Knowledge Society*, Society for Research into Higher Education & Open University Press, 2001.

Dogan, M. and Pahre, R., *Creative Marginality：Innovation at the Intersections of Social Sciences*, Oxford：Westview Press, 1990.

Frodeman R., Klein J. T., Mitcham C., *The Oxford Handbook of Interdisciplinarity*, Oxford：Oxford University Press, 2010.

Gibaldi J., *Introduction to Scholarship in Modern Languages and Literatures*, New York：Modern Languate Association, 1992.

Gibbons M., Trow M., Scott P., et al., *The New Production of Knowledge：The Dynamics of Science and Research in Contemporary Societies*, Sage Publications Ltd, 1994.

Jerry A. Jacobs, *In Defense of Disciplines：Interdisciplinarity and Specialization in the Research University*, The University of Chicago Press, 2013.

Joe Moran, *Interdisciplinarity*, London: Routledge, 2002.

Joseph J. Kockelmans, *Interdisciplinarity and Higher Education*, Philadelphia: Penn State University Press, 1978.

Julie Thompson Klein, *Creating Interdisciplinary Campus Cultures: A Model for Strength and Sustainability*, Jossey-Bass, 2010.

Julie Thompson Klein, *Crossing Boundaries: Knowledge, Disciplinarities, and Interdisciplinarities*, University of Virginia Press, 1996.

Julie Thompson Klein, *Interdisciplinarity: History, Theory and Practice*, Detroit, US: Wayne State University Press, 1990.

Kapranos P., *The Interdisciplinary Future of Engineering Education*, London: Routledge, 2019.

Keitsch M. M., Vermeulen W., *Transdisciplinarity for Sustainability: Aligning Diverse Practices*, Routledge, 2020.

LeRoy K. A., *Transforming Organizations: One Process at a Time*, CRC Press, 2017.

Levin, L., Lind I., *Interdisciplinary Revisited: Re-assessing the Concept in the Light Of Institutional Experience*, Stockholm: OECD/CERI, Lisiskoping University, 1985.

Lisa R. Lattuca, *Creating Interdisciplinarity: Interdisciplinary Research and Teaching among College and University Faculty*, Vanderbilt University Press, 2001.

National Science Board (US), *Science & Engineering Indicators*, National Science Board, 2000.

Newell W. H., *Interdisciplinarity: Essays from the Literature*, New York: College Entrance Examination Board, 1998.

Organization for Economic Cooperation and Development, *Interdisciplinarity: Problems of Teaching and Research in Universities*, Paris: OECD, 1972.

Panel on Science and Technology Centers, National Research Council, *Science and Technology Centers: Principles and Guidelines*, Washington, D. C.: National Academy of Sciences, 1987.

Sherif M., Sherif. C. W., *Interdisciplinary Relationships in the Social Sciences*, Chicago: Aldine Pubulishing, 1969.

Tony Becher, Paul Trowler, *Academic Tribes and Territories: Intellectual Enquiry and the Cultures of Discipline*, Buckingham: Open University Press, 2001.

Vest C. M., *Pursuing the Endless Frontier: Essays on MIT and the Role of Research Universities*, MIT Press, 2011.

期刊

Aboelela S. W., Larson E., Bakken S., et al., "Defining Interdisciplinary Research: Conclusions from a Critical Review of the Literature", *Health Services Research*, 2007, 42 (1).

Alan L Porter, J David Roessner, Alex S Cohen and Marty Perreault, "Interdisciplinary Research: Meaning, Metrics and Nurture", *Research Evaluation*, 2006, (3).

Bebbington J., Unerman J., Parker L., "Achieving the United Nations Sustainable Development Goals: An Enabling Role for Accounting Research Role for Accounting Research", *Accounting, Auditing & Accountability Journal*, 2018, 31 (1).

Bridges, D., "The Disciplines and the Discipline of Educational Research", *Journal of Philosophy of Education*, 2006, 40 (2).

Brint S. G., Turk-Bicakci L., Proctor K. and Murphy S. P., "Expanding the Social Frame of Knowledge: Interdisciplinary, Degree-granting Fields in American Colleges and Universities, 1975 – 2000", *Review of Higher Education*, 2009, 32 (2).

Clark B. R., "The Academic Life: Small Worlds, Different Worlds", *Educational Researcher*, 1989, 18 (5).

Clemens E. S., Cook J. M., "Politics and Institutionalism: Explaining Durability and Change", *Annual Review of Sociology*, 1999, (25).

Creso M. Sá, "Interdisciplinary Strategies' in U. S. Research Universities", *Higher Education*, 2008, 55 (5).

Daniel Franks, Patricia Dale, Richard Hindmarsh, et al., "Interdiscipli-nary Foundations: Reflectingon Interdisciplinarity and Three Decadesof Teaching and Research at Griffith University, Australia", *Studies in Higher Education*, 2007, 32 (2).

Enrico, Bracci, Christopher, et al., "Public Sector Accounting, Account-ability and Austerity: More Than Balancing the Books?", *Accounting, Au-diting & Accountability Journal*, 2015, 28 (6).

Fabbro E. D., Orr T. A., Stella S. M., "Practical Approaches to Managing Cancer Patients with Weight Loss", *Curr Opin Support Palliat Care*, 2017, 11 (4).

Frank J. R., Laurens K. H., "Factors Associated with Disciplinary and Inter-disciplinary Research Collaboration", *Research Policy*, 2011, 40 (3).

Franks, D. et al., "Interdisciplinary Foundations: Reflecting on Interdisci-plinarity and Three Decades of Teaching and Research at Griffith Universi-ty, Australia", *Studies in Higher Education*, 2007 (32).

Gao Z. K., Small M., Kurths, Jürgen, "Complex Network Analysis of Time Series", *Epl*, 2016, 116 (5).

Gilbert L. E., "Disciplinary Breadth and Interdisciplinary Knowledge Produc-tion", *Knowledge, Technology & Policy*, 1998, 11 (1).

Gillespie B. M., Chaboyer W., Longbottom P., et al., "The Impact of Organisational and Individual Factors on Team Communication in Surgery: A Qualitative Study", *Int J Nurs Stud*, 2010, 47 (6).

Henry Etzkowitz, "Research Groups as 'Quasi-firms': the Invention of the Entrepreneurial University", *Research Policy*, 2003, (1).

Hey Jonathan, Joyce Caneel K., Jennings Kyle E., Kalil Thomas, Gross-man Jeffrey, "Putting the Discipline in Interdisciplinary: Using Speed-storming to Teach and Initiate Creative Collaboration in Nanoscience", *Journal of Nanoscience Education*, 2009, 1 (1).

Hsler B., Dominguez-Salas P., Fornace K., et al., "Where Food Safety Meets Nutrition Outcomes in Livestock and Fish Value Chains: A Conceptual Approach", *Food Security*, 2017, 9 (5).

Huutoniemi K., Klein J. T., Bruun H., et al., "Analyzing Interdisciplinarity: Typology and Indicators", *Research Policy*, 2010, 39 (1).

Jane Dalrymple, Wendy Miller, "Interdisciplinarity: A key for Real-world Learning", *Planet*, 2006 (17).

Jantsch E., "Inter- and Transdisciplinary University: A Systems Approach to Education and Innovation", *Higher Education Quarterly*, 1970, 1 (1).

John Bradbeer, "*Barriers to Interdisciplinarity: Disciplinary Discourses and Student Learning*", Journal of Geography in Higher Education, 1999, 23 (3).

John G. Bruhn, "*Beyond Discipline: Creating a Culture for Interdisciplinary Research*", Integrative Physiological and Behavioral Science, 1995, (4).

Joseph J. Kockelmans, "*Interdisciplinarity and the University: The Dream and the Reality*", Issues in Integrative Studies, 1986 (4).

Julie Thompson Klein, "*Interdisciplinary Needs: The Current Context*", Library Trends, 1996, 45 (2).

Karl E. Weick, "*Educational Organizations as Loosely Coupled Systems*", Administrative Science Quarterly, 1976, (1).

Karri A. Holley, "*Interdisciplinary Strategies as Transformative Change in Higher Education*", Innovative Higher Education, 2009, (5).

Kimberly K. Powell, Melanie Powell Rey, "*Exploring a Resource Dependency Perspective as an Organizational Strategy for Building Resource Capacity: Implications for Public Higher Education Universities*", Management in Education, 2015, 29 (3).

Klein J. T., Gagnon P., "*The State of the Field: Institutionalization of Interdisciplinarity*", Issues in Interdisciplinary Studies, 2013, 31.

Klein J. T., "*Evaluation of Interdisciplinary and Transdisciplinary Research: A Literature Review*", American Journal of Preventive Medicine, 2008, 35 (2).

Lang D. J. , Wiek A. , Bergmann M. , et al. , "Transdisciplinary Research in Sustainability Science: Practice, Principles, Andchallenges", Sustainability Science, 2012 (7) .

Lewis E. Gilbert, "Disciplinary Breadth and Interdisciplinary Knowledge Production", Knowledge, Technology & Policy, 1993 (11) .

Ludwig Huber, "Gisela Shaw. Editorial", European Journal of Education, 1992 (3) .

Lynne G. Zucker, "Institutional Theories of Organization", Annual Review of Sociology, 1987 (13) .

Mesjasz C. , "Complexity of Social Systems", Acta Physica Polonica, 2010, 117 (4) .

Michael Harris, "Interdisciplinary Strategy and Collaboration: A Case Study of American Research Universities", Journal of Research Administration, 2010, 41 (1) .

N. Hofacker, M. Papoušek, "Disorders of Excessive Crying, Feeding, and Sleeping: The Munich Interdisciplinary Research and Intervention Program", Tradition, 1998, (19) .

Ostrom E. , "A General Framework for Analyzing Sustainability of Social-Ecological Systems", Science, 2009, 325 (5939) .

Rabl T. , Kühlmann T. M. , "Understanding Corruption in Organizations-Development and Empirical Assessment of an Action Model", Journal of Business Ethics, 2008, 82 (2) .

Rafols I. , Leydesdorff L. , O'Hare A. , et al. , "How Journal Rankings Can Suppress Interdisciplinary Research: A Comparison Between Innovation Studies and Business & Management", Research policy, 2012, 41 (7) .

Rhoten D. , "Interdisciplinary research: Trend or transition", Items and Issues, 2004, 5 (1－2) .

Roberta Murata, "What Does Team Teaching Mean? A Case Study of Interdisciplinary Teaming", Journal of Educational Research, 2002, 96 (2) .

Ruben R. , Verhagen J. , Plaisier C. , "The Challenge of Food Systems Research: What Difference Does It Make?", *Sustainability*, 2019, 11 (1) .

Shih F. J. , Lin Y. S. , Smith M. C. , et al . , "Perspectives on Professional Values Among Nurses in Taiwan", *Journal of Clinical Nursing*, 2009, 18 (10) .

Stern P. C. , Janda K. B. , Brown M. A. , et al. , "Opportunities and Insights for Reducing Fossil Fuel Consumption by Households and Organizations", *Nature Energy*, 2016, 1 (5) .

Sternlieb F. , Bixler R. P. , Huber-Stearns H. , et al. , "A Question of Fit: Reflections on Boundaries, Organizations and Social-Ecological Systems", *Journal of Environmental Management*, 2013, (130) .

W. James Jacob, "Interdisciplinary trends in higher education", *Palgrave Communications*, 2015, (01) .

网络资源

Angelique Chettiparamb. Interdisciplinarity: A Literature Review, https: // oakland. edu/Assets/upload/docs/AIS/interdisciplinarity _ literature _ review. pdf.

Berkeley Lab. Advisory Board, https: //www. lbl. gov/lab-leadership/advisory-board/.

Biotechnology Process Engineering Center at MIT. Overview, http: //web. mit. edu/bpec/facilities/BPECfacilities. html.

California Institute of Technology. Research Centers, http: //eas. caltech. edu/research_ centers.

Cambridge Centre for Data-Driven Discovery. Sources of Funding, https: // www. c2d3. cam. ac. uk/funding/sources-funding.

Carmona-Marquez F. J. et al. "Excellence and Organizational Institutionalization: A Conceptual Model," inAchieving Competitive Advantage through Quality Management, ed. Peris-Ortiz et al. , https: //doi. org/10. 1007/ 978 – 3 – 319 – 17251 – 44.

Catherine Lyall. A Short Guide to Designing Interdisciplinary Research for Policy and Practice , http：//www. issti. ed. ac. uk/.

Center for Engineering MechanoBiology. About CENB，https：//cemb. upenn. edu/about-cemb/.

Functional Proteomics Center. About us，http：//www. k. u-tokyo. ac. jp/FPXC.

Harvard Stem Cell Institute. About Us，https：//hsci. harvard. edu/about.

Harvard Stem Cell Institute. Leadership，https：//hsci. harvard. edu/leadership.

Harvard-MIT Health Sciences and Technology. About Us，https：//hst. mit. edu/about.

Harvard-MIT Health Sciences and Technology. Academic Programs，https：//hst. mit. edu/academic-programs.

Harvard-MIT Health Sciences and Technology. Fellowships，https：//hst. mit. edu/academic-programs/financial-support/fellowships.

Institute for the Arts & Humanities. IAH Advisory Board，https：//iah. unc. edu/directory-who-we-are/iah-advisory-board/.

Institute for the Arts &Humanities. Grants &Awards，https：//iah. unc. edu/faculty-resources/apply-for-a-grant/.

Joint Bioenergy Institute. JBEI Advisory Committee，https：//www. jbei. org/people/leadership/jbei-advisory-committee/.

Joint Bioenergy Institute. Research，https：//www. jbei. org/research/.

Karri A. Holley. Interdisciplinary Curriculum and Learning in Higher Education，https：//doi. org/10. 1093/acrefore/9780190264093. 013. 138.

MIT CSAIL. Mission & History，https：//www. csail. mit. edu/about/mission-history.

MIT CSAIL. Notable Awards，https：//www. csail. mit. edu/about/notable-awards.

MIT Lincoln Laboratory. Outreach，https：//www. ll. mit. edu/outreach? tag = All&audience = All&type = edres&items_ per_ page = 10.

MIT-IBM Watson AI Lab. Inside the Lab, https: //mitibmwatsonail-ab. mit. edu/about/.

National Institute of Environmental Health Sciences. 2012 – 2017 Strategic Plan, http: //cehs. mit. edu/sites/default/files/documents/NIEHS% 20str ategicplan2012_ 508. pdf.

Office of the Provost. Guidelines for Joint Academic Appointments at the University of Michigan, https: //www. provost. umich. edu/faculty/joint_ appointments/Joint_ Appts. html.

Olin College. Research and Impact Projects, https: //www. rockefeller. edu/research/research-areas-and-laboratories/.

Pennsylvania State University. Interdisciplinary Research, http: //www. psu. edu/research/interdisciplinary-research.

Peter Van den Besselaar, Gaston Heimeriks. Disciplinary, Multidisciplinary, Interdisciplinary: Concepts and Indicators, http: //hcs. science. uva. nl/usr/peter/publications/2002issi. pdf.

Princeton University . About the Andlinger Center for Energy and the Environment, https: //acee. princeton. edu/about/.

Princeton University. Engineering Research, https: //www. princeton. edu/research/engineering-and-applied-science.

Princeton University. External Advisory Council of the Andlinger Center for Energy and the Environment, https: //acee. princeton. edu/people/external-advisory-council/.

Princeton University. Research of Andlinger Center for Energy and the Environment, https: //acee. princeton. edu/research/.

RoseIndia. Combination of many Disciplines, https: //www. roseindia. net/artificialintelligence/artificial-intelligence-disciplines. shtml.

School of Engineering and Applied Science. Funding, https: //engineering. princeton. edu/resources/fundi-ng.

SIEPR. Governance, https: //siepr. stanford. edu/about/governance.

Social Science Research Institute. About SSRI, https: //ssri. psu. edu/about.

Social Science Research Institute. Funding Mechanisms, https：//ssri. psu. edu/funding.

SSRI Institutes and Centers. Social Science Research Institute, https：//ssri. psu. edu/institutes-centers.

Stanford Bio-X. Seed Grants, https：//biox. stanford. edu/research/seed-grants.

Stanford Woods Institute for the Environment. Centers and Programs, https：//woods. stanford. edu/research/centers-programs.

The Bredesen Center for Interdisciplinary Research and Graduate Education. Energy Science and Engineering Ph. D. program, http：//bredesen-center. utk. edu/ese. shtml.

The National Academies of Sciences, Engineering, and Medicine. Keck Futures Initiative, http：//www. keckfutures. org/index. html.

The Office of Budgeting and Planning. Budgeting With the UB Model at The University Of Michigan, http：//obp. umich. edu/root/budget/budget-a-bout/.

The Office of the Provost of Michigan State University. Creating a Culture for Interdisciplinary Research at MSU, https：//provost. msu. edu/documents/Interdisciplinary% 20 Culture% 20 Final. pdf.

The Office of the Vice Provost for Interdisciplinary Studies . Interdisciplinary Studies at Duke University, https：//sites. duke. edu/interdisciplinary/a bout/.

The Rockefeller University. Academic Events, https：//www. rockefeller. edu/events-and-lectures/calendar/academic-events/? event _ type = Academic + Lecture.

The Rockefeller University. Executive Vice President, https：//www. rocke-feller. edu/about/executive-leadership/executive-vice-president/.

The Rockefeller University. Our History, https：//www. rockefeller. edu/a-bout/history/.

The Rockefeller University. Research Areas and Laboratories, https: // www. rockefeller. edu/research/research-areas-and-laboratories/.

The Singapore-MIT Alliance for Research and Technology. Board Members, https: //smart. mit. edu/about-smart/board-members.

The University of Tokyo. Message from the Dean, https: //www. k. u-tokyo. ac. jp/pros-e/shogen-e/aisatsu-e. htm.

The University of Tokyo. Outline of Graduate Schoolof Frontier Sciences. https://www. k. u-tokyo. ac. jp/en/gsfs/.

UC Davis Office of Research. Interdisciplinary Research Support, http: //research. ucdavis. edu/offices/irs/.

University of Cambridge. Cambridge Centre for Data-Driven Discovery, https: //www. c2d3. cam. ac. uk/.

University of Wisconsin-Madison. Cluster Hiring Initiative, http: //clusters. wisc. edu/index. htm.

U. S. Department of Energy. Joint Bioenergy Institute, https: //genomic-science. energy. gov/centers/jbei. shtml.

バイオイメージングセンター（Bioimaging Center）. センター概要組織図, http: //park. itc. u-tokyo. ac. jp/bioimaging/outline_ of_ center/organization. html.

报告及其他

Cohen, Wesley, Richard Florida, GoeW R. University Industry Research Centers in the United States [R] . Pittsburgh: University of Pittsburgh, Heinz School of Public Policy and Management, Center for Economic Development, 1944. 121.

National Academy of Sciences, *Facilitating Interdisciplinary Research*, National Academies Press, 2005.

后　记

　　跨学科议题是本人的研究兴趣，在此志趣的驱动之下开始关注跨学科研究与跨学科教育。在阅读文献、问题聚焦、搜集材料、深入探究的过程中，陆续发表了系列研究成果，并申报了相关研究课题，使这一研究领域逐步拓展成为我的重要研究方向之一，本书即是完成该研究领域课题的成果。伴随经济社会急剧变动、科技创新日新月异等外部环境的变化，跨学科研究的重要性日益彰显。于个体而言，跨学科研究能力及跨学科协作能力将是个体必不可少的能力之一；于社会而言，跨学科研究是解决诸如人类健康、可持续发展等复杂社会问题的重要路径；于国家而言，跨学科研究将是重要的有组织科研力量。然而，作为知识生产的重要机构，我国研究型大学在推进跨学科研究方面进展迟缓，究其原因，在于跨学科研究缺乏相应的组织载体保障。鉴于此，大学如何创新跨学科研究组织形式成为笔者重点探讨的问题之一。一项课题或者一项研究的开展，创新性地提出问题至为关键。当然，周密的研究设计、系统全面的资料收集、科学规范的研究过程等亦不可或缺。本研究成果的出版意味着学术旅程中的又一段体验和收获，后续将围绕跨学科议题持续开展研究，希冀通过点滴积淀，不断夯实跨学科知识体系之基。

　　本书能够付梓得益于多位专家学者、朋友、团队成员的关心、支持和参与。首先，要感谢在课题开题、中期阶段各位专家给予的肯定和提出的宝贵建议，使课题研究得以不断完善；其次，要感谢课题组成员各司其职与精诚合作；再次，感谢中国社会科学出版社对拙作的支持，感谢田文编辑为本书出版所付出的辛劳。此外，研究生袁琴、刘玉敏、徐慧铭、余宜荣、曾梓润、谢美娟、梁思燕等在资料收集整理、课题研究、资料汇总等环节做了诸多工作，谢谢你们的参与，同时为你们的收获感到欣喜。

感谢家人对我一如既往的支持、理解与宽容，感恩父母的任劳任怨与无私奉献，感恩妻子对我的理解支持与辛苦付出，感恩儿女带来的乐趣与感动，你们是我强大的后盾和不断奋进的动力。由于学识浅疏，书中难免纰漏与不足之处，敬请方家和同仁不吝赐教。

焦　磊

2022 年 7 月 13 日于广州